Christian Schüle

In der Kampfzone

Deutschland zwischen Panik, Größenwahn und Selbstverzwergung

PENGUIN VERLAG

MIX
Papier aus verantwortungsvollen Quellen
FSC® C014889

Verlagsgruppe Random House FSC® N001967

PENGUIN VERLAG

1. Auflage

Lektorat: Nadine Lipp
Umschlaggestaltung: FAVORITBUERO, München
Umschlagabbildung: © Martin Barraud/Getty Images
Satz: Vornehm Mediengestaltung GmbH, München
Druck und Bindung: Friedrich Pustet, Regensburg
Printed in Germany
ISBN 978-3-328-60080-0
www.penguin-verlag.de

Dieses Buch ist auch als E-Book erhältlich.

*Dr. Thomas Stockmann: »Was uns zugrunde gehen lässt,
das sind Verdummung, Armut und Hässlichkeit.«*

*Ehefrau Stockmann: »Was nützt dir das Recht,
wenn du keine Macht hast?«*

– IBSEN, EIN VOLKSFEIND –

Inhalt

Prolog
9

I In der Kampfzone
19

II In der Egokapsel
Aufstieg. Das erste Narrativ
67

III In der Gefahrenzone
Angst. Das zweite Narrativ
105

IV In der Echokammer
Schuld. Das dritte Narrativ
141

V In der Unterwelt
Opfer. Das vierte Narrativ
203

VI In die Freiheit
247

Prolog

Dieses Buch ist das Ergebnis einer Verstörung. Und zugleich ein Versuch über Versöhnung. Über Einigkeit und Recht und Freiheit in einer Zeit, da auch in Deutschland Niedertracht, Beleidigung und Ehrabschneiderei zur handelsüblichen Währung der Auseinandersetzung geworden sind.

Ich wende mich im Folgenden auf manchmal schamlos zugespitzte, manchmal arglos übertriebene, immer aber unbestechliche Weise gegen Hyper- und Doppelmoral, Hysterie und Hybris, Panik und Panikmache und die Widersprüche eines reaktionären Widerstands von allen Seiten auf allen Seiten. In respektvoller Rage rechne ich offen oder implizit mit Parteien, Politikern, Intellektuellen, Ideologen, Rechten, Linken und all jenen ab, die es sich im Schoß der geerbten Demokratie allzu leicht machen; die das Kapital des sozialen Friedens verspielen und von der Freiheit profitieren, deren Verletzung sie ungerührt hinnehmen; die in einer Ära atemloser Gehetztheit schnappatmend gegen alles hetzen, was ihren Selbstwert infrage stellen könnte; die keine Lösung wollen, sondern Erlösung; die Respekt einfordern, ihn aber selbst nicht gewähren.

Im siebzigsten Jahr ihres Bestehens ist die Bundesrepublik zur Kampfzone geworden – politisch, kulturell und sozial. Auf die Entfremdung zwischen Politik und Bürger, auf die rücksichtslose Polemik durch Hassprediger und Gesinnungsapostel jeglicher Dogmatik und die rhetorische Dammbruchtechnik bürgerlicher Radikalität war niemand vorbereitet – weder die gerne diffamierten Eliten noch die sogenannten Etablierten, weder der öffentliche Geist noch Medien aller Arten. Zweifelsohne fällt der Beginn der

Kampfzone mit Aufstieg und Selbstartikulation der AfD zusammen, wenngleich sie nicht die alleinige Ursache der Kampfzone ist, die als solche erstens jenseits dieser Partei zu denken ist und deren Entstehungsgeschichte zweitens weit länger zurückreicht.

Im Reiz-Reaktions-Schema von Parteien und Politikern auf Stil, Statements, Parolen und Programmatik der Alternative für Deutschland, den Kameradschaftsbrüdern und Gesinnungsgenossen mit nationalistischen Kalibern, wird die Kampfzone nun deutlich sicht- und spürbar. Die AfD ist Ausdruck wie Profiteurin eines Paradigmenwechsels und Symptom einer Dysfunktionalität, die alle anderen – Politiker und zivilgesellschaftliche Akteure – dazu zwingt, sich zwischen Unter- und Überschätzung der prozentual beliebtesten Oppositionspartei und ihrer Repräsentanten verhalten zu müssen. Dies in nur vier Jahren geschafft zu haben, kann man wirkmächtig nennen; die Trophäe des durchmarschierenden Aufsteigers im Clubheim der Republik ist der AfD nicht streitig zu machen.

Die Kampfzone ist bestimmt von einem horizontalen Kampf (links gegen rechts), einem vertikalen Kampf (unten gegen oben) und einem metaphysischen Kampf (liberal gegen ideologisch). In diesem Buch geht es um Wesen und Variationen dieser Kämpfe. In den Blick genommen werden die vergangenen vier Jahre, seit Angela Merkel am 4. September 2015 in Erwartung einer Masse geflüchteter Menschen im Wimpernschlag eines welthistorischen Moments beschloss, die deutschen Grenzen nicht zu schließen und damit einer bereits abgeschlagenen AfD nolens volens das politische Feld aufs Neue zu öffnen. Dieses Datum markiert symbolisch den Beginn der Kampfzonenzeit, und seither geht es um die Codes der zivilgesellschaftlichen Selbstverständigung.

Obwohl Widerstand und Protest bekanntlich eine weit länger zurückliegende Geschichte haben – von 1968 bis zu den

Ostermärschen gegen Atomkraft und für den Frieden seit Ende der 1970er- bis in die 1980er-Jahre – wurden die Umrisse der Kampfzone D zum ersten Mal 2010 deutlich, als mit dem Verdruss des Normalbürgers über Fremdbestimmung, Missachtung und Arroganz die öffentliche Erregung einsetzte und der Wutbürger geboren war. Er, der wütende Bürger in Stuttgart, der ohne ideologischen Spin gegen den gigantischen Verkehrs- und Städtebauplan eines neuen Hauptbahnhofs auf die Straße ging, war eine Vorhut der politisierten Erregungsgesellschaft. Darauf folgte – in Sache, Stil und Intention völlig verschieden – die im Namen welchen Volkes auch immer ausgedrückte Wutbürgerei in Dresden, Leipzig, Bautzen oder Cottbus, als vornehmlich Ostdeutsche sich zur Protestgruppe Pegida (und ihren Ablegern) formierten und im Rekurs auf die friedliche Revolution in der DDR mit dem Anspruch auftraten, *das Volk* zu sein. Es ging auf den ostdeutschen Straßen und Plätzen vor allem um emotionalisierte Empörung als politisches Statement und vielleicht als Kampf für das, was man als bessere Demokratie verstand.

Wenn Bürger sich nicht mehr gehört, gesehen, verstanden und vertreten fühlen, können selbst Demokratien dysfunktionale Dynamiken entfalten. Dann artikuliert sich – auf angenehmere oder unangenehme Weise – der Wille des Souveräns, den zu respektieren von allen Regierenden ja stets sofort beschworen wird – kein gerade gewählter Ministerpräsident, der, durchaus ein bisschen demütig, das für ihn gute Wahlergebnis nicht sofort als Auftrag des Wählers begriffe. Der Souverän ist *das Volk*, ja, aber wer genau ist dieses Volk? Entspricht das Volk der deutschen Bevölkerung? Und in wessen Namen spricht eigentlich wer für wen?

Von den meisten nicht bemerkt, schlug irgendwann bei mehr Mitbürgern als vermutet Wut in Hass um. Beides lässt sich als Resultat erlittener Ohnmacht und gekränkter Selbstwirksamkeit interpretieren, und entscheidend ist – so wird dieser Essay über die Lage der Nation zu zeigen versuchen –, dass der Vorrang des Logos, die politisch verhandelte Vernunft, durch den Thymos, die vitalisierende wie auch zerstörerische Lebenskraft, infrage gestellt wird (und womöglich schon ist). Das altgriechische Thymos ist neben Logos und Eros eine der drei Grundmotivationen des Menschen, wie sie vom Philosophen Platon im vierten Buch seines Werks »Politeia« (über Gerechtigkeit und den idealen Staat) im 4. Jahrhundert vor Christus als seelisches Prinzip eingeführt wurden. Thymos, klärt das moderne Handbuch der Psychologie auf, ist das emotionale Bedürfnis jedes Menschen nach Anerkennung durch andere. Man darf das Thymotische also als Gesamtheit des strebenden Gemüts verstehen, als energetische Triebkraft des Individuums, seines kämpferisch getönten Ehrgeizes und der manchmal zorngelenkten Motivation zur Steigerung des Selbstwerts. Antagonist des Thymos wäre die Erschöpfung, dieser Tage ebenso keine Unbekannte, und in jedem Fall fatal ist die Neigung beider Kräfte, Thymos wie Erschöpfung (Lebenskraft wie Lebensentkräftung), durch geschickt gesetzte Trigger gesteigert und politisch instrumentalisiert zu werden.

In der Kampfzone Deutschland ist der Thymos-Faktor eine neue, bisher unreflektierte Größe in der politischen Auseinandersetzung. Wut, Zorn und Hass sind thymotische, Intellekt und Vernunft überformende Extreme. Katalysiert von einem sowohl selbst erhitzten als auch andere erhitzenden und überraschend häufig a-sozialen sozialen Mediensystem, dessen Geschäftsmodell vornehmlich auf die Auswüchse des Spektakulären setzt, entfaltete sich in den vergangenen vier Jahren ein gigantisches Spektakel: die Mobilmachung der Instinkte in einer von Kämpfen und Krämpfen erschütterten Republik, in der die Emotionalisierung des Politischen die politische Rationalität abtötet.

In der Kampfzone vereinen sich multiple Antagonismen, und im Konglomerat aller Kämpfe werden Risse, Spalten und Klüfte so sicht- wie Polarisierung zum ersten Mal seit langem spürbar. Experten, Blogger und Influencer beschwören den Untergang wahlweise der Demokratie, des Abendlandes oder gleich der Welt, andere laben sich an Analogien zur Apokalypse, der Endzeit der Weimarer Republik oder der erneuten Heraufkunft des Faschismus. Die Sprache in der Arena des Circus Maximus ist polemisch, im Sinne des altgriechischen »Polemos«: Schlacht-Kampf-Krieg. Immer heftiger ist, in den neuen Zeiten von Raserei und Tumult, allseitiges Attacken-Vibrato zu spüren. Neuerdings wird umfassend gekämpft: Soziale Gruppen bekämpfen einander, während der Einzelne gegen den Verdacht auf seine Austauschbarkeit im Kampf aller gegen alle kämpft. Politiker bekämpfen Polarisierung mit Polarisierung. Parteien kämpfen um Positionierung und Positionen. Die Republik ist mitten im Deutungskampf um Erbe und Zukunftsverheißung, Selbstverständnis und Selbstverhältnis, Vogelschissvergangenheit und Zukunftsrevolution, als lägen zwischen 1949 und 2019 nicht siebzig Jahre andere, mühsam errungene, höchst erfolgreiche Geschichte: Sozialstaatsgeschichte, Bildungsexpansionsgeschichte, Friedens- und Wohlstandsgeschichte.

Fremdenfeindschaft, Schwulenfeindschaft, kurzum: Minderheitenfeindschaft sind Zeichen einer Aufkündigung der sozialen, auf dem Prinzip der gegenseitigen Anerkennung basierenden Interaktion. Auf nicht vorstellbare Weise wird gemobbt, gedisst, gehasst; gehetzt, beleidigt, verachtet, gekränkt und gedemütigt. Von Verkommenheit, Verrohung und Amoral ist nahezu täglich zu lesen und zu hören, allseits wird betrogen, gelogen und hintergangen. Jugendliche vergewaltigen Jugendliche, Erwachsene schlagen Erwachsene, Politiker werden niedergeschlagen, beleidigt, bepöbelt, beschimpft; Lehrer werden angegriffen, Journalisten bespuckt, Polizisten attackiert.

Konflikte, sagen uns Polizei und Psychologie, werden vermehrt durch körperliche Gewalt gelöst. Die Hemmschwelle sinkt, Gewalt verselbständigt sich zur üblichen Problemlösungsstrategie. Der in der Bundesrepublik für undenkbar gehaltene Urzustand der menschlichen Existenz ist auf einmal wieder denkbar geworden: der Kampf des Bürgers gegen den anderen. Umfassendes, immer mehr Menschen erfassendes Misstrauen ist bekanntlich der Keim totalitärer Sehnsucht nach Bereinigung und Reinheit, die sich in Homogenität und Gleichheit erfüllt (je homogener eine Gruppe, desto leichter ist sie zu steuern).

Es geht in meiner Analyse der Kampfzone um Interpretation von Wörtern und Begriffen, um Umwertungen und Spiralen, wenn Sie so wollen: um die Bundesrepublik hinter der Bundesrepublik. Weit mehr als nur um den existentiellen Kampf des Menschen gegen Krankheit und Tod oder den Kampf der Menschheit um gesunde Umwelt und würdiges Existenzminimum, dreht es sich in der deutschen Kampfzone um Variationen eines Kulturkonflikts über das allgemeingültige Menschen- und Weltbild und die Frage: Welches Deutschland soll es bitteschön sein? Mit angewandter Primitivität wird diese komplexe Frage noch immer (oder schon wieder) reflexhaft mittels der Kampfbegriffe »links« und »rechts« beantwortet. Als ob es so leicht wäre, als ob es sich so antithetisch aussagen ließe, als ob die konfrontative Navigation zu irgendetwas anderem führte als zu selbstgefälliger Identitätspolitik: Wir gegen Die.

Linke kämpfen gegen Rechte, gegen Neoliberale, Kapitalisten und Merkel. Rechte kämpfen gegen Linke, gegen Liberale, Migranten und Merkel. Konfrontativ ist der Kampf des »WIR-sind-das-Volk« gegen das »WIR-sind-mehr-als-ihr«, beides im Namen desselben Volkes. Hier wird der Kampf meist linker Kulturschaffender gegen Rechtsextreme ausgerufen, dort tobt der Kampf der Rechtsnationalen gegen vermeintlich linke Kultureinrichtungen. Auf den Theatern wird zum Angriff gegen rechts, das Böse, den Nazi und die AfD geblasen, im Kampf um die Identität der Weltoffenheit, während rechte Gruppierungen Kampagnen gegen Theater, Tanzfestivals und Museen starten, im Kampf um nationale Identität. Die junge weiße Frau kämpft gegen den alten weißen Mann, der alte weiße Mann kämpft um sein Erbe. Nichtweiße kämpfen gegen Abwertung durch Weiße, Homosexuelle nach wie vor gegen den scheinbaren Willen irgendwelcher Götter, die gleichgeschlechtliche Liebe als Sünde verstehen. Dem Kampf um Vielfalt steht der Kampf gegen Öffnung entgegen. Den Kampf um die Hoheit über den Begriff Kultur und seine Auslegung fechten alle gleichermaßen aus. Der Kampf um nationale Leitkultur ist ein Kampf gegen globalisierte Diversität, der Kampf um leitkulturelle Wert-Vorstellungen einer stillen Mehrheit der Kampf gegen die Denunziation der Leitkultur als nationalistische Reaktion einer lauten Minderheit. Dem Kampf der einen für die Erinnerung an die düstere Vergangenheit begegnen die anderen mit dem Kampf für Verklärung der Geschichte (flankiert vom Kampf der Hooligans gegen die Polizei und damit den Staat). Dem Kampf der Links-Autonomen gegen Kapital und Polizei (und damit den Staat) steht der Kampf der Reichsbürger gegen die Republik und die Polizei (und damit den Staat) gegenüber. Die Straßen der Republik sind an manchen Tagen gefüllt mit Demonstranten im Kampf gegen Hass und Intoleranz, die wiederum jenen gegenüber Hass und Intoleranz walten lassen, die sie bekämpfen. Pegida stellt Galgen für Politiker auf, die AfD animiert per Onlineportal zur namentlichen Denunziation von Lehrerinnen und Lehrern. Das »Zentrum für Politische Schönheit« wiederum richtet zwei Monate nach dem Fanal von Chemnitz im Sommer 2018 ein Denunziationsportal gegen jene Demonstranten ein, die die Organisatoren des Zentrums für »Nazis« halten, und ruft gesinnungsgesund dazu auf, »Gesinnungskranke« an den digitalen Schandpfahl zu tackern und die Verdächtigen bei ihren Arbeitgebern anzuschwärzen. Einen Tag später freilich heißt es: April, April, Pranger weg, Seite zu, man habe nur »Nazis« aus der Deckung locken wollen. Das »Honigpott-Prinzip«. Satire? Kunst? Kritik? Der gesunde Menschenverstand ahnt: zu viel ironisierte Ironie.

Die Kampfzone ist geradezu allumfassend. In der Kampfzone zerbrechen Freundschaften, soziale Beziehungen und Arbeitsverhältnisse. Die Phänomenologie der Kampfzone ließe sich ausweiten auf den Kampf des Individuums um Geltung, Anerkennung, Einkommen und Zukunftsfähigkeit, um bezahlbaren Wohnraum, Kita-Platz und Jobsicherheit im aufreibenden Getriebe alltäglicher Konkurrenz. Sie ließe sich ausweiten auf den Kampf der Einzelnen und Vereinsamten um Würde und Selbstwirksamkeit, der Alleinerziehenden um das schiere Dasein, der Rentner gegen Verarmung, des Mittelstands gegen den Abstieg. Die Wirtschaft kämpft um Wachstum und Anschluss, gegen Vorschriften, staatliche Auflagen und einen drohenden globalen Handelskrieg; die klassischen Medien kämpfen gegen den Bedeutungsverlust und um Anteile auf einem schrumpfenden Markt.

Das Betriebssystem dieser Kampfzone ist die Erregokratie: eine nervlich überspannte, nervöse, manchmal hyperventilierende, von Medien aller Art stimulierte Dauererregung, die zum geradezu totalen Spektakel einer Emotionalisierung um ihrer selbst willen geführt hat.

Dieses Buch kämpft auf andere Weise. Es ringt um Aufrichtigkeit in Zeiten der Manipulation. Es wendet sich dabei dem verunsicherten, verstörten, in undurchsichtige Geflechte verstrickten Individuum zu, geht vom ihm, dem Individuum, aus und kehrt wieder zu ihm zurück. Es analysiert, in welchem Verhängniszusammenhang der Einzelne steckt und wie er in ihn hineingeraten ist. Weder hat es seligmachende Weisheit gepachtet noch buhlt es um Zustimmung. Eine abschließende Deutung liefert es gerade nicht. Manche Positionen mögen streitbar sein, am Ende aber wartet ein leidenschaftliches Bekenntnis zur Freiheit des aufgeklärten Geistes, der die Republik zu jenem Hort der Zivilität gemacht hat, der sie bis vor Kurzem noch war: »Jeder nach seiner Fasson« – solange die Fasson des anderen geachtet wird. Die Gretchenfrage lautet also: Wie hält es die liberale Demokratie mit Haltungen, die ihrem offiziellen Wertesystem zuwiderlaufen?

Ich bin mir bewusst, dass diese Frage – ehrlich verhandelt – auch zu einer manchmal heiklen Selbstbefragung führt. Ich exerziere sie im Folgenden stellvertretend für diejenigen, die an Auswegen interessiert sind. Im Spiel der Ideologien habe ich keinerlei Aktien; dogmatische Hasardeure langweilen, Propaganda-Aktivisten nerven mich. Ich vertrete zugleich Positionen, die man als »links« und »rechts« bezeichnen würde. Ob sie progressiv oder konservativ sind, interessiert mich nicht, ob sie in ein Parteiprogramm passen, ist mir völlig egal, obwohl in der deutschen Demokratie freilich nichts geht, wenn nicht Parteien sich der Themen annehmen, um sie programmatisch über Prozesse in Politik zu überführen.

Meines Erachtens ist das größte Vergehen unserer Tage die Verachtung des liberalen Prinzips durch Ignoranten, Ideologen, Dogmatiker, Verblendete, Verirrte und Gehörnte. Sie sind allerorten und auf allen Seiten zu finden, im Bundesplenum und in Landtagssälen, auf den Straßen und Plätzen deutscher Ortschaften, Dörfer und Städte, im Netz und seinen virtuellen Stammtischen, in der Dunkelheit des Untergrunds wie im Fackelschein diverser Aufmärsche. Und dies noch, bevor es in die Kampfzone geht, eine Art Vermächtnis gleich zu Beginn: Freiheit ist niemals selbstverständlich. Sie ist verwundbar und muss täglich gegen ihre Verächter verteidigt werden. Im Geiste dieser Selbstverpflichtung ist dieses Buch verfasst.

I

In der Kampfzone

1

Bekenntnis zur Verstörung

Ich bekenne, verstört zu sein. Vom Irrsinn irritiert. Von der Verrohung entsetzt. Von der Verflachung angewidert. Bestürzt über Tobsucht, Trivialität und Leere einer sich am Verstehen hindernden Verständigung. Angeekelt von Hass, Häme, Gewalt und von Gegenhass, Gegenhäme, Gegengewalt. Verblüfft über Hemmungslosigkeit, Schlachtbereitschaft und Mobilmachung der Instinkte in einer Gesellschaft des schamfreien Spektakels.

Die Verwilderung der Umgangsformen, Anstandslosigkeit und Flachsinn in Rede und Gegenrede auf allen Seiten stellen meine jahrelange Hochachtung vor Vernunft und intellektueller Rechtschaffenheit der Deutschen infrage. Der Grat zwischen Meinungsäußerung und Verleumdung ist äußerst schmal geworden, die Membran zwischen Rationalität und Irrsinn hauchzart. Was sich mir (und Ihnen oder manchen von Ihnen, in jedem Fall dann aber UNS) seit kurzer Zeit darbietet, hat die Güteklasse einer drittrangigen Theatralität, die ich nicht für möglich gehalten hätte. Schlagwörter erschlagen, Affekte rasen, Phrasen lullen ein. Man zeigt mit Fingern auf- und richtet sie gegeneinander. Die einen posaunen, die anderen trompeten, dritte röhren und raunen; unterlegt ist die Kakophonie mit Trommelwirbeln der Panik und Polemik. Reaktionen folgen auf Reize derart reflexhaft, als wären Teile der deutschen Gesellschaft einer Pawlow'schen Konditionierung zum Opfer gefallen. Der schreihälsige Zeitgeist findet seine Form in Tweets und Kolumnen, sehr viel tiefer reicht der Geist unserer Zeit nicht mehr.

Worum es vornehmlich geht? Um unmittelbar umgesetzte Projekte und den Rausch des Moments, als lebte man anno 2019 in einem Drogen- und Entzugs-Delirium. Um Eruption und Eskalation und den Adrenalin-Kick der emotionalen Entäußerung, die ihre Flüchtigkeit bereits in sich trägt. Je größer der (globalisierte) Weltraum wird, desto provinzieller wird die Reaktion. Was folgt? Depression und Revolte.

Ich wähnte mein Land erwachsen, seriös, klug, reflektiert, gereift, souverän und im Alter von siebzig Jahren durchaus ein wenig von der Weisheit der Integrität umflort. Dass hierzulande Minister wegen privat genutzter Dienstflugmeilen oder infolge vor langer Zeit plagiierter Dissertations-Passagen von ihren Ämtern zurücktreten, dass die Mehrheit der deutschen Politiker beim Begriff Verantwortung mit verbliebener Ehrfurcht noch nickt, empfand und empfinde ich als Zeichen einer liebenswerten Hochanständigkeit, die beim Blick auf sehr viele andere liebenswerte Länder des Erdballs einerseits den Schauder eines leicht überheblichen Wohlgefühls bewirkt – Wir Deutschen sind ehrlich, Wir betrügen nicht, Wir sind in Ordnung! –, zugleich aber auch die Ahnung zulässt, wir Deutschen machten uns mit jener spezifischen Art der Selbstherrlichkeit, die allen anderen zeigen soll, wie ernst es diese Deutschen mit Demokratie und Demut halten, ein wenig lächerlich.

In einer Zeit massenhaft diagnostizierter psychischer Störungen von ADS, ADHS, Bulimie, Anorexie, Panikattacken und Angstzuständen, angesichts allseitiger Diffamierungen, Diskriminierungen und Denunziationen scheint die Wahrnehmung der Republik, ihrer Bürger und Geschehnisse von nervöser Überspanntheit bestimmt. Das Wort »neutral« scheint eine Unbekannte geworden zu sein, Gentlemänner haben ausgedient, Zusammenhänge werden nicht mehr erarbeitet, Kontexte interessieren so wenig wie Konsequenzen. Als Beweis für politischen

Aktivismus reicht bereits herausgeblökte Wut, zu erstaunlich vielen Äußerungen werden – obwohl gar nicht bestellt – Wertung und Urteil gratis mitgeliefert. Was zur Verständigung dienen sollte, ist schnell ehrenrührig.

Bezogen auf das, was ich in den sechs Kapiteln dieses Buchs zu beschreiben versuche, glaube ich schon zu Beginn klar behaupten zu können: Es geht nicht mehr um die Sache als solche, sondern um die Rede über die Sache. Nicht mehr das Argument als Argument ist entscheidend, sondern die argumentfreie Interpretation eines Anlasses. In einer weiteren Spiraldrehung geht es dann nicht einmal mehr um Interpretation, sondern gleich um das Urteil über die Rede über die Sache, die kaum einer hinreichend kennt, von der man höchstens ansatz- oder auszugsweise weiß: vom Hörensagen und Weiterposten, was dieser Tage auszureichen scheint, um ein finales Urteil zu rechtfertigen (wenn Rechtfertigung überhaupt noch eine Kategorie ist). Das ständig zappelnde Netz birgt für Rüpel den enormen Vorteil, dass kollektive Instant-Erregung mit geringem Aufwand sofort heiß schäumt und postwendend Amnesie eintritt. Sagen wir's mit altdeutscher Noblesse: Man kotzt sich aus, ohne sich um weitere Hygiene zu kümmern. Empörungsaffekt erzeugt Beleidigungsprosa, die wiederum neue Empörung ermöglicht.

Bash!

Hate!!

Shitstorm!!!

Ist wirklich alles so schlimm? Wahrscheinlich ja.

Ich bekenne zweitens, verwirrt zu sein. Was ist eigentlich »rechts«? Was »links«? Wann ist heute jemand rechts? Wenn ich es richtig verstehe, müsste ich rechts sein, ohne zu wissen, warum ich das bin oder was genau ich dann wäre und ob rechts nun noch wertkonservativ ist oder bereits nationalistisch. Oder warum jemand »rechts« sein soll, nur weil er nicht explizit »links«, sondern gar nichts ist und gar nichts dergleichen sein will? Ohne zu ahnen, wann jemand schon oder noch rechts ist, bevor er ohne Angabe nachvollziehbarer Gründe recht schnell rechtspopulistisch oder rechtsnationalistisch sein soll, vertrete ich womöglich Positionen, die bis vor Kurzem noch als konservativ galten. Gewiss haben sich in der Kampfzone auch die Reize und Reflexe radikalisiert, und je öfter von rechts und links gesprochen wird, desto schaler wird es, desto wichtiger wäre Differenzierungsarbeit.

Um es konkret zu sagen: Ich verspüre mehr als mir recht ist das befremdliche Unbehagen einer inneren Spreizung, manchen Aussagen, die den Hautgout des Rechten haben, zustimmen zu können, es aber nicht zu wollen. Es sind Haltungen zu einzelnen Fragen bezüglich der Rechte, Pflichten und Aufgaben eines Staates, die mir völlig richtig erscheinen (und bis zum Beweis des Gegenteils auch richtig sind) – und die mich selbst zugleich aber auch verunsichern, weil ich damit in einen ideologischen Zusammenhang gerate, in den zu geraten ich in keiner Weise möchte. Nur weil man selbst eine Position vertritt, die auch die AfD vertreten könnte, heißt das ja in keiner Weise, AfD-Positionen zu vertreten. Konservative Haltungen sind stante pede unter Verdacht, in Sippenhaft mit dem »Rechten« zu geraten, wobei zwischen »rechts« und »rechtsextrem« ein veritabler Unterschied zu machen ist.

Ich halte beispielsweise ungesteuerte Zuwanderung für falsch und löchrige Staatsgrenzen für fahrlässig (wie im Übrigen, so vermute ich, in allen anderen Staaten der Welt löchrige Grenzen ebenso für fahrlässig gehalten werden). Also sehe ich in der Kontrolle der nationalen Grenzen eine prioritäre Aufgabe des Rechtsstaats. Die Forderung absoluter Grenzfreiheit halte ich für charmant aber naiv, und die Überzeugung, jeder Mensch auf der Welt müsse sich an jedem Ort der Welt bedingungslos niederlassen dürfen, für liebenswert aber unausgegoren. Kein Mensch ist illegal, richtig, aber der Aufenthaltsstatus eines Menschen kann illegal sein. In allen anderen Fragen des alltäglichen Lebens werden Mensch und Markt Regelkonformität, Regulierung und Differenzierung abverlangt, jede Fuge ist Objekt von Recht und Rechtsprechung, also muss die Achtung vor Recht und Rechtsverbindlichkeit auch in Fragen von Migration, Integration und Aufenthaltsstatus gelten.

Im Traum würde mir nicht einfallen, jemanden aufgrund seiner Hautfarbe oder Augenform als minderwertig oder niedriger oder weniger klug einzustufen, und zugleich finde ich es aus Gründen rechtsstaatlicher Glaubwürdigkeit problematisch, auf legalem Wege abgelehnte Asylbewerber nicht sofort abzuschieben. Die amtliche Ablehnung eines individuell geprüften Asylantrags ist die zivilmoralische Grundlage, auf die alle anderen Bürger vertrauen.

Man könnte sogar so weit gehen und behaupten, das Asylrecht im Verfassungsrang sei grundgesetzlich und grundsätzlich gewährte Vorschuss-Solidarität der deutschen Bevölkerung gegenüber allen Verfolgten dieser Welt, die beglaubigte Bereitschaft des steuerzahlenden Bürgers zum Teilen, die selbstverständlich jeder in Anspruch nehmen kann, dessen Fall die für alle gleichermaßen geltenden Kriterien erfüllt. Nicht jeder Fall entspricht aber den formulierten Kategorien, weswegen nicht alle Menschen dieser Welt die Solidarität durch Asyl beanspruchen können, auch wenn jeder Einzelfall eines wirtschaftlich und sozial perspektivlosen Lebens traurig und die Hoffnung auf ein besseres Leben in anderen Ländern vollkommen nachvollziehbar ist. Ist das jetzt »rechts«?

Wenn ich es ebenso richtig verstehe, müsste ich links sein, weil ich den Mindestlohn für richtig halte, höhere Reallöhne jenseits der Inflationsbereinigung für sinnvoll erachte und Kinder- wie Altersarmut schändlich finde; weil ich für alternative Energiekreisläufe eintrete, die ökologische Katastrophe des Klimawandels für das größte Problem der Menschheit halte, Waffenexporte so sehr verachte wie Kriege und darüber hinaus in der Weltbürgergesellschaft, in der alle Individuen gleiche Rechte und Menschenrechte hätten, eine wunderbare Utopie erkenne.

Was nun?

Die Einteilung des Lebens und der Wirklichkeit, des Geistes und der Menschen in »links« und »rechts« bringt nichts, ist grob, gestrig und wird der Komplexität der Probleme nicht mehr gerecht. Darf man angesichts der Irrungen und Wirrungen einer aus den Fugen geratenen Welt nicht etwas mehr Mühe, etwas mehr Feinsinn erwarten?

Was lange Zeit im Rückraum der Republik waberte und vielleicht unerkannt in den Kellergeschossen privaten Widerstands oder als geistiges Unkraut an den lieblosen Rändern weitgehend marginalisiert wucherte (also die stille Feindlichkeit gegenüber dem Fremden an sich, der heimliche Widerstand gegen Einwanderung, das halböffentliche Unbehagen an muslimischer Sitte in der christlich geprägten Lebenswelt), wurde im Aufflackern eines weltgeschichtlichen Moments leibhaftig und existentiell. Das Negativ belichtete sich zum Positiv, dessen Prints seither ein erschreckendes Abbild der Wirklichkeit sichtbar machen.

Ich behaupte, dass alles, was mit dem Epochendatum 2015 assoziiert werden kann, das mindestens indirekte Resultat der Anschläge auf das New Yorker World Trade Center am 11. September 2001 ist. Damals wurden jene Zentrifugalkräfte freigesetzt, die dann gut vierzehn Jahre lang – weitgehend unbemerkt – die Grundlagen der »Welt von gestern« zersetzt haben. Auf die Attacke folgte die Entscheidung der amerikanischen Regierung unter George W. Bush, den privaten Hausbau zu fördern, um dem einfachen Amerikaner im Bewusstsein der Verwundbarkeit das Gefühl von Eigenheim und Sicherheit zu ermöglichen. Auf einem allzu freien Markt errichtete sich über die Jahre ein System aus faulen Krediten, Verschuldungshypotheken und toxischen Papieren, das im September 2008 mit dem Sturz des lange Zeit sensationell erfolgreichen Hochrisikobankhauses Lehman-Brothers in sich zusammenbrach. Die Folgen sind bekannt: Das Fundament des internationalen Finanzmarkts wurde erschüttert, das Wirtschaftswachstum brach ein, die einsetzende Niedrigzinspolitik machte viele Menschen zu Verlierern, die Furcht vor Kontrollverlust durch Migration wuchs, die Länder der Europäischen Union dividierten sich auseinander (Polen, Ungarn und Slowakei gegen Deutschland, Frankreich, Niederlande). Ost ging in Konflikt mit West, Nordeuropa errichtete eine Flanke gegen Südeuropa. Die »westliche Welt« verriet ihre Grundsätze und wurde Jahr für Jahr fragiler und labiler, heute demontiert sich der »Westen« selbst, unterliegen seine Ideen des Universalismus, der Vertragstreue und einer von Moral und Religiosität bereinigten Humanität den Kräften zentrifugaler Zerstörung. Rückblickend betrachtet ist das Teufelswerk der dschihadistischen al-Qaida-Attentäter also aufgegangen.

Ich bekenne des weiteren, dass ich im Herbst 2015, als hunderttausende geflüchtete Menschen auf deutschen Bahnhöfen ankamen, den Heiligenschein des Humanitarismus so eitel fand, wie ich das einsetzende Geschwafel vom Untergang des Abendlandes durch Überfremdung bis heute dummdreist finde. Die Beglückung der Entkräfteten mit Applaus, Blumen und Stofftieren für die Leistung eines bewältigten Exodus hielt ich für zynisch, die plötzlich erwachte Liebe zum »Refugee« – in Szene gesetzt mit kostenfreiem Altruismus – schien mir ein Beispiel für die Sehnsucht nach moralisch einwandfreier Selbstgerechtigkeit. Wenngleich die Friedsamkeit des kurzen Willkommensfestivals berührend war und in der Selbstüberwältigung ohne Gespür für die staatspolitische Dimension des Geschehens ein sympathischer Zug Weltfremdheit steckte.

Und andererseits halte ich das fehlende Interesse am Fremden, die nicht nur oberflächliche, sondern profunde Neugier auf andere Kulturen für einen Verstoß gegen die Tradition der Zivilisierung, da alle Völker der Erde seit jeher von Wissens- und Kulturtransfers profitierten, mehr noch: da Wissen und Kultur nicht der Besitzstand einer Nation oder eines Volkes sind, sondern im Eigentlichen die Gesamtleistung der gesamten Menschheit. Im Abendland steckt ja unerhört viel Morgenland.

Jenseits konfessioneller Selbstverortung innerhalb des christlichen Abendlandes ist Europa in Auflösung: Teile des anglikanisch-protestantischen Nordens (Dänemark, Norwegen, England), fast der gesamte katholische Osten (Polen, Ungarn, Tschechien, Slowakei) verweigern sich jeder Art Willkommenskultur komplett. Der katholische Süden trägt die Last der Ankunft und Aufnahme der Zuwandernden, der Westen (Spanien und Portugal) ist weitgehend unbeteiligt, und in der Mitte dreht das konfessionell gemischte Deutschland hohl. Hinsichtlich der Motivforschung zwischen Nächstenliebe und Geld dürfte bei vielen Regierungen letzteres ausschlaggebend sein. Gerechtigkeit reduziert sich auf das, was sie praktisch immer schon war und bleiben wird: ein monetäres Kosten-Nutzen-Kalkül.

Womöglich wurde 2015 zum ersten Mal sichtbar, dass man angesichts von Hass, Hetze und Häme einen Konsens an Sittlichkeit nicht mehr voraussetzen kann; dass das jahrzehntelang für zweifelsfrei genommene Selbstverständnis von Recht und Ordnung gar nicht so selbstverständlich gesetzt ist; dass auch in der Bundesrepublik der Schwur auf Einigkeit eine Illusion zu werden droht und die Erziehung der Deutschen zu sensiblen, die Gnade der späten Geburt verantwortungsvoll nutzenden Bürgern eine wohlfeile Täuschung gewesen sein könnte.

Ich bekenne schließlich viertens: Ich mag und schätze diese in ihrer Schizophrenie stets mit sich ringende Bundesrepublik. Weder will ich deutschlandmäkeln noch deutschlandverklären, weder brauche ich BRD-Bashing noch BRD-Elogen für ein gutes Selbstwertgefühl. Der manchen Landsleuten eingeborene Pessimismus liegt mir nicht, epigenetischen Defätismus als Welthaltung finde ich lächerlich, die Berechenbarkeit von Unkenruf und Kassandra-Alarm ödet mich an. In dem Maße aber, in dem sich dieses Land und das Wesen seiner Gesellschaft ändert (wenn es denn so etwas wie ein Wesen überhaupt gibt), in dem sich Sittlichkeit, Intellektualität und Qualität der Verständigung wandeln, insofern ändert sich auch mein Verhältnis zu Republik und Gesellschaft. An ihrem siebzigsten Geburtstag bin ich ein in Sippenhaft mit dem Schicksal verfangener, irritierter, von Exzessen abgestoßener Deutschlandbürger in wachsender Sorge um die Gesundheit seines Landes. Zur Entscheidung steht augenscheinlich die Schlacht zwischen dem bisher gültigen, aus Wissen, Wissenschaft, Vermittlung, Vernunft und Vertrag gewonnenen Weltbild und einem in seiner Selbstbezüglichkeit romantischen, in seiner Romantisierung nationaltümelnden und in seiner Kampflüsternheit aggressiven Entwurf einer Andersweltlichkeit, in der nicht mehr vieles dessen Geltung und Gültigkeit hat, was bisher quasi heilig war. Das Romantische war eine jugendliche Bewegung, die antrat, das Alte zu attackieren. Es formuliert das Bedürfnis nach einem überindividuellen und zugleich kollektiven Schutzreservat, das durch sich selbst ermöglicht, was sonst kaum noch vermittelbar ist: Transzendenz. Einen spirituellen Gesamtzusammenhang also, der, wie in der Romantik, Vergangenheitsverklärung und Gegenwartsverachtung zugleich ist. Die Vergangenheit erscheint als bessere Grundlage als die Gegenwart, gemäß dem Diktum des Novalis: »Wir leben noch von der Frucht besserer Zeiten«.

Im vergangenen Jahrfünft hat eine soziale und kulturelle Transformation begonnen, nein, eigentlich wurde diese seit Längerem sich vollziehende Transformation in den letzten fünf Jahren erst erkennbar. Es soll ein Identitätsraum geschaffen werden – materiell als begrenztes Terrain, virtuell als Zugehörigkeitsgarantie –, der sich durch sich selbst bewährt. Er wird nicht mehr hinterfragt, er muss nicht gerechtfertigt werden. In einer Zeit, in der so gut wie alles disponibel geworden ist, steht dieser doppelte Raum nicht zur Disposition. Diese Gegenwelt verortet sich im Dagegen. Der neue Raum ist kein paralleler, er ist der umfassend andere. Er will das Ganze, nicht das Partielle, und so scheint mir das, was man zur Zeit unter dem Wort »Kulturkampf« zu subsumieren pflegt, der Gründungsmythos einer Widerwelt zu sein, die gerade zu entstehen im Begriff ist. Es geht dabei um neue Formen der Legitimität, um das große Wider, um die existentielle Erwiderung auf das Bestehende als Legitimations-Referenz: der romantische Widerstand gegen das »Alte«, das Elite genannt wird, gegen das Establishment und »seinen« Staat, gegen das Prinzip der Repräsentation und liberalen Offenheit, gegen die »alte Welt« des Rationalismus mit ihren (durchaus ja vorhandenen) Defekten. Es ging dem Individualismus der Romantik einst um die Erhebung eines rebellischen Geistes gegen die überlieferten Formen und die bestehenden (sozialen) Zustände der Zeit. Die Romantik als politisch-revolutionäre Bewegung wurde von vielen als »völkische Wiedergeburt« betrachtet, was sie für ihre Kritiker als reaktionär auswies. Sind die Parallelen nicht frappierend?

Kulturgeschichtlich betrachtet gibt es an Bruchstellen – immer dann also, wenn Paradigmen wechseln und Krisen den Wechsel einleiten – eine starke Konjunktur des Mystischen und Mythischen. Lässt sich im Fall der entstehenden Widerwelt tatsächlich von einem neuen Mythos sprechen? Ja, und zwar im Sinne eines Bedeutungs- und Mitteilungssystems, einer mit mythisierender Wucht vorgetragenen Botschaft, die ihre Weltanschauung und ihr Gesellschaftsbild durch sich selbst transportiert. In gewisser Weise haben wir es mit folgenden Gegensätzen zu tun: Religion gegen Rationalität sowie Ideologie gegen Logik. Ideologie ist immer Para-Logik, der säkular-fanatische Glaube nicht an Götter, sondern an das jeweils herstellbare Heil. Darin liegt erstens Willkür, zweitens Manipulationseifer und drittens die Verabsolutierung des Relativen: Jede Beschreibung von Wirklichkeit ist allenfalls ein Ausschnitt, der in der ideologischen Betrachtung der Realität aber zur »Wahrheit« erhoben wird.

Ich bin hier nicht an den freien Radikalen interessiert, diesem in jedem Land anzutreffenden Prozentsatz an Libertären, Anarchisten und Terroristen an den ausfransenden Rändern der Gesellschaft, die sich weder durch den Appell an Recht noch an Ethik domestizieren lassen. Exzesse und Extreme sind per definitionem insofern beschränkt, als im Leben nichts ohne sein Gegenteil wahr ist und jede Reflexion über die Sache auch die gegenteilige Sicht anerkennen muss, um überhaupt Reflexion sein zu können.

Nein, es geht mir im Folgenden um Existentielleres: um den zunehmend pulverisierten Raum zwischen den Extremen, den man einmal »Mitte« nannte.

Mitte war eine Chiffre für Maß, Moderation und die »gemeine Menschenvernunft« (Immanuel Kant). Für den gesunden Menschenverstand der vorgestellten Mehrheit, deren Sittenmoral in siebzig Jahren Bundesrepublik – mit wenigen Ausnahmen – letztlich ein hohes Maß an sozialer Friedfertigkeit erzeugt hat. Meiner Ansicht nach droht in der Kampfzone etwas weit Dramatischeres und Bedrohlicheres als bisher angenommen: der Verlust von Freiheit.

2
In der Erregungsspirale

Deutschland wird seit vier Jahren von der Alternative für Deutschland regiert, weil alle anderen auf sie reagieren, als sei sie tatsächlich eine Alternative. Die AfD ist die deutsche Variante der Widerwelt, weshalb sie – so weit ist es schon gekommen – am Anfang jeder Kampfzonen-Betrachtung stehen muss (um immer wiederzukehren). Als Symbol und Ausdruck einer Verwerfung lassen sich an ihr und durch sie auf fabelhafte Weise Eigenschaften, Haltungen, Entwicklungen zeigen und erklären, die zu dem geführt haben, was ich Erregokratie nenne.

Vieles dessen, was im diffusen Raum zwischen wert- und strukturkonservativ, rechts, rechtsnational, rechtssozialistisch, rechtspopulistisch und rechtsextrem angesiedelt ist, wird von der AfD abgedeckt. Mal aggressiver, mal staatstragender, mal clever, mal langweilig, mal instinktlos, mal geschichtsklitternd. In der Sache durchaus geschickt, im offiziellen Programmduktus weitgehend unverdächtig, in der Rhetorik bewusst plump, im Geiste getragen von Ressentiments und oft genug im Stil des Aufmucker-Triumphalismus früher einmal gemobbter Halbstarker. Mit direkter Ansprache des Bürgers (»Hol dir dein Land zurück!«) entwirft sie eine pathetische Zusammenhangsfiktion gegen die große Unübersichtlichkeit und den existentiellen Verlustzusammenhang – als ob es darum ginge, ein verlorenes (oder das verlorene) Land zurückzuholen. Erstens ist das Land, also Deutschland, keineswegs verloren, und zweitens gehört das Land sowieso niemandem persönlich, weswegen es nicht einmal die AfD zurückfordern könnte (von der Welt?, von den Arabern?, von Erdgöttern?).

Ohne Zweifel ist die AfD das Resultat eines großen Missverständnisses, besser noch: eines großen Unverständnisses, gesellschaftliche Wandlungen und Veränderungen in ihrer Komplexität und ungewohnt rasanten Beschleunigung wahrzunehmen. Diese Partei ist womöglich Profiteurin eines Protests, sicher aber eines Paradigmenwechsels; dass sie seit Anfang 2019 vom Verfassungsschutz als »Prüffall« eingestuft wird, macht die Sache noch brisanter. Es hat ja keinen Sinn, eifernd und geifernd auf sie einzudreschen. Klüger wäre gewiss, die Umstände zu dreschen, die die Partei möglich gemacht, und jene Strukturen zu dekonstruieren, die sie hervorgebracht haben, und sozialverträgliche Wege zu finden, mit einer demokratisch legitimierten Ungewollten so umzugehen, dass Wähler, die sich nur noch durch die Alternative für Deutschland repräsentiert fühlen, nicht dämonisiert werden.

Auch wenn ihre Vertreter abwesend sind, ist die AfD stets präsent. Sie ist der weiße Elefant im Raum der Republik. Als sicht- und hörbares Gespenst geistert sie durch alle politischen und gesellschaftlichen Gassen des Landes: geht es um Flüchtlingspolitik, Gerechtigkeit, Europa, Medien, Sozialstaat. Die deutsche Politik des vergangenen Jahrfünfts – in Gestalt ihrer öffentlich wahrnehmbaren Auseinandersetzung – war geprägt von angestrengten und auf alberne Weise durchschaubaren Strategien der Ansteckungsvermeidung: Panik vor dem eigenen Rechtsruckverdacht. Auf keinen Fall wie dieser Aussatz! Gescannt wurde und wird alles und jedes auf Schnittmengenmöglichkeit mit der AfD, um entweder den politischen Gegner zu diskreditieren oder sich selbst durch Distanzierung mit dem heiligen Wässerchen des Aufrechten reinzuwaschen. Jede vermeintliche oder ahnbare oder irgendwie herstellbare Ähnlichkeit mit einer AfD-Position versetzt Politiker und Publizisten in eine

Erregung, als hätten wir es mit dem Ausbruch der Beulenpest zu tun. Gesprochen wird aber direkt oder indirekt immer in Bezug auf die AfD. Anstatt eigene und überzeugende Antworten auf jene Fragen anzubieten, die die Alternativen entweder nicht beantworten wollen oder können, lautet die einzig ungefragte Antwort auf alle Fragen: Bloß die AfD nicht stark machen!

Wodurch genau sie stark geworden ist. Die ungeheure Aufwertung der Alternative für Deutschland durch ihre demonstrative Verdammung ist auf absurde Weise ironisch, die Salonfähigkeitsbeförderung dieser Partei durch den ständigen Bezug der anderen auf sie dagegen ein dramatischer Widerspruch in sich. Es tritt ein, was unbedingt vermieden werden wollte: Die AfD ist zu einer Marke geworden, mit unverwechselbarem Image und eindeutiger Positionierung, wie es sie sonst kaum gibt. Eine Klartext- und Erlöser-Partei, die den infantilen Satz »Man wird ja wohl noch sagen dürfen« zum politischen Programm erhoben hat und mit der Ansage »Wir erzählen von nun an, was wirklich Sache ist« paraphrasiert.

Im Endeffekt ist die AfD im babylonischen Gezwitscher von Soundbites, Meinungsfetzen und Tweet-Kaskaden unerhört hörbar geworden, so dass alle Versuche, sie als lästiges Exkrement aus der politischen Peristaltik auszuscheiden, nahezu scheitern und in Darmkrämpfen enden müssen, weil die Dynamik der Aufmerksamkeits-Ökonomie nicht mitbedacht wurde: Jede Bestätigung ihrer scheinbaren Minderwertigkeit stärkt die AfD in ihrem Selbstverständnis als außerparlamentarische Guerilla im sonst so gesitteten Parlament. Sie ist, um Alternative sein zu können, geradezu angewiesen auf ihre Verachtung durch alle anderen, wofür sie tut, was nötig ist: hier eine rhetorische Grenzüberschreitung, dort ein berechneter Bruch mit dem Comment, hier ein erfundener Zusammenhang, dort ein bewusst zweideutiger Satz, gelegentlich zutreffende Analysen, sogar sinnvolle Vorschläge, fast immer mit der Strategie kalkulierter direkter wie indirekter Angriffe auf das Juste-Milieu der von ihr so genannten »Altparteien«.

Und alle reagieren. Sie wüten und zetern, hyperventilieren und schäumen, wie man es in der bisher eher biederen, auf Formelkompromisse ausgelegten deutschen Parteien-Parlaments-Demokratie gar nicht für möglich gehalten hätte. Sollte ein PR-Berater oder Spindoctor eine Marketing-Kampagne für die AfD entwerfen, er bräuchte – neben gelegentlich gut getimten Provokationen – nur zur Gelassenheit raten: zurücklehnen, nichts tun, Tee trinken. Für AfD-PR sorgen alle anderen Parteien und Teile der ersten Öffentlichkeit von Zeitungen, Magazinen und des Rundfunks wie der zweiten in den sozialen Netzwerken. Leser und Hörerkommentare bezüglich der AfD überschreiten bei Weitem das übliche Maß an Kritik und Engagement. Dr. Gauland, der Jäger der Etablierten, muss nur mit dem präfaschistischen Schwänzchen wedeln und das rechtsextreme Stöckchen hinhalten, dann springt und ficht die Meute.

Natürlich fällt, geht es um existentielle Politik, in einem von historischer Analogiewut befallenen Land handelsüblich der Name Weimar, als stünden wir wieder kurz vor Hitlers Machtergreifung. Wissen die, die so leichthin die Weimarer Republik als Menetekel bemühen, was in den 1920er- und 30er-Jahren geschah, als die erste deutsche Demokratie an den Fronten des sich selbst bekämpfenden Volkswillens zerschellte und Revisionisten gegen den Versailler Vertrag aufbegehrten? Von der Wucht der Weimar-Beschwörung wird der verstörte Zeitgenosse geradezu gedrängt, sich den Tagesschau-Film auszumalen, da Frank Walter Hindenburg den hageren Björn Adolf Höcke zum Bundesreichskanzler kürt und, wie üblich in historisch heiklen Zeiten, die heldenhafte Linke – Hoch die internationale Solidarität! schmetternd – sich selbst zerstört, zerstreitet, schwächt, zerfasert.

Und während sich die einen am ideologischen Kaminfeuer wärmen, die anderen ihre dogmatischen Donquichotterien aufführen und gegen die Windmühlen der globalisierten Entgrenzung kämpfen, geht in der restlichen Welt eine ganz andere Post ab: China, dem jede Woche zwei neue Milliardäre entwachsen, ist längst auf dem Weg, sich mittels Masterplan, Seidenstraßenprojekt, Perlenkettenmodell, Überwachungs-Totalität und mandarinem Massentourismus auf clevere Weise nach und nach den Globus untertan zu machen. Und Big Data wird bald jeden persönlichen Gencode identifizieren, die Server der Sammler werden eines Tages so groß wie Kleinstädte sein, auf Deep Blue und Watson wird die die natürliche Intelligenz des Menschen dauerhaft überragende künstliche folgen. Und eines nahen fernen Tages werden Roboter die Achselhöhlen vereinsamter Senioren waschen und zwischenmenschliche Zuwendung perfekt simulieren …

Für die große Rückeroberungsvision der Widerwelt werden eindeutige Ursache-Wirkungs-Verhältnisse benannt (wobei Verhältnisse welcher Art auch immer gar nicht eindeutig sein können). Vor allem aber wird die kulturelle Komplexität der späten Moderne auf die Behauptung reduziert, die 68er seien als Sündenfall der BRD für all das verantwortlich, worunter »das Volk« heute zu leiden habe. Nun gibt es »das Volk« so wenig wie »den Wähler« – beides sind Großfiktionen von kleinen Geistern, die entweder nicht oder eben allzu bewusst nachdenken, was gleichermaßen problematisch ist.

Als Interessenvertreter eines territorialen Ressentiments betreibt und vollzieht die Alternative für Deutschland einen Wandel zum Terrestrischen. Im Denken und Sprechen ihrer Vertreter tauchen immer wieder Landmetaphern auf, etwa die »kulturelle Landnahme« durch den Islam. Die erdverbundene Partei handelt mit einer eigenen Raumtheorie: Sie denkt topo- und geografisch, materialistisch und essentialistisch. Sie löst den bisher gültigen Primat der universellen Vernunft auf und setzt an seine Stelle des virtuell arbeitenden Verstands den Primat des realen Körpers. Der Körper der Nation wird dabei gleichgesetzt mit der Kultur der An- und Abstammung. Man könnte sagen: Stammeskultur.

Mit ihrer Revierpolitik inszeniert sie das Fanal einer Erweckungswende, und vieles scheint deshalb für sie zu sprechen, weil ihr die Weltläufe und der Zerfall der herkömmlichen Ordnung in die Hände spielt. Sie profitiert vom Drama des Weltgeschehens, dessen Dramatik sie auf geschickte Art auf dem Spielplan zu halten weiß: die Ex- und Implosion der Globalisierung und deren unkontrollierbare Verkehrsströme von Waren und Menschen. Letztlich repräsentiert die vom günstigen Zufall beleckte Partei das Verdrängte, Verscheuchte und krampfhaft Unterdrückte, das jetzt – aus Gründen, die in diesem Buch erörtert werden – aus dem Schattenwurf der deutschen Geschichte ins Scheinwerferlicht der Gegenwart tritt. Notorisch skandalisierende AfD-Vertreter belichten das aus der gut sortierten Verwahrung herausgekramte Negativ mit besonders engagiertem Trotz.

Man wird ja wohl noch sagen dürfen, dass!

Ja was denn um Himmels willen?

Dass es um alles geht. Um Abendland, Antichrist und Apokalypse. Kleiner macht es die AfD nicht. Sie inszeniert sich als letzte Hoffnung der Büßer im Christengewande, das vom Glauben abfallende Abendland gegen den Muselmanen zu retten. Dass Doktor Gauland noch nicht den Heroismus des Templerordens anno 1200 für sich in Anspruch nahm oder das Epochendatum 1683, als das Christenland die Türken vor Wien im Schlamm erstickte, ist eines der großen Rätsel unserer Tage. Die Partei trägt ein Stück unausgesprochene Christologie in sich: den Wink mit dem Zaunpfahl des tausendjährigen Reichs. Die Ver- oder Gebildeten ihrer Vertreter spielen durchaus geschickt mit Leitmotiven, Basslinien und Kontrapunkten des judäo-christlichen

Schicksals. Also setzt Bundessprecher Gauland – man darf vermuten: nicht gerade im Dämmerschlaf eines verregneten Sonntagabends – den unerhörten Satz in die allzeit aufscheuchbare Welt, in über tausend Jahren erfolgreicher deutscher Geschichte seien Hitler und die NS-Zeit nur ein »Vogelschiss« gewesen, und sofort zittern sich die professionell Entrüsteten in die Kampfzonen-Ekstase. Dass Gauland neben der Exkrement-Metapher die eschatologische Moritat der tausend Jahre ins Spiel bringt (das Zweite Kommen Christi, das Tausendjährige Reich des himmlischen Jerusalems), bleibt weithin unbemerkt. Vielleicht auch von ihm selbst.

Ich schlage vor, die evangelikale Inbrunst des allgemeinen Erregtseins nicht zu übertreiben und behaupte, dass der serienmäßige Wahnsinn, der sich neuerdings der Deutschen bemächtigt, Methode hat. Zwischen »Germany's next Topmodel« und Hashtag-Hysterie, Dschungelcamp und Nazikoller hat die allgemeine Vernunft nur wenig Freunde. Verschwörungen blühen bekanntlich immer dann, wenn die Ratio sich selbst nicht mehr traut. Von rechts bis links wird die Republik ganz gern bereits verloren gegeben: Linker Konspirationsglaube unterstellt, die Deutschen (wahlweise deren Regierung) hätten ganz Europa, die Europäer und Staatschefs aller EU-Länder manipuliert, um die Bundesrepublik auf Kosten der ausgebeuteten und ausblutenden Südländer reich und wohlständig zu halten. Rechter Konspirationsglaube insinuiert die Unterwanderung westlich-zivilisierter Gesellschaften durch gebärfreudige Afrikaner und missionarische Muslime, deren Strategie in der Übernahme Deutschlands durch demografische Kriegsführung bestehe. Beides ist beste Paranoia. Schon hört man die Bürgerkriegskombattanten durch die Straßen marschieren, im Kampf der vereinigten Empörten gegen die Volksverräter im jeweils anderen Lager (in der weiter hinten vorgenommenen Abrechnung mit dem Links-rechts-Schematismus wird das ideologische Scharmützeltum eindringlich begutachtet).

Parlaments-Pretiosen

Alle hatten es ja vorweggenommen wie die »Self-fulfilling Prophecy« einer noch unreifen, in ihren Kinderschuhen steckenden Erregokratie – die Leitartikler, Moderatoren, Talkshow-Gäste, Blogger, Kolumnisten und Kassandras, die selbstberufenen Sprachrohre und kommunikativen Rohrkrepierer der deutschen Gesellschaft. Vor aller Erfahrung war es bereits ausgemachte Sache, dass man sich über die AfD im Bundestag würde so richtig empören müssen, ja dass die Rede ihrer Abgeordneten fundamental gegen Parlamentsgepflogenheiten verstoßen und die Rhetorik ihrer Repliken selbstverständlich mit Motiven des Widerwärtigen operieren würde (was sie zum Teil natürlich taten). Man hätte das Drehbuch zu diesem C-Movie eines überhitzten Parlamentarismus vor der ersten Sitzung des neu gewählten Bundestags schreiben und etwas später womöglich mit nur wenigen Eingriffen redigiert haben können, denn es war klar, dass es so kommen würde, weil es so kommen sollte. Und potzblitz: So kam es!

Zoomen wir kurz aufs große Schlachtfeld der Kampfzone und staunen rückblickend darüber, wie die Erwartung an Empörung auf stilschlechte Weise bedient wurde. Wer wie Alice Weidel von »marodierenden, prügelnden, grabschenden, Messer stechenden Migrantenmobs« twittert, bereitet den Boden für kalkuliertes Ungemach vor. Die Co-Fraktionsvorsitzende der AfD redet sich bekanntlich gern mit der pennälerhaften Schadenfreude der Klassenzweitbesten, die bei Wandertagen und Ausflügen immer an der Seite des Herrn Lehrer geht und aus ihrem Leben erzählt, in irgendeine Rage über die vermutlich letzten

Tage der Menschheit. Am Morgen des 16. Mai 2018 also griff sie als Oppositionsführerin zum Auftakt der Generalaussprache zur Regierungspolitik im Bundestag die Asylpolitik der Bundesregierung an und schrie in ihrer ersten Erwiderung geradezu triumphal: »Burkas, Kopftuchmädchen und alimentierte Messermänner und sonstige Taugenichtse werden unseren Wohlstand, das Wirtschaftswachstum und vor allem den Sozialstaat nicht sichern.« (Andrea Nahles hätte noch ein »Bätschi« dazugesetzt.) Deutschland sei längst ein Einwanderungsland für Unqualifizierte und ein Auswanderungsland für Qualifizierte geworden.

Paukenschlag und Donnergrollen in Wagnerschem Nibelungengeraune. Die erst Empörung spielende und die einsetzende Empörung der Anderen sodann sardonisch genießende Rednerin hatte Kopftuchmädchen (eine Anleihe beim Beelzebub Thilo Sarrazin), Attentäter und Taugenichtse gleichgesetzt! Tugendverrat! Tumult im Reichstag.

Gleichsetzungen sind in Deutschland so schwierig wie beliebt und fast immer so falsch wie grotesk, aber sie eröffnen den Spielraum einer effektiven Assoziationsakrobatik. Übersetzt heißt Weidels Tirade ja nichts anderes als: Wer nix taugt, muss raus, der darf nicht bleiben, der bringt nichts, der leistet nichts, der gehört nicht dazu, der ist eine Last für die Allgemeinheit. Hinter Messermännern, Kopftuchmädchen und sonstigen Taugenichtsen darf man sicher Islamisten, womöglich aber auch alle anderen eingewanderten Muslime (oder überhaupt: den Einwanderer als solchen) verstehen, welche, aus Weidels Sicht, allesamt Deutschland schwächen und auf Dauer ruinieren, mehr noch: die sich durch jenes Sozialsystem schmarotzen, das alle Einheimischen mit Blut, Tränen und Schweiß Tag für Tag finanziell ausstaffieren. Wer Frau Weidel öfter zuhört, wird immer wieder auf das Prinzip der Leistung stoßen, als würde eine humorlose Unternehmensberaterin dem maroden Konzern Deutschland mal eine Lektion in Quality-Management verpassen.

Was geschah erwartungsgemäß? Prompt erfolgte der erste Ordnungsruf des neu gekürten Parlamentspräsidenten Wolfgang Schäuble (sinngemäß: Frau Weidel diskriminiere alle Frauen, die ein Kopftuch trügen). Darüber wiederum empörte sich besagte Weidel auf bestens einstudierte Weise (nahezu völlig verständnislos den Kopf drehend), wobei die erste eingefangene Rüge eine unbezahlbare Trophäe im Kampf um die Instinkte gegen das Establishment war (dem die Vorsitzende der drittstärksten parlamentarischen Kraft im Übrigen nun selbst angehört).

Zuvor hatte der Grüne Cem Özdemir, in Richtung AfD gewandt, gerufen: »Es sitzen Rassisten im Bundestag«, bevor im nächsten Aufzug der neudeutschen Parlamentarismus-Posse CDU-Fraktionschef Volker Kauder das Wort ergriff und gegen die AfD-Dame ins Feld führte, all das habe »null« mit einem christlichen Menschenbild zu tun – sollte Weidel je auf die Idee gekommen sein, im Namen desselben christlichen Abendlandes zu sprechen, in dem wenig später Kauders Parteischwester-Bruder Seehofer den Asyltourismus geißeln zu müssen glaubte. »Was Sie heute gemacht haben«, so Kauder zu Weidel, »ist das glatte Gegenteil davon. Dafür sollten Sie sich schämen.« Es war übrigens derselbe Kauder, der im November 2011 mit dem Bonmot verblüffte, in Europa werde jetzt auf einmal deutsch gesprochen. Von Scham war nichts zu merken, aber brav klagte Weidel gegen Schäubles Ordnungsruf, und ebenso brav lehnte der Bundestag den Einspruch der AfD-Fraktionsvorsitzenden in namentlicher Abstimmung mit 549 Stimmen bei 85 Gegenstimmen und zwei Enthaltungen ab. Alles bestens also, die Ouvertüre im Drama »Hell- gegen Dunkeldeutschland« war absolviert, jeder spielt seine Rolle, und auf einmal war was los in der alten Komfortzone Germanien!

Nur hätte jeder kunstbewusste Theaterintendant spätestens hier die Hände überm Kopf zusammengeschlagen, und jeder Regisseur von Niveau wäre in einen kinskiartigen Schreikrampf ausgebrochen. Und dann griff, als Teil der außerparlamentarischen Empörungs-Opposition, noch Joe Kaeser zur Twitter-Feder, Vorstandsvorsitzender von Siemens, der blöderweise kurz zuvor tausende Arbeitsplätze im Osten zur Disposition gestellt hatte (darunter vielleicht auch jene von AfD-Wählern). Also zwitscherte Kaeser: »Lieber ›Kopftuch-Mädel‹ als ›Bund Deutscher Mädel‹.« Mochte der Siemens-Chef damit zum Ausdruck bringen, dass er lieber die Unterdrückung von Frauen gutheißt als die Zwangsvergemeinschaftung deutscher Mädchen unter Hitler im Dritten Reich? Und überhaupt: Unterdrückung? Altgediente Feministinnen wie Islam-Verächter sehen bekanntlich gleichermaßen den kulturell codierten Diskriminierungs-Mechanismus: Wer ein Kopftuch trägt, sei unterdrückt. Punktum. Differenzierung ausgeschlossen. Böser Islam, böse Männer. Die Debattengeschichte um das Kopftuch ist ein Lehrstück an staatskommissarischer Zurückweisung der möglicherweise ja doch freien Entscheidung der (muslimischen) Frau – nur für den Fall, dass es später einmal um Respekt vor Sitten und Gebräuchen gehen sollte. Es kann nicht sein, dass Musliminnen das Kopftuch als selbstbestimmten Ausdruck ihres Glaubens sehen, weil es nicht sein darf oder es sich atheistische oder christliche Deutschinnen nicht vorstellen können.

Ist Kaeser also ein Frauen diskriminierender Macho? So könnte man es ewig weitertreiben.

Vor wenigen Jahren – lange scheint es her – hätte man dergleichen Parlaments-Pretiosen mit milder Strenge als Irrung und Wirrung eines aus dem Takt geratenen Geistes konstatiert. In der deutschen Kampfzone aber ist man mega-empört über unfassbare Entgleisungen, dass man im Sinne des größten Phrasendreschers auf Gottes sozialdemokratischer Erde, Sozialminister Hubertus Heil, sinngemäß rufen möchte: Das nich gut, da müssen wer ran, da muss Politik was tun.

Aber was?

Vor Kurzem noch war der Rüge-gegen-Hass verteilende Schäuble selbst gerügte Hassfigur. Zur Hochzeit des Griechenlandrettungs-Dramas (oder Griechenlandvernichtungs-Tragödie, je nach Standpunkt) hatten die Kritiker im damaligen Bundesfinanzminister den teutonischen Luzifer gesehen, der als rituelles Opfer die Alleinschuld an der hellenischen Misere hätte auf sich ziehen sollen. Der aus der Versenkung aufgetauchte Grüne Reinhard Bütikofer wollte in Schäuble den herrischen, hässlichen Deutschen erkannt haben, Sahra Wagenknecht nannte ihn via Twitter »Kürzungs-Taliban« (der im Singular Talib hätte heißen müssen), und selbst der Großmeister der kommunikativen Rationalität, Philosoph Jürgen Habermas, beschied Schäuble, der »Zuchtmeister Europas« zu sein. Sogar vom Staatsstreichversuch des deutschen Finanzministers war die Rede, dem wir für die Ahnenreihe ›Bonmots für die Ewigkeit‹ die Kostbarkeit der Epoche verdanken, das in schwäbischer Musteranglifizierung vorgebrachte Finis terrae: »Isch over«.

Wohin hat all dieser Empörungsquatsch die Republik getrieben? In die Erschöpfung einerseits, in das Spektakel der Empörung um ihrer selbst willen andererseits. Dass sich mittlerweile so gut wie jede und jeder über dies und jenes, manchmal gleich über alles empört, ohne zu differenzieren, ohne sachlich zu analysieren, ohne sich verständigen zu wollen und zu können. Empörung über die Empörung der anderen, die wiederum zur Empörung der über die Empörung Empörten kommt und so weiter. Gegenstand der Empörung ist nicht mehr die Sache selbst, sondern nur noch der Anlass. So regiert die öffentliche Rede ein leerer, destruktiver Empörismus und treibt in einen überspannten Dauermoralismus. Die rhetorische Aufrüstung mit Superlativen zielt immer auf den permanenten Ausnahmezustand, und es ist ein übliches Exerzitium geworden, alles in einen Topf zu werfen und nicht mehr zu wissen, was herauskommt. Der staunende Beobachter fühlt sich bemüßigt, eine ambitionierte Parallele zu ziehen: Neurasthenie, die psychische Krankheit vor und nach dem Ersten Weltkrieg, als das dekadente Europa begann, sich selbst abzuschaffen. Diagnostiziert wurde damals – vor allem bei Männern – eine geheimnisvolle Nervenschwäche. Die neurasthenische Gesellschaft war sich selbst entrückt, im Zerwürfnis mit ihren Gewissheiten. Die ökonomisch zugerichteten Individuen vor hundert Jahren erlebten eine nervöse Seelenkrise, die der heutigen Synthese aus Depression und Hysterie ähnelt. Neurasthenie war der Burn-out der Welt von gestern, mit überforderten, gestressten, an ihrer Selbstwirksamkeit und Selbstsicherheit zweifelnden Individuen, fremdbestimmt durch atemlose Beschleunigung im Gang der Dinge, am Bruchpunkt eines Epochenwechsels. Damals war die Folge der Dekadenz der Rückzug aus der gefühlskalten, leistungsnormierten, von Disziplin, Mechanik und Optimierung beherrschten Welt und ein bereits hippiesker Individual-Anarchismus.

Unserer Tage nun ist die Folge von Entfremdung, Überforderung und Überwältigung die Emotionalisierung des Protests gegen eine irgendwie falsche Welt. Ein Widerstand gegen geltende Normen, Gesetze und die Finessen der Differenzierung mit geradezu neo-romantischen Zügen einer gesteigerten Kraft der Instinkte und Affekte.

3
Die Widerwelt

Meiner Einschätzung nach etabliert sich in der Kampfzone eine Antithese zum Etablierten und zielt darauf ab, das neue Establishment zu werden. Man könnte es auch wenden und sagen: Durch die Kampfzone wird die Antithese einer alternativen Wirklichkeitserzählung hervorgebracht, als perfide Parodie auf das, was der französische Soziologe Jean Baudrillard »Simulation« genannt hat: die völlige Entleertheit verselbstständigter Erregungen. Eine Hyperrealität, die nur noch auf sich selbst verweist. Ein seine eigene Wirklichkeit verabsolutierendes Bezugssystem – selbstbegründend und also geschlossen.

Die Fragmentierung der Wirklichkeit in separierte Erfahrungswelten mit unvereinbaren Realitätserzählungen und Echokammern wäre für jede Demokratie äußerst problematisch. Wer sorgt dann noch für eine allgemeingültig anerkannte Erzählung (wenn man so will: die verlässliche Textur), die alle erreicht? Ist das überhaupt noch möglich oder womöglich gar nicht mehr nötig?

Instinkt-Politiker, religiöse und quasireligiöse Fundamentalisten, Revolutions-Schwadroneure und Straßenkampf-Domestiken aller Art setzen dem Verdruss an einer auf Aushandlung, Kompromiss und Langsamkeit basierenden Demokratie die schnelle Steigerung der Gefühle entgegen: eine energetische Wahrhaftigkeit und Plötzlichkeit, die den auf sich gestellten Individualisten aus seiner gefühlten Einsamkeitsnische holt. Im übertragenen Sinne sind dies Versuche, das allgemeine Erregungsniveau zu heben. Erregung zielt nicht mehr allein auf die Steigerung von Emotionen, sondern auf die Akkumulation gesteigerter Emotionen. Versprochen wird das magische Erlebnis der Authentizität, die erspürte Nacktheit dessen, was wahr, echt, rein sein soll. Je vermittelter die über-individuelle Welt in der individuellen Lebenswelt ist, je mehr virtuelle Programme, digitale Datensätze und Emoji-Sprache die Grammatik der Verständigung bestimmen, desto größer scheint das Bedürfnis nach leiblich erfahrener Unmittelbarkeit zu sein: nach dem Schauder der Ergriffenheit, nach der Befreiung des lebendigen Menschen aus dem Korsett vorprogrammierter Kontexte.

Die Widerwelt ist ein Refugium, eine reaktionäre Ordnung. Analog zur Romantik ab 1800 ist sie eine Bewegung gegen Logik und Rationalität, gegen die Vermessung, Verwissenschaftlichung und Objektivierung des Lebens. In Bezug auf den Begriff »Konservatismus«, wie ihn die »Konservativen Revolutionäre« der 1920er-Jahre verstanden (Carl Schmitt, Oswald Spengler, Arthur Moeller van den Bruck, Ernst Niekisch), ist die Widerwelt einerseits anti-konservativ: nämlich romantisch im Sinne einer Poetisierung des Augenblicks und insofern der Politisierung einer Stimmung. Zum anderen ist sie hyperkonservativ, weil sie eine alle Stimmungen und Momente überdauernde Essenz voraussetzt: die Eigentlichkeit, also das Echte, Wahre, Absolute. In der deutschen Geistesgeschichte spielt die organische Geschichtsauffassung immer eine ganz besondere Rolle: das Bewusstsein einer gemeinsam erlebten geschichtlichen Vergangenheit wie auch der leibseelische Wille einer gemeinsamen Zukunft.

Die Widerwelt nimmt ihre eigene Essenz als vorgängig an, ohne nach deren Quelle zu fragen. Überhaupt: Fragen ist so wenig widerwelttauglich wie Zweifeln, weil Fragen einen Möglichkeitsraum offenlässt. Die alternative Ordnung aber duldet keine Alternativen, obwohl sie sich als Alternative präsentiert.

Womöglich wäre der griechische Dichter Euripides der Poet

der Stunde: als Erzähler einer orgiastischen Kollektiverregung hemmungsloser Mänaden, die in den düsteren Wald ziehen und im pervertierten Opfer-Kult das aufgespürte Wild lebendig zerreißen und roh verspeisen. Die Anarchie dieser Opferung entzieht sich selbstredend staatlicher Aufsicht und entzieht dem Establishment das Recht zum Ritual. Wobei es den Propheten, Publizisten und Politikern der Widerwelt nur indirekt um bacchische Tragödien geht. Sie wollen mehr. Sie streben eine Vitalisierung der Demokratie an und definieren sie um: nicht mehr als Ordnungsform der Gewaltenteilung, sondern als Verkörperung der Volksgewalt, als wäre der Volkswille eine feste Substanz. Demokratie-Vitalisierung geschieht auf Kosten der republikanischen Verfassung.

Dreh- und Angelpunkt der Widerwelt ist die Kritik am Prinzip der Repräsentation und die Frage, wer wen und welche Interessen vertritt. Das hehre Ideal der repräsentativen Demokratie besteht darin, dass jeder Bürger zu jeder Zeit von jedem anderen Bürger vertreten und regiert werden kann. Das ist gewiss simulativ und erfordert die intellektuelle Transferleistung einer Imagination, dass der eigene Wille von einem gewählten Repräsentanten vertreten wird. So soll jeder Einzelne zu seinem Recht kommen (nach allem, was bekannt ist, ist die repräsentative Demokratie noch immer die beste und schönste Form der Selbstregierung der Völker).

In der Widerwelt heißt es nun aber, »echte« Demokratie sei nur der wahre und unmittelbare Volkswille. Also die Akklamation. Das heißt: Es geht nicht mehr um Vermittlung und Repräsentation, sondern um Stimmungen und deren Legitimation als Ausdruck *des Volks*. Nicht mehr um die Verhandlung der Sache, sondern um die Form der Bestätigung.

Die Vordenker aus dem Hinterhalt lassen unmissverständlich wissen, dass sie eine Ausweitung der Kampfzone beabsichtigen.

Sie wollen Ordnung, Stolz und Selbstachtung steigern und sind willens, Wut und Zorn der Bevölkerung nicht nur ernst zu nehmen, sondern auch anzufeuern. Für den erwünschten Zustand wollen sie den thymotischen Level steigern und die im Gemüt des Menschen angelegte Neigung zu Aggression, Kampf und Kraftmeierei radikalisieren. Gegen die aus ihrer Sicht »strukturelle Korruption« der Politik (der Philosoph und AfD-Vordenker Marc Jongen) und das Prinzip der Repräsentation bieten die Thymos-Politiker der Widerwelt die aus ihrer Sicht substanzielle, ja unverdorbene Demokratie auf: das Volk auf der Straße, der eigentliche populus.

Populismus als Affektpolitik

Kein Begriff wird in der öffentlichen Rede öfter missverstanden und fragwürdiger eingesetzt als: Populismus. Mit schöner Berechenbarkeit verwenden Journalisten, Moderatoren, Reporter, Blogger und Politiker den Begriff bewusst oder unbewusst falsch, geben ihren Berichten jedenfalls fahrlässig einen normativen Spin. Ein am selben Tag im gedruckten Heft erschienenes Spiegel-Porträt über Annegret Kramp-Karrenbauer Anfang Dezember 2018 zum Beispiel (betitelt mit »Die Fortsetzung«) überschreibt Spiegel Online wie folgt: »AKK, die Populistin.« Anmoderiert wird der Text wie folgt: »Annegret Kramp-Karrenbauer könnte Nachfolgerin von Angela Merkel werden, sie gilt als ebenso pragmatisch. Doch im Kampf um den CDU-Vorsitz schlägt sie Töne an, die viele von ihr nicht erwartet hätten.«

Jeder Leser des in einen definierten Echoraum hallenden Titels ahnt, was gemeint ist: Populismus heißt in erster Linie einmal rechts, irgendwie nationalistisch, also rechtsnationalistisch. Zu vermuten ist AfD-Nähe. Genaues weiß man ebenso wenig wie man genau wüsste, was an AKK denn populistisch sei. Das ist nicht überraschend: Populismus ist der meisterhafte Begriff einer Unbegreifbarkeit. Er beruft sich auf das Erregungskapital der Menschen als Grundlage einer Politik der Affekte, wobei es angewandten Populismus zweifelsohne gibt. Tatsächliche Populisten reklamieren Legitimität mittels einer fiktiven Legitimation durch »das Volk«. Sie treten mit einem Alleinvertretungsanspruch auf und verstehen sich als »moralische Repräsentanten« (der Politologe Jan-Werner Müller) des aus ihrer Sicht eigentlichen (und um seine Eigentlichkeit betrogenen) Volkes, dessen Stimme sie sind. In diesem Sinne zielt populistische Politik naturgemäß auf die fortgesetzte Emotionalisierung des Politischen, weil sie mit den Emotionen im Volk Politik macht.

Nun ist Politik per definitionem populus-orientiert und insofern popularistisch (nicht immer aber populär). Jede demokratische Politik ist notwendig auf den demos, das Volk (also den populus), ausgerichtet. In einer repräsentativen Demokratie ist das Volk bekanntlich der Souverän, aber eben nur indirekt. Volksherrschaft setzt die Repräsentation des Volks voraus. Populismus und Popularismus sind zwei verschiedene Arten, Politik für das Volk zu verstehen.

Ironischerweise entstammt der Begriff Populismus ursprünglich dem Begriffsarsenal und Grundvokabular der Linken, erinnert sei an die von Jean-Paul Sartre herausgegebene Zeitschrift *La Cause du peuple*. Sartre, der Existenzphilosoph als Sprecher der »Neuen Linken« Frankreichs, gab 1972 in einem Interview kund: »Für uns besteht die einzig wahre Form, in der sich heute eine Volksdemokratie heranbilden kann, in Aktionen, die in Betrieben oder auf der Straße stattfinden, und in der zunehmenden Auflehnung des Volkes gegen die Regierung Pompidou ... Das Volk soll sagen können, was es denkt. Versammlungsfreiheit, Recht auf Vereinsgründung – das hat seinen Sinn. Aber dieser Sinn muß konkret sein. Der Irrtum der russischen Revolution bestand zum großen Teil darin, diese Freiheiten zu unterdrücken.«

In Kampfzonenzeiten nun wird ausgerechnet von Linken der einst linke Begriff »Populismus« unter Faschismusverdacht gestellt. Es ist ja eine merkwürdige Volte, dass als rechts-populistisch titulierte Parteien groß geworden sind, indem sie – wie etwa im Fall der österreichischen FPÖ, des französischen Front National oder auch der deutschen AfD – Teile des Stammkapitals der Linken einsammelten: die von den alten Schutzmächten der Geknechteten abgefallene Arbeiterschaft, der berühmte kleine Mann, der sich auf einmal größer und vielleicht ganz groß wähnen kann.

In Gestalt ihrer gerne geifernden Galionsfigur Björn Höcke agitiert die AfD bisweilen im Geiste linksextremer Kapitalismusverachtung gegen Neoliberalismus, Globalisierung und Freihandel, als wäre sie die Garantin des sozialen Friedens. Höckes Rentenkonzept ist regelrecht sozialistisch getönt, und seine gegen die »Altparteien« rebellisch wütende »Neupartei« AfD reklamiert eine so üppige wie garantierte Staatsbürgerrente und will hohe Zuschüsse für Kinder (um die Reproduktionsrate der Deutschen zu erhöhen, so ist zu vermuten). Als rechtspopulistisch bezeichnete Thymospolitiker wettern gegen Finanzoligarchien, Großbanker und Kapitaldiktatur und loben dafür anerkannte Globalisierungskritiker, als wären sie im Aufsichtsrat der Linkspartei.

Der Kampf gegen Altersarmut und für die Zukunft kostet Geld, und da es der AfD nicht um den »Menschen an sich«, sondern um den abendländischen Alten und das bio- oder christendeutsche Kind geht, wären die nötigen Milliarden insofern leicht zu generieren, als man die Beitragszahlung an die EU in Brüssel stoppte und vor allem die Mittel zur Bewältigung der Massenmigration kürzte (um Massenmigration auf diesem Wege zu verhindern). Das betrifft nicht nur die deutsche Widerwelt. Die italienische Regierung aus Cinque Stelle und Lega, von Medien durchgehend und selbstverständlich als »rechtspopulistisch« tituliert, setzt sich die »Abschaffung der Armut« zum Ziel, agitiert gegen den »Terror der Märkte«, entlässt hunderttausende Italiener in die Frührente, verjagt die frechen, ausbeutenden und fremdbestimmenden »Eliten« aus den Palästen und wäre damit theoretisch ja astrein linksextrem.

Was an diesen Positionen ist nun warum populistisch? Was populär? Was popularistisch? Der Unterschied zwischen populär und populistisch ist weder rhetorischer noch sophistischer, er ist prinzipieller Natur. Der Popularismus holt den Wähler ab, wie man sagt, er dient sich dem Bürger an, er appelliert an Gratifikationen für gezeigte Sympathien mit dem Willen des Volkes (und wem das zu groß oder nationaltümelnd ist: der Bevölkerung). Der Populärpolitiker (vielleicht eine Art Landesvater – oder -mutter) will gemocht werden, als Regierender schmiedet er mit seinen Wählern einen Bund: Ich bin einer von euch; ich verstehe euch; ich vertrete euch. Im besten Fall fühlt sich der Bürger verstanden und sagt: Das ist einer von uns, also soll und kann er mich repräsentieren.

Dem Populisten hingegen ist der einzelne Bürger egal, er rechnet gleich mit dem ganzen Volk: Als kennte er den Willen des Volkes (wie absurd), setzt er die Fiktion eines abstrakten WIR voraus und gibt vor, im Namen dieses WIR-Volks als einziger dessen Interessen zu vertreten – als gäbe es bei zweiundachtzig Millionen Individuen im Bundesgebiet auch nur drei bündelbare Interessen. Die Anmaßung des Populisten, sich das Abstraktum »Volk« rhetorisch untertan zu machen, gerät in Konflikt mit der Logik des Individualismus: Zweiundachtzig Millionen Individuen lassen sich nicht in ein Volk kollektivieren.

Populismus wie Popularismus setzen bekanntlich weder auf Logik noch auf Vernunft, sondern auf das Gefühl. Gleichermaßen geht es immer um Emotionen. Populist wie Popularist locken und führen mit Imponiergehabe ihre Tänzchen auf, das ist einfacher. Warum? Weil Gefühle subjektiv sind, und also immer subjektiv wahr sind, ohne diese Wahrheit begründen zu müssen. Sie sind selbstbegründend. Niemand kann sie infrage stellen. Sie sind immer richtig. Gefühle sind mehr wert als Geld. Wut und Begeisterung zum Beispiel fungieren nicht nur als konvertible Währung für parteipolitische Rendite, sondern auch als Investitionskapital des Einzelnen im täglichen Kampf um soziale Anerkennung (was aus meiner Sicht die entscheidende Frage für einen Ausweg aus der Kampfzone sein wird, wenn es – am Ende dieses Buches – um Würde, Bildung und Freiheit geht).

Anerkennung und Wertschätzung sind die entscheidenden Größen im Spiel von Populisten und Popularisten. Da soziale Begegnungen flüchtig sind und zwischenmenschliche Interaktionen schwinden, da der allgemeine Lebensverkehr hochgradig beschleunigt ist und die Inflation der Informationen auf Dauer zu ihrer Entwertung führt, ist – wie der Soziologe Georg Franck 1998 dargelegt hat – Aufmerksamkeit eine äußerst knappe Ressource geworden. In seinem Streben nach Würde und Wertschätzung, ist das Individuum als Opfer und Täter seiner eigenen Einsamkeit ein höchst anfälliges Subjekt. Aufmerksamkeit in Form von Zuwendung ist eine versteckte Größe in der ökonomischen wie politischen Wertschöpfungskette. Wer diese Wertverlagerung erkennt, kann Politik als Empörungs-Animation betreiben: Er könnte den thymotischen Level erst durch rhetorische Trigger zu steigern versuchen und dann mittels Empörungsmanagement die Früchte dieser Animation über gewonnene Mandate abschöpfen.

Die Widerwelt staffiert einen sozialromantischen Geborgenheitsraum aus. Sie verspricht Wehr- und Wahrhaftigkeit im Kampf um Gewohnheit und Heimeligkeit. Im Rückzug nährt sich das einst erschütterte und wiedererstarkte Individuum durch die Gemeinschaft der Seinesgleichenschaft in Bezug auf das Vergangene. Warum? Weil es sich bewährt hat. Die Vergangenheit kann nicht infrage gestellt werden. Sie ist da. Sie ist geschehen. Sie ist dokumentiert. Sie ist sicher. Die Befürchtungen, die bewährte, in die Gegenwart tradierte Vergangenheit könnte in Zukunft abhandenkommen, werden aber nicht gehoben, seziert und therapiert, sondern – und darin besteht die große Leistung der Widerweltpropheten – an allen bisher gültigen Mechanismen vorbei umprogrammiert. Die Widerwelt gibt vor, nochmals zurückzuholen, was längst verloren ist. Sie ist eine Defensivgemeinschaft, verspricht Landesverteidigung und bietet Gemeinsinn. Sie schenkt militante Repräsentanz und verteidigt den Schutzraum des eigenen Reviers mit soldatischer Treue gegen die vermeintliche Invasion vermeintlicher Barbaren.

Das Politische ist zum Inszenierungsstoff der Erregungsgesellschaft geworden, der es gar nicht mehr um den Stoff, sondern nur noch um die Inszenierung der Alternativen geht. Die emotionale Verführung des Wählers scheint mittlerweile höher veranschlagt zu sein als dessen Überzeugtheit durch nachprüfbare Inhalte. Alternative Nachrichten, alternative Fakten, alternative Welt- und Lebensentwürfe appellieren an das Gefühl einer »anderen« und »höheren« Wahrheit. In der Widerwelt wird die Möglichkeit als Gewissheit ausgegeben. Propaganda-Bots von wem auch immer vertiefen die Unsicherheit. Kommt es zum Verlust der Hierarchie von Wahrheit und Lüge, misstraut jeder dem anderen, verdächtigt jeder jeden, Fakten zu fälschen und Aussagen zu verdrehen, lässt sich in totaler Verzerrung keine gültige Wirklichkeitsbehauptung mehr begründen. Urheber und Quellen sind nicht mehr identifizierbar, es geht dann nur noch um Identität und Scholle statt um Cosmopolis.

Vor Jahren schon haben auch in Deutschland die Bürger begonnen, den Institutionen zu misstrauen – aus unterschiedlichen, teils gegensätzlichen Gründen. Die einen misstrauen dem Verfassungsschutz, weil sie ihn rechter Umtriebe verdächtigen (obwohl er neuerdings die AfD als »Prüffall« einstuft), die anderen misstrauen ihm, weil er sich von islamistischen Gefährdern vorführen lasse und die Bürger nicht schütze. Die einen misstrauen dem Statistischen Bundesamt und seinen Zahlen, andere der Polizei und ihren Statistiken. Daten zur Vermögens- und Einkommensverteilung werden ebenso infrage gestellt wie die zu Arbeitslosigkeit, Staatsverschuldung und Zuwanderung. Die einen misstrauen der Regierung, weil sie unkontrollierte Masseneinwanderung zugelassen habe, die anderen, weil sie beim Massenbetrug mit Dieselfahrzeugen die Autokonzerne schützt. Nach einer repräsentativen Untersuchung des Meinungsforschungsinstituts Infratest dimap im Auftrag der Freien Universität Berlin hatten 2015 zwei Drittel aller Deutschen Zweifel an der Demokratie. Über sechzig Prozent glaubten nicht mehr, dass die seit siebzig Jahren bewährte Staatsform der Demokratie die aktuellen Probleme des Landes lösen kann, mehr als ein Viertel wähnte Deutschland auf dem Weg in die Diktatur. Jeder dritte Deutsche ging damals nicht zur Wahl, entweder aus Missfallen an der Demokratie als solcher oder aus Frust und Enttäuschung über eine Politik, die ohnehin macht, was sie will. Medienkritische Bürger misstrauen erstaunlich oft dem Offiziellen, Verlautbarten und medial Vermittelten und halten die bisherigen Geschäftsmodelle der Realitätskonstruktion für Lügenproduktionsverfahren. Mehr und mehr gerät das Misstrauen gegenüber der organisierten Öffentlichkeit zur Verachtung jener Institutionen, die bisher gesellschaftsbildend waren: Volksparteien, Verbände, Kirchen, Körperschaften, Gewerkschaften. Ihre Bedeutung schwindet, ihre Mitgliederzahlen schrumpfen, und um die frei werdende vorpolitische Stimmung des Misstrauens aufzugreifen, entstehen seit kurzem »Bewegungen«.

Die »Bewegung« ist eine Art Dekadenzprodukt der repräsentativen Demokratie, deren Repräsentationsidee als verlogen entlarvt und deren Organisationsweise als schwerfällig empfunden wird. Subsumiert lautet die Kritik: Eine bestimmte soziale Gruppe werde von Parteien und den Regierungen der alten Eliten nicht mehr angemessen repräsentiert. Bewegungen versprechen direkte Teilhabe und Mitsprache und grundlegende Veränderungen des als verkrustet bezeichneten Systems.

Allerorten »bewegt« es sich gerade. In Italien bilden die linksgerichtete Movimento Cinque Stelle und die rechtsgerichtete Lega mittlerweile die Regierung; in Österreich hat die »Liste Kurz« die so wagemutige wie unerhörte Umwidmung einer traditionellen Partei des Konservatismus zu einem personalisierten Führerwahlverein in Regierungsverantwortung geschafft und stellt mit dem bei seiner Wahl einunddreißigjährigen Sebastian Kurz den jüngsten Regierungschef aller Zeiten. In Frankreich hat die Bewegung »En marche« in kürzester Zeit eine Mehrheit sowohl bei den Präsidentschafts- als auch bei den Parlamentswahlen erreicht und wider alle Erwartungen den damals neununddreißigjährigen Emmanuel Macron in den Élysée-Palast gehievt. Die bewegenden »Rebellen« Bernie Sanders in den USA und James Corbyn in Großbritannien stützten sich auf Bewegungen junger Linker, die sich wiederum auf sie stützen; in Deutschland hat Sahra Wagenknecht, einst Vorsitzende der kommunistischen Plattform der Partei, die parteiübergreifende linke Sammelbewegung »Aufstehen« (eine Sammelbewegung aller Linksgeneigten) ins Leben gerufen, in Griechenland regiert seit Anfang 2015 die linksradikale Protestbewegung Syriza im Bund mit der rechtsradikalen Protestbewegung ANEL, und neuerdings will der US-Amerikaner Steve Bannon – vor seiner Demission teuflischer Einflüsterer des Donald Trump im Oval Office – sich mit der stiftungsfinanzierten Denkfabrik »Die Bewegung« in Belgien ansiedeln, um rechtsnationales Gedankengut in Europa zu organisieren und die Gleichgesinnten zu einen.

Einerlei, ob links oder rechts, linksnational, rechtsnational, linkspopulistisch oder rechtspopulistisch – Bewegungen bringen erst einmal frischen Wind, Aufbruch, Dynamik und Juvenilität, die als Argument gegen das Senioritätsprinzip der verstaubten »alten« Eliten verfängt. An Gremien und Beschluss-Prozeduren vorbei ziehen die Anführer fort von den miefigen Sümpfen des Establishments, weg von den Funktionärseliten und hin zu einem neuen Morgenrot. In gewisser Weise kehrt durch die Bewegung (in all ihrer sektiererischen Anmutung) eine religiöse Unmittelbarkeit in die Berufspolitik zurück, die lange Zeit Volkstherapie auf Staatskosten war: Man versprach, Unheil zu bändigen und Sicherheit für jeden zu garantieren und hat nicht gemerkt, dass weder das eine noch das andere gelang.

Nun ist der Boden bereitet für Prediger und Erlöser. Sie tummeln sich, sie warten ab, sie scharren mit den Hufen. Sie stehen am Portal zur Widerwelt und lösen den bisher gültigen Wahrheitsbegriff auf, um peu à peu den Konsens und seine Kriterien abzuräumen. Ihr Instrument ist die Umdeutung – die Lüge ist wieder hoffähig. Die vermeintliche Entlarvung der Lügen anderer wird als veritable Lüge zu einer alternativen Wahrheit erhoben. Sie ist der Ausweis eines Misstrauens in das auf Wissen, Evidenz und Empirie basierende Weltbild der Welt von gestern. Mit der Abschaffung nachprüfbarer Kategorien wird das abendländisch-szientistische Weltverständnis aus den Angeln gehoben. Erst betraf das nur die »Lügenpresse«, dann wurde es auf die »Lügenwissenschaft« ausgeweitet. Thymospolitiker versuchen, den bisher gültigen Wirklichkeitsbegriff aufzulösen. Sie leugnen Objektivität, um das Feld zu reinigen und letztlich den Humus auszubreiten, auf dem »ihre« Wahrheiten gedeihen können.

Die Demontage der Objektivität – das ist der große Einschnitt, den die in ihren Festen erschütterte alte Welt nun zu erleben hat. Formuliert die liberale Demokratie den Anspruch auf universelle, für jeden Einzelnen gleichermaßen gültige

Rechtsgrundsätze, basiert die alternative Wahrheit auf einer Art Offenbarung, die kein Recht kennt, sondern nur Recht hat. Eine offenbarte Wahrheit, wie sie theokratische sowohl wie säkulare Religionen vertreten, lässt keine Gegensätze zu. Sie muss ihre Herkunft nicht erklären, ihre Berechtigung nicht rechtfertigen. Sie fordert Gesinnung und Gefolgschaft in Form einer unzweideutigen Positionierung: Hell gegen Dunkel, Richtig gegen Falsch, Gewissheit gegen Zweifel. Diese andere, alternative Wahrheit entspricht einer anderen, alternativen Wahrnehmung dessen, was vielleicht Wirklichkeit ist. Und sie wirft, im Vorfeld der aufziehenden Widerwelt, die wesentliche Frage auf: Kann es überhaupt noch objektive Wahrheit geben? Das Wort »Wahrheit« setzt ja einen Konsens darüber voraus, was als Wahrheit anerkannt ist, sonst wäre zwar alles nicht Lüge, aber doch Irrtum.

In der Fake-News-Ideologie steckt eine Versuchsanordnung, die empirische Unantastbarkeit eines Faktums abzuschaffen und den Konsens über den Wahrheitsgehalt von Fakten aufzukündigen. Gibt es in Zeiten totaler Manipulierbarkeit (durch Social Bots, Photoshop, fehlende Ethik, ausbleibende Korrektive, mangelhaftes Wissen, Halbgebildetheit bei gleichzeitiger Beschleunigung der Info-Fluten) noch eine allgemeingültige Übereinkunft darüber, wann ein Fakt ein Fakt ist? Selbst Zahlen lassen sich entweder manipulieren oder instrumentalisieren, und ohne entsprechend konstruierte Kontexte, die unabhängig von ihren Konstrukteuren wieder bestätigt und beglaubigt werden, lässt sich jeder Unfug behaupten. Nur kann das, was von den einen als Unfug bezeichnet wird, für die anderen, wenn es durch eine Masse anderer bestätigt wird, ein neues Faktum werden. Wer hat also objektiv recht?

Fakten sind kommentarbedürftig geworden, sie verstehen sich nicht mehr von selbst. Hatte Faktizität bislang Geltung durch eine unbestechliche Quelle, ist die Quelle ihrer Unzuverlässigkeit nun die Bestechlichkeit durch Willkür. Durch Fake

News und die rein subjektive Wahrheit zählt dann nur noch die Message des Senders.

Wer alternative Fakten erfindet, fabriziert einen Widerspruch in sich: Entweder etwas ist Fakt oder nicht. Das kann falsch oder richtig, nicht aber alternativ sein. Wissenschaft falsifiziert, und bis zum Beweis des Gegenteils, geht sie von der Richtigkeit aus. Aber selbst der Beweis setzt voraus, dass etwas objektiv richtig ist. Gäbe es diesen Anspruch nicht, hätten wir es mit infiniten Interpretationsinterpretationen zu tun. Dann könnte jeder das zur Wahrheit erheben, wonach ihm gerade ist. Verifizieren ist bekanntlich ein intellektueller Herkulesakt: Wie soll man beweisen, dass etwas richtig ist?

Wird das Objektive aber preisgegeben, kehren Moral und Ideologie zurück. Moralischer Furor und ideologische Geschlossenheit ersetzen theoretische Präzision. Moral macht sich erst gar nicht die Mühe, nach nachvollziehbaren Kriterien, also nach bestem Wissen zu fahnden, solange sie das beste Gewissen für sich beanspruchen kann.

Was immer von der Demontage des Objektiven in der Bundesrepublik schon jetzt zu erkennen ist – die Matrix der Widerwelt ist global und transatlantisch ausgelegt. Was im Konflikt der alten Welt mit der Widerwelt passiert, hat auch Auswirkungen auf die Republik. Und wie immer seit 1945 sind uns die Amerikaner in jeder Hinsicht zwei Schritte voraus.

Das Desaster des Trumpismus

Donald J. Trump ist der König der angekündigten Widerwelt. Aufgestiegen aus den Trümmern einer dekadenten Zivilisation, in der der Menschheitsglaube an den Fortschritt zum Aberglauben an den Exzess geführt hatte (die Folgen der Überschreitung von An- und Verstand im Hochfrequenzhandel bei fanatischer

Risikogier etwa sind hinlänglich bekannt). Der fünfundvierzigste Präsident der Vereinigten Staaten ist keine Creatio ex nihilo. Er ist nicht von einem strafwütigen Gott zur Prüfung der Menschheit auf die Erde gesandt worden. Trump verkörpert das Ende einer vor Langem begonnenen Entwicklung und zugleich den Beginn einer neuen Epoche. Er ist der Totengräber jener spätmodernen Variante der Globalisierung, die die Amerikaner nach dem Zweiten Weltkrieg maßgeblich mit auf den Weg gebracht haben, und er ist der Grabräuber jenes Freihandels, für den die kapitalismusfreudigen Amerikaner ebenso standen wie für *den Westen*, den Trump durch programmatische Illoyalität peu à peu pulverisiert. Dieser Präsident, dessen Rhetorik so infantil wie gewalttätig ist, hält sich an nichts mehr. Er untergräbt jede Ethik der Verantwortung, derzufolge Handeln wie Nichthandeln Konsequenzen hat. An Konsequenz und Nachhaltigkeit ist er als Letztes interessiert. Konsequenz hat nur, was im Augenblick eine Konsequenz erfordert.

Dieser Präsident ist ein legalisierter Putschist, der seine Macht nicht militärisch brachial, sondern durch bewusste oder intuitive Irreführung subversiv erobert hat. Trump ist der Skandalgenerator schlechthin. Seine bisherige Amtszeit ein einziges Skandalon, das die (in vielerlei Hinsicht großartigen) Vereinigten Staaten von Amerika intellektuell und moralisch auf das Niveau einer Bananenrepublik herabstuft. Der Mann in der wirkmächtigsten Position der Weltpolitik ist ein Mensch, der am laufenden Band Eklats produziert, die er mit weiteren Eklats zu bereinigen oder mit Sottisen und Invektiven zu übertünchen versucht. Sein jederzeit schlechter Stil und die gönnerhafte Maskulinität und patriarchalische Breitbeinigkeit strahlt in die ganze Welt aus. Trumps Ränkesucht und Rüpelhaftigkeit – mit »schlechter Kinderstube« völlig unzureichend beschrieben – sind hinreichend diagnostiziert worden. Prominente US-amerikanische Psychiater und Psychologen sprechen von ihm als einem »zutiefst bösen Menschen« (John D. Gartner, Baltimore) und einem »tyrannischen Charakter« (Philip Zimbardo, Stanford). Andere unterstellen ihm eskalierende Instabilität, wahngestörte Lügnerei, Unreife, eingeschränktes Urteilsvermögen und gestörte Hirnchemie. Kurzum: Der mächtigste Mensch der Welt ist offenbar verrückt, was ein Schlaglicht auf die Verrücktheit der Welt zulässt.

Für einen schwer erträglichen Moment gedacht: Was, wenn das Gegenteil richtig wäre und Trumps Politik der prahlhanswurstigen Selbstinszenierung entspränge einer höchst raffinierten, kühl kalkulierten, überaus intelligenten Strategie der bewussten Täuschung, um die Weltordnung zu seinen Gunsten insofern zu ändern, als der Täuscher sie tagtäglich neu diktieren kann, auf dass jeder Mensch der Erde in gespannter Erwartung den Tag beginnt, was der Beste der Besten aller Zeiten denn nun heute umstürzen, wiederaufbauen, zerstören, von sich geben und sofort widerrufen wird?

Kritik am Präsidenten unterliegt seinem Hohn, der twitternde Egomane praktiziert die hohe Kunst der totalen Indifferenz, und fatal ist schon jetzt sein Erbe des Widerspruchs in sich. Aus seinem Munde ist das Urteil »Ich mag das« genauso wertlos wie »Ich mag das nicht«, beides aber hat enorme Folgen für den Rest der Welt. Faktencheckern der Washington Post zufolge (wie der journalistische »Lügendetektor« Glenn Kessler) leistet sich Trump in Tweets, Reden oder Interviews bis zu siebenundsiebzig Falschaussagen pro Tag. Selbst wenn nur ein Bruchteil dessen stimmen sollte, dürfte man entweder von einem notorischen Lügner sprechen oder von einem bornierten Dummkopf: Er selbst könnte im Moment einer Falschaussage ja an deren Wahrheitsgehalt glauben, um im nächsten Moment das Gegenteil zu behaupten und die Diskrepanz zu verdrängen.

Trump ist die geradezu logische Folge des Finanzmarktcrashs durch die Lehman-Brothers-Pleite, die wiederum die geradezu logische Folge fauler Kredite und abenteuerlicher Hypothekenpakete war, welche wiederum als offizielle Immobilien-Politik der George-W.-Bush-Administration die gar nicht logische Folge der Anschläge des 11. September 2001 waren. Insofern verknüpft der König die Widerwelt als Reaktion auf die Ereignisse der vergangenen achtzehn Jahre.

Seit seinem Amtsantritt im Januar 2017 agitiert der Präsident gegen alles, was in der Diplomatie bisher Gültigkeit hatte: Vertrag, Verhandlung, Verfahren. Die Welt begreift er als zusammenhängende Kriegszone, es gibt nur Gegner, Kampf, Deals und die eigene Großartigkeit. Er reißt Regeln nieder, errichtet neue Grenzen und verquickt, was nie zuvor zu verquicken gewagt wurde: Deregulierung und Protektionismus. Wert hat nicht mehr die mittelbare Selbstverpflichtung, sondern das, was unmittelbare Reaktion bewirkt. Als Hohepriester der Respektlosigkeit zieht er weltweit Vasallen heran, die ihr Tun mit dem Verweis auf die Machtfülle des bewusst oder scheinbar dilettierenden Widerwelt-Regenten legitimieren – vom stellvertretenden italienischen Ministerpräsidenten Matteo Salvini bis zum maulheldischen Rechtsausleger Jair Bolsonaro, der Ende 2018 zum Präsidenten Brasiliens gewählt wurde. Für alle anderen ist Trumpismus der in Kauf genommene Wahnsinn im Wissen, dass die Vernichtung des Anspruchs auf Wahrheit zur totalen Flüchtigkeit führt. Je präsidentieller Trump würde, desto mehr würde er seinen Markenkern aufgeben: als gewählter Präsident ein Antipräsident zu sein.

Verschlüge dessen abenteuerliche Angeberei einem nicht die Sprache, könnte man der Real-Comedy-Soap aus dem Oval Office erklecklichen Unterhaltungswert attestieren: die tägliche Tüte Wunderlichkeit. Man darf annehmen, dass seine Anhänger genau das schätzen: Sie wollen das andere glauben und spüren. Die Botschaft verfängt: Da setzt einer um, was er sagt. Da vollzieht einer mal, was er ankündigt. Da bleibt einer sich endlich mal treu. Da ist einer endlich mal glaubwürdig und insofern kein

Lügner, auch wenn er dauernd lügt. Lügner sind aus Sicht des Trumpismus jene, die versprechen und ihre Versprechen nicht halten. Trumps Sprache, soweit ihre vermeintliche Simplizität richtig übersetzt ist, verfolgt keine Zweideutigkeit. Sie ist das Vehikel einer direkten Kommunikation zwischen Sender und Empfänger. Es ist eine Sprache, die diplomatische Anschlussfähigkeit gerade verhindert statt zu ermöglichen. Weder verfügt sie über die List der Dialektik noch über die Raffinesse des rhetorischen Hinterhalts.

Donald Trumps Präsidentschaft symbolisiert den Paradigmenwechsel unserer Tage: vom Handel mit Frieden zum Handel mit Polemik. Vom Internationalismus zum Protektionismus. Vom Wissen zum Wähnen. Von der Hegemonie des Universalismus zur Hegemonie einer Augenblicksstimmung. All das scheint gewollt, vielleicht sogar gezielt eingesetzt zu sein. Bislang ist Trump ein inneramerikanisches Phänomen, aber für narzissmusaffine Persönlichkeiten auf dem Globus ist dieser US-Präsident ein kostbares Rollenvorbild. Wenn meine Annahme stimmt, das Individuum der späten Moderne sei ein Narziss par excellence (Kapitel II), dann könnte der Trumpismus die Blaupause künftiger Politik auch in der Bundesrepublik sein (weswegen die kurze Analyse dieses Phänomens sich lohnte). Bestürzend ist, dass man den Thymospolitikern der Erregokratie nicht einmal mehr den Feinsinn eines verspielten Esprits unterstellen kann, der immerhin weiß, dass eine Lüge eine Lüge ist. Selten war der Mangel an der Scham des Denkens so schamlos.

4
Wohin treiben wir?

Vor einem halben Jahrhundert war in dem bemerkenswerten Buch eines deutschen Psychiaters und Philosophen Folgendes zu lesen: »Der Bevölkerung der Bundesrepublik geht es wirtschaftlich so gut wie noch nie, mit Ausnahme der Schlechtweggekommenen, von denen man selten spricht. Es herrscht eine Zufriedenheit im Eifer des Lebensgenusses bei ständig geringer werdender Arbeitszeit und Vermehrung der Konsumgüter, der Reisemöglichkeiten und Vergnügungen. Trotzdem gibt es eine Unruhe. Ist dies Leben auch sicher? Man fürchtet. Die Denkenden sehen die politische Faktizität mit Sorgen. Wohin treiben wir? Die Demokratie der Bundesrepublik wandelt sich vor unseren Augen. Es werden Wege beschritten, an deren Ende es weder eine Demokratie noch einen freien Bürger geben würde, vielleicht ohne daß die, die sie gehen, dieses Ende wollen. Diese Wege sind nicht unausweichlich. Aber nur ein zur Freiheit drängendes, seiner selbst darin bewußtes Volk kann die Demokratie in freier republikanischer Verfassung, die bisher nur eine Chance ist, verwirklichen …« (Karl Jaspers, »Wohin treibt die Bundesrepublik?«, 1966).

Jaspers' Frage war damals so sinnvoll, wie sie heute nötig ist. 1966 bereitete sich die kulturelle Revolte der 68er vor, die bisher nachhaltigste soziale Zäsur in der Biografie der Bundesrepublik – für die einen überfällige Befreiung vom verspießerten, verknöcherten, reaktionären Konservatismus und seinem in

Habitus und Lebenswelt manifestierten Muff; für die anderen die abgeschmackte Ouvertüre zur kommenden Versiffung und Verlotterung von Moral, Recht und Ordnung, deren schlechte Aura bis heute ausstrahlt.

Und heute, ein halbes Jahrhundert später, wohin treibt die Republik heute? Nach drei Generationen BRD, da dieses in den Trümmern der Selbstvernichtung gezeugte Kind erwachsen geworden sein müsste, zeigt sich Deutschland in einem Zustand verblüffender Verwirrung ohne Affektkontrolle. Wie kann es sein, dass der Mensch im vermeintlichen Zenit seiner technologischen Genialität, seiner wissenschaftlichen Brillanz, seiner wirtschaftlichen Höhenflüge und der im historischen Vergleich größtmöglichen Bildung nahezu abstürzt in den Ur-Zustand des Kampfs aller gegen alle?

Was der US-amerikanische Politikwissenschaftler Ken Jowitt bereits 1991 voraussagte, tritt offenbar eine Generation später ein: Dem »Ende der Geschichte« (Francis Fukuyama) folgt jetzt das »Zeitalter des Ressentiments« (Jowitt) durch Wutbewegungen auf dem Grabfeld geschwächter Nationalstaaten. Bedroht wird die repräsentative Demokratie als Staatsform, die die Emanzipation von Minderheiten fördert, durch eine andere Form von Demokratie: der substantialistischen. So entstehen auf demokratisch legale Weise politische Regime, die »die Vorurteile von Mehrheiten« stärken (Ivan Krastev).

Jedes Land ist auf seine Weise gestört. Jede Ära hat ihre Krankheiten, jede Epoche ihre Neurosen. Neurosen und Psychosen sind Ausdrucksformen der jeweiligen Kultur: eine Reaktion des Individuums auf die Entwicklung der Gesellschaft. Sie sind Persönlichkeitsstörungen auf dem schmalen Grat zwischen Normalität und Pathologie.

Waren zu Sigmund Freuds Zeiten Hysterie und Waschzwang die Antwort auf eine frühkapitalistische Ordnung (fanatischer

Arbeitseifer, Habsucht und Unterdrückung der Sexualität), so waren in der kapitalismuskritischen Epoche der 1970er-Jahre Borderline und Individualnarzissmus die Antwort auf vage Beschwerden gestörter Selbstachtung. Dieser Tage scheinen es – als Replik auf die neurotisch überreizten Gehirne gestresster Individualisten einer in jeder Hinsicht exzessiven Epoche – Dauererregung und die spezifische Form eines kollektiven Narzissmus zu sein. Die Deutschen (nicht als zählbare Gesamtheit, sondern als abstrakter Gattungsbegriff verstanden) oszillieren zwischen Protest und Panik, Größenwahn und Selbstverzwergung.

Jedes Land ist das Ergebnis seiner täglichen Übersetzung in die Zukunft, jede Epoche das Resultat der bisherigen Geschichte. Jede Gesellschaft ist permanenter Wandlung und Erneuerung unterworfen. Jede Ära hat ihre Sprache, jede Zeit ihre Resonanzräume, jeder Resonanzraum sein Narrativ. Im Zuge des Metaphernmülls und der Sprachverstopfung des öffentlichen Raums taucht, gedruckt oder gesprochen und meist ohne Sinn und Verstand, immer wieder der Begriff »Narrativ« auf. Er meint alles Mögliche (Klischee, Storytelling, Programm), nicht aber das, worunter das Narrativ in diesem Buch verstanden wird. Als Narrativ im eigentlichen Sinne verstehe ich eine in sich geschlossene Erzählschablone – die ohne Zweifel rationale Erzählung einer Wirklichkeit, die die Begründung für ihre Rationalität in sich trägt (und bei genauerer Betrachtung kein bisschen rational ist). Das Narrativ konstruiert Wirklichkeit als einen Zusammenhang, der nicht gegeben ist. Es setzt die Konstruktion dieses Zusammenhangs aber als so plausibel an, dass es sich von selbst versteht. Die List eines Narrativs besteht also darin, dass es – um den Konflikt mit der Wirklichkeit zu vermeiden – die Wirklichkeit selbst vermeidet. Gegenwartsbewältigung (besser: Zukunftsvorbereitung) kann sich weder in einfältiger Deutschlandverachtung erschöpfen, noch darf sich daraus die Selbstermächtigung einer Exklusivitäts-Fantasie schöpfen. Ersteres führt in die Dauerdepression, zweites in den Wahn. Beides ist unerträglich und untragbar.

Ich behaupte, dass die vier Narrative Aufstieg, Angst, Schuld und Opfermythos die geistige Blaupause der Bundesrepublik Deutschland sind. Mehr oder weniger stark prägen sie bis heute die Lebenswelt jedes Deutschen. In unterschiedlicher Erscheinungsweise und Drastik unterliegen sie dem bundesrepublikanischen Sprech- und Denkgestus bewusst wie unbewusst und haben – jedes Narrativ auf seine Weise – zur Erregokratie der Kampfzone geführt. Dieses Buch ist der Versuch, jene Narrative zu identifizieren, ihre Schablonen zu sezieren und mit scharfgestelltem Blick am Detail zu beschreiben, inwieweit sie unser Selbstverständnis verändert haben.

Alles beginnt bei mir, bei Ihnen, bei UNS. Ohne phänomenologische Inspektion des Individuums, seiner Täuschungen und Enttäuschungen, ohne Erkenntnis über die Einbettung des Einzelnen in die Resonanzräume der Bundesrepublik sind die Frontstellungen in der Kampfzone meines Erachtens nicht zu verstehen.

II

In der Egokapsel

Aufstieg. Das erste Narrativ
(Individueller Resonanzraum)

1
ICH-Kult

Die Dialektik von Gewinn und Verlust, Aufstieg und Abstieg ist das sozialpolitische Narrativ der Bundesrepublik. Das Versprechen vom steten Aufstieg ist bis heute eng verknüpft mit der Individualisierung des Individuums. Seit Ende des Zweiten Weltkrieges und in verstärktem Maße seit 1968 ging und geht es um die zunehmende Selbstermächtigung des Einzelnen. Seit dreißig Jahren haben wir es nun mit dem radikalen Individualismus, seit etwa zwanzig mit einem ICH-Kult zu tun. Der wundersam poesiefreie Kult ums ICH erlaubt wiederum die Analogie zum poetischen Genie-Kult der deutschen Romantik ab 1806, da sowohl die Weltbeschreibung als auch das Politische ins subjektive Empfinden verlegt wurden. Damals wurde die Persönlichkeit des Individuums zum Poesie-Produzenten, die Lebenswelt des Subjekts zur Selbsterlebniswelt und das Erlebnis des eigenen Selbst zum Maß aller Dinge. In Abstrichen unterliegt der romantische Habitus noch immer dem spätmodernen Selbstverständnis des ICHs.

Der bundesdeutschen (wenn nicht jeder westlichen) Demokratie maßgeblich zugrunde liegt die Hoffnung auf ständige Verbesserung der Lebensumstände des Bürgers: das Prinzip der Glückserfüllung durch eigener Hände Arbeit. Das heißt: die ständige Steigerung der jeweils eigenen Vorteile durch Disziplin und Einsatz unter dem Schutz der Politik. Jede deutsche Regierung trat und tritt mit dem Versprechen an, Freiheit und Wohlstand des Volkes zu mehren (was der Einzelne als Teil dieses Volkes natürlich auf sich beziehen könnte und die Regierung dann nach der Bilanz seines gemehrten Wohlstands fragt). Stabilität, Ordnung, Berechenbarkeit; harte Währung, harte Arbeit, messbare Leistung. Steigt der Bürger nicht auf, hat er keinen Grund, den Amtsinhaber zu bestätigen. Sind die meisten oben, heißt es im Sinne einer Konservierung der Fundamente: Weiter so!

»Keine Experimente« hingegen ist der Slogan eines Konservatismus, der sich durch Risikominimierung gegen Verlust und Abstieg versichern will. Die Kinder sollen es besser haben als man selbst. Das setzt Kontinuität voraus. Gründete die Idee des Fortschritts lange Zeit im Glauben an die infinite Steigerung von Wachstum und die Ausweitung sozialstaatlicher Schutzversprechen, hat sich Fortschritt letztlich reduziert auf unentwegt mehr BIP, mehr Einkommen, mehr Wettbewerb, mehr Gewinn.

Das Versprechen des Aufstiegs aus eigener Leistung in einer sozialen Marktwirtschaft nennt der Historiker Meritokratie: Jeder kann sich auf eigene Faust seine Meriten, seine Verdienste (also Gewinne) selbst erwerben. Jeder ist seines Glückes Schmied, wenn er denn seine Eisen ins Feuer hält, halten will und halten kann. Allgemeingültig, gar verbindlich und für alle garantiert ist das meritokratische Versprechen nicht – wer mit Büchern und Esstischdebatten, mit Kammerkonzertbesuchen und Fernreisen nach Myanmar und Ozeanien aufwächst, besitzt größeres kulturelles Startkapital als das Kind, das bisher nicht einmal in Österreich war, den Namen Shakespeare so wenig kennt wie Schönberg, Kunst mit Langeweile verbindet und mit dem Begriff Buch allenfalls das Kräuterlexikon der Großmutter in Verbindung bringt.

Gesetzt, dass das Leben immer besser werde; gesetzt, dass es den eigenen Kindern besser gehe als den Eltern, ja gesetzt, dass in Deutschland jeder sein Glück machen könne, der nur arbeiten und leisten wolle, kam mit der Emanzipationsbewegung der

1967/1968er-Jahre etwas ganz Neues in den Resonanzraum der in Konventionen erstarrten Republik: »Selbstausdruck«. Gegen Verklemmung und Verspießerung ihrer Eltern erklärten die federführenden 68er das Private zum Politischen, zelebrierten in bild- und wirkmächtiger Anarchie Nacktheit, Sexualität, Welt- und Friedensliebe und stellten ihre Gefühlslagen unverblümt und selbstbewusst im öffentlichen Raum aus. Der Einzelne nahm sich als einzig- und großartig wahr und entdeckte in diversen Spiegeln gesellschaftlicher Wirklichkeit sein faszinierendes Selbst. Manche wurden darüber psychedelisch, andere bipolar, Dritte bezogen in die ausagierte allgemeine Menschenliebe nach hellenischem Vorbild auch Kinder mit ein. Der Orgasmus wurde fast so wichtig wie der Widerstand gegen Atomkraft und die Liebe zu Che und Mao, und der spirituell erwachte Mensch drang in die Mysterien seiner Aura vor. Er erhob sein brachliegendes Bewusstsein zum Lebensprinzip und übte in Therapien aller Art, die Vergangenheit für die Defekte der Gegenwart verantwortlich zu machen. Der Leistungsethik und ihrer Pedanterie von Vorschrift, Struktur und Ordnung begegnete er mit süffigem Hedonismus; wo der Geist allein nicht reichte, half freundlich die Droge.

Das kulturelle Erbe der 68er und der Selbstbefreiung des Subjekts besteht bis heute im Glauben an die eigene Selbstwirksamkeit. Für den Zustand des zeitgenössischen Individuums und seiner psychischen Verfassung ist das nicht unerheblich. Der Glaube an den Ausdruck des eigenen Selbst führte zum Anspruch auf die schier ungehinderte Entfaltung des eigenen Ichs. Das ging bekanntlich einher mit der Anklage gegen jede Form repressiver Fremdbestimmung. In dieser Hinsicht haben die 68er zweifelsohne wertvolle Befreiungsarbeit geleistet, vor allem die feministische Aufwertung des kulturellen Geschlechts, auch wenn selbst die progressivsten Herren eine gewisse Apathie an den Tag legten, sich den eigenen Chauvinismus nachhaltig auszutreiben. Die Arbeit an der Selbstbefreiung aus dem Verhängniszusammenhang von reaktionärem Konservatismus, der Verbiesterung katholischer Patriarchatszüchtigkeit und den Verdrängungsleistungen der vaterlosen Gesellschaft trug ohne Zweifel eindrucksvolle Früchte.

In den Jahren nach 1968 wurde Selbstverwirklichung zum Leitwert einer Gesellschaft erhoben, die dem Wohlstand des eigenen Ichs höchste Priorität einräumte. Man emanzipierte sich durch die 1970er-Jahre hindurch mit hohem Aufwand an Selbstexpressivität; dem Anspruch des Individuums auf persönliches Wachstum folgte der Anspruch auf ökonomisches Wachstum des Arbeitnehmers. Das emanzipierte Individuum reifte zum selbstbezüglichen Individualisten und erklärte das Leben zum Gesamtkunstwerk. Der soziale Alltag wurde Resonanzraum des Privat-Evangeliums, sogar die Art der persönlichen Ernährung nahm im Laufe der Jahre Züge eines quasireligiösen Katechismus an.

Kurzum: Ich-Bewusstsein wurde Nabelschau mit Selbstwertsteigerung. Das wiederum hieß: Der Maßstab *meiner* Weltbeziehung sind *meine* Gefühle, *meine* Ängste, *meine* Sehnsüchte. Womöglich begann all das mit Luther und seiner Entdeckung des Ichs in der persönlichen Beziehung zum Schöpfer. Zum Unmut der Katholiken setzte die Reformation das Individuum als maßgebliche Einheit ins Drama der gottgeschöpften Welt. Zwischen dem 16. und 21. Jahrhundert folgte dann die fünfhundertjährige Spanne der Emanzipation des Menschen von göttlichen und absolutistischen Autoritäten mit dem Ziel weitgehender Selbstmächtigkeit. War das Individuum in der Nachkriegszeit in die Gemeinschaft einsozialisiert, wurde der Bezugsraum des Individualisten im Laufe der Jahrzehnte sein Selbst. Viele wurden Wanderprediger auf persönlicher Mission und auf der immer verzweifelteren Suche nach jener Einzigartigkeit, die dem Einzelnen fortwährend Alleinstellungsmerkmale abverlangte: der

Zwang zur Auffälligkeit im Bestreben, anders als die anderen zu sein, was letztlich alle wieder gleich macht.

Nichts scheint schwieriger beantwortbar zu sein als die mit lässiger Hand hingeworfene Frage, was das Selbst eigentlich ist. Anfang der 1980er-Jahre trat deshalb eine ganze Selbstfindungs-Industrie an, dem überforderten Selbstsucher zu helfen: Spirituelle Trainings, Retreats, Meditationskurse, Yogaworkshops, Coachingseminare und Personal-Mentoring bildeten eine Empowerment-Industrie aus, um das verunsicherte ICH auf seinem Weg zu Erfolg und Wohlbefinden zu begleiten. Schließlich erkannten Motivationstrainer den Urmenschen im Spätkapitalisten und riefen ihm zu: Sprenge deine Grenzen! Die meisten Menschen sind Hühner, aber DU, so riefen sie, DU bist ein Adler!

Solange sich Suggestion auszahlte und die Rendite in Aufstieg und Wohlstand bei staatlich gewährter Wohlfahrt bestand, vermochte man – wie im legendären TV-Spot der Sparkasse aus dem Jahr 1995 – als deutscher Schubert dem deutschen Schröder die Karten auf den Tisch zu knallen: mein Haus, mein Auto, mein Boot. Meine Badewanne, mein Schaukelpferdchen. Mein Anlage-Berater. Im Hintergrund stand bald schon ein neuer Chor bereit: mein Coach, mein Trainer, mein Guru.

Die Steigerung des ICHs zum SELBST erfasste das gesamte Potenzial: körperlich wie geistig. Auf einmal wurde optimiert, was das Zeug hält. Das ICH wurde sein eigener Übermensch im ständigen Selbstbezug: ein mit Power-Ambitionen und Großartigkeitsfantasien ausgestattetes Leistungsatom, das seine Schwächlichkeit zu ignorieren lernte.

Kehrseite dieses Exzesses ist verblüffenderweise die Askese. Eine der größten Leistungen des Kapitalismus besteht seit jeher darin, den spirituellen Begriff des Asketischen als Einübung in den Verzicht zum Begriff der Askese zur Übung in Leistungssteigerung umgewidmet und so ins Gegenteil gekehrt zu haben. Askese ist der Triumph über sich selbst als Triumph über die Umstände, die das Individuum an seiner Verkultung hindern. Die Vergöttlichung des eigenen ICHs ist die Religion einer kapitalistischen Ordnung, deren religiöse Struktur im Kult permanenter Anbetung besteht: nicht des Wesens, sondern des Dings, nicht des Seins, sondern der Ware. Aber angebetet wird auf Teufel komm raus.

Das Resultat der Selbst-Expression ist eindeutig: Das spätkapitalistische Individuum hat den natürlichen Glauben des Menschen an spirituelle Transzendenz (durch oder in Gott zum Beispiel) durch die Gewissheit des Aufstiegs seines ICHs ersetzt. Nicht mehr zum höheren Ruhm Gottes auf Erden, nicht mehr aus Gründen der Enthaltsamkeit und des Weltentzugs wird Askese geübt, sondern zur Steigerung des Selbstwerts. Fitnessstudio-Abonnement, Powernahrung und Hirndoping, Alkoholabstinenz und Tabakfreiheit, dazu fünf Smoothies am Tag, Stuhlgangkontrolle und Herzfrequenzmessung per App. Man könnte auf die heutigen Verhältnisse bezogen sagen: Das Leben ist ein Geschäftsbetrieb mit systematischem Selbst-Controlling. Belohnen vermag sich das eifrig sich selbst kontrollierende ICH mit schönen Gütern und glänzenden Produkten, die es zu haben begehrt, weil unbekannte Bedürfnisse stimuliert, angereizt und wundersamerweise von einer zufällig parat stehenden Industrie zugleich befriedigt wurden.

Im Labyrinth der unaufgelösten Widersprüche soll der Einzelne dann alles zugleich sein: emphatisch und empathisch, begeistert und bescheiden, ambitioniert und teamtauglich. Er soll bestens performen, stark, flexibel, fit und zugleich sozial, sensibel und verantwortungsvoll sein. Er soll Grandiositätsgefühle ausprägen und zugleich Achtsamkeit üben. Er soll leisten, aber sein Leben genießen. Die Flexibilität, die als Befreiung wirken sollte, führte in die Paradoxie einer Erstarrung: Der so sehr selbstermächtigte Mensch wurde ohnmächtig. Niemand hatte ihm gesagt, dass Freiheit zum Zwang wird, wenn man nicht mit ihr umgehen kann.

Heute ist zu besichtigen, dass die große Schwäche selbst starker Staaten darin besteht, über Jahrzehnte hinweg ein Habitat zugelassen zu haben, in dem sich Menschen nicht mehr als Individuen mit personaler Würde verstehen und als gleichwertig achten, sondern als permanente Konkurrenten im Wettbewerb um Gunst, Aufmerksamkeit, Erfolg, Opferstatus und Schutzwürdigkeit einander übervorteilen, benachteiligen, im wildesten Fall belügen oder abzocken. Der Bürger ist des Bürgers Dauerkonkurrent: Der Mieter ist Konkurrent des Wohnungssuchenden, der eine Wohnungssuchende Konkurrent des anderen, der Arbeitnehmer Konkurrent des Kollegen, alle sind Konkurrenten um Aufmerksamkeit. Alle Erdenbürger – von kleineren und größeren Barrieren gehindert – sind Konkurrenten der gesamten Weltbevölkerung um Vorteile und Arbeitsplätze, und schon das Kind wird im Konkurrenzmodus zu Konkurrenzdenken erzogen, lernt früh, die Welt als kompetitives Reservat zu begreifen und mit allen anderen um die Wette zu laufen. Ohne Konkurrenz und Komparativ ist das Leben nicht denkbar: Daumen hoch, Daumen runter, kein Sternchen oder fünf Sternchen, Ranking-Society, Casting-Gesellschaft, Wettbewerbs-Rotation – das Alltagsleben als permanentes Selektions-Assessment ist auch eine Art der Kampfzone, in die leichter gerät, wer selbst weder Widerstandskräfte hat noch die trainierte Fähigkeit zur Gelassenheit.

Die Lebenswelt der späten Moderne wurde für viele Unsportliche oder an Sport Uninteressierte eine Art Exerzitium in Extremsportlichkeit, für die das olympische Minimum schon gar nicht mehr reicht: Dabeisein ist ja keineswegs alles. Stehen allein genügt nicht. Sich selbst erleben, das eigene Selbst als Erlebnis erleben, die eigene Erlebnisintensität permanent steigern – der

Experience-Faktor ist zu einem versteckten wie auch umkämpften ökonomischen Wert avanciert. »Was wir auf dem Markt kaufen, sind nicht so sehr Produkte, die wir besitzen möchten«, vermerkt der Psychoanalytiker und Philosoph Slavoj Žižek, »sondern, in zunehmendem Maße Erlebnisse – Sex-, Ess- und Kommunikationserlebnisse, Erlebnisse des Kulturkonsums und der Teilhabe an einem bestimmten Lebensstil.« Kurzum: Das subjektive Erleben wird zu einer objektivierten Ware. Das ICH ist nicht mehr Produzent, sondern nur noch Konsument seines Lebens, das primär auf das abbuchbare und verwertbare Erlebnis aus ist.

Im Zuge einer alles ökonomisierenden Geisteshaltung werden selbst soziale Beziehungen per Investitionsmodus auf Renditen berechnet; schwierig zu beurteilen, ob die bestehende Wirtschafts- und Sozialordnung den Geist des Egoismus hervorbringt oder sich das angeborene Streben des Menschen nach Steigerung nur raffiniert einverleibt. Die Standardabweichung vom angstgetriebenen Minderwertigkeitsempfinden zur Perfektionsprosa fällt umso drastischer aus, je stärker die Illusionen der Jedermanns-Allmacht sich als unhinterfragte Lebensanweisungen durchgesetzt haben: Hol das Beste aus dir! Setz dich in Szene! Spür die Macht, die in DIR steckt! Mittels »Ego-Marketing« verklärt sich das ICH zur Marke, betreibt seine Positionierung durch *Personal Branding* und macht so die eigene Person zu ihrem Pseudo.

Weltfremd, wie das ist, schlüpft der Individualist in die Egokapsel. Maßgeblich für das erfolgreiche Leben darin ist die Hemmschwelle zur Suggestion der eigenen Großartigkeit: Das Gefühl, die einzigartige Chance auf Einzigartigkeit zu nutzen, korrespondiert mit der Angst vorm Unvermögen, sie nicht zu erkennen. Es entsteht Angst, nicht zum Spektakel dazuzugehören, weil das ICH in der Egokapsel gar nicht mehr weiß, wer oder was genau es eigentlich ist.

Das Spektakel

Ohne Leitplanken walzt sich seit gut drei Jahrzehnten der Boulevard durchs Land, man kann ihm kaum noch entgehen. In meinen Augen ist »der Boulevard« die Perfektion des Spektakels, das er selbst schafft: durch Personalisierung aller Prozesse, Steigerung aller Produktionen sowie Auflösung der Paradoxien mittels Erlösung durch Banalität. Schließlich die Ökonomisierung all dieser soziokulturellen Vorgänge.

Das boulevardisierende Spektakel, das die Erregokratie vorbereitet hat, ist ein selbstreferenzielles, aus dem Geist der Emotionalisierung entstandenes System der Trivialisierung, deren Themen sich mühelos von selbst verstehen. Mit inszenierten Gefühlswelten zwischen Tragik, Trauer, Romantik, Glück und Heilserwartung ist er ein wesentliches Betriebssystem der Daueremotionalisierung. Die Spektakel-Konsumenten akkumulieren fürs individuelle Glücksempfinden nicht nur Geld und Güter (und Geist schon gar nicht), sondern vor allem Gefühle. Starke Gefühle. Immer stärkere Gefühle.

Der Boulevard ist zugleich die Bühne, auf der jeder eine Rolle zu spielen hat. Performance entscheidet über den sozialen Status, insofern ist nicht nur der Promi ein spektakulär leerer Akteur auf den planierten Pfaden des Boulevards, sondern der sich selbst inszenierende Jedermensch. Das Spektakel ist der Sieg der Kurz- über die Langfristigkeit. Siegerkult als Gesellschaftsentwurf, Gewinnerkultur als Geschäftsmodell. Wer nicht gewinnt, ist nicht. Wer nicht aufsteigt, abräumt und außergewöhnlich »performt«, kann sich warm anziehen.

Das Spektakel versteht sich von selbst. Es erklärt nichts mehr, es ist die Erklärung. Es vereinnahmt das Subjekt als Objekt. Es erklärt sich durch sich. Es ist sein eigener Inhalt und Sinn. Es braucht keine Zusammenhänge, keine Kontexte, keine Bezüge, keine Quellen. Es ist da, immer, sofort, mit höchster Energie aus dem Nichts seiner selbst heraus entstanden. Dann verschwindet es wieder und vollendet seine eigene Amnesie.

So schafft das Spektakel die Inszenierung eines permanenten Hypes, den es selbst betreibt. Der Hype setzt auf die Macht der Instinkte, verabsolutiert Emotionalisierung und verhindert Differenz. Er ist nicht allein ein Medienphänomen, wenngleich Leben und Welt so gut wie immer medial vermittelt sind. Der Boulevard als Spektakel spielt direkt mit den großen Narrativen der bundesdeutschen Kultur oder spielt indirekt auf sie an. Er konstruiert Wirklichkeiten und ökonomisiert Entertainment; die Belästigung durch Werbung ist nachgerade unerhört, wenngleich Werbung ein legitimes Mittel der Performance von Ware und Mensch ist. Wer sich nun über den Zustand von Bildung und den Niedergang des Wissens beklagt, darf hier einen der Gründe dafür suchen. Die Verselbständigung der Form auf Kosten des Inhalts ist ein Kollateralprodukt des Spektakels. Es will nicht nur den Tanz um das Goldene Kalb vermarkten, das Spektakel ist der Tanz ums Kalb selbst.

Von Ruhmverheißungen und Reichtumsreizen bestürmt, merkt das grandiose ICH nicht immer, dass es auf gnadenlose Weise gedemütigt wird, indem es sich selbst demütigt. Als Prototyp des unvollendeten Zeitgenossen im Reich des Spektakels gilt der Neurotiker oder der Niemand. Im traurigsten Fall degeneriert der Niemand als Promi zum begafften Affen auf den Jahrmärkten des 21. Jahrhunderts und darf madenmampfend im australischen Dschungel täglich im Schnitt fünf Millionen RTL-Zuschauern das Gefühl der eigenen Erhabenheit verschaffen. Niemanden liebt und braucht der mediale Boulevard mehr als den Blamierbaren, also erschafft er sich seine Blamierten selbst. Allenthalben stanzt er sogenannte Stars, um sie zu verbrauchen und verbrennen. Das hat manchmal hohen Zerstreuungswert, ohne Frage, aber letztlich ist das Daniela-Katzenberger-Phänomen in einer Kulturnation eine kulturelle Tragödie. Trivialität ist Teil der Verfassung einer Gesellschaft, die weitgehend auf Emotionen und Instinkte setzt. Wer bist du schon, wenn du nicht mal spektakulär bist?

Die Anfänge der spektakulären Boulevardisierung des Lebens stammen aus Italien, als der Medienunternehmer Silvio Berlusconi Mitte der 1990er-Jahre als (dreimal wiedergewählter!) Ministerpräsident die Verachtung des Staats und der Steuer hoffähig machte und die Trivialisierung des Politischen zur Staatsaufgabe machte. Der Rundfunk wurde zum Ausspielkanal so dämlicher wie sedierender Fernsehspielshows degradiert. Den direkten Weg vom starken Macker Berlusconi zum starken Macker Matteo Salvini nachzuzeichnen, wäre für das kultur- und stilgeniale Italien ein Exerzitium in Ungeistlichkeit. Der italienische Berlusconismus steht in indirekter Verbindung mit dem amerikanischen Trumpismus, der direkte Einfluss auf Gesellschaft und Wirtschaft ist geradezu logisch. In den vergangenen zwei Jahrzehnten der Facebook-/YouTube-/Instagram-Ära, in der es von Berlusconi zu Trump einen Verhängniszusammenhang von Politik, Party, Populismus, Lüge, Schein und Narzissmus gibt, sind Kohorten entstanden, für die das Aufstiegsversprechen ein Versprechen auf Berühmtheit wurde. Berühmt zu werden ist nicht nur eine Verlockung unter vielen, sondern ein Imperativ: Mach megamäßig was aus dir! Mach dich sichtbar! Performe gigageil! »YouTuber« ist der entsprechende Berufszweig mit erheblichen Gewinnerwartungen und zugleich Berufswunsch einer beträchtlichen Zahl von Kindern. Wer Millionen Follower und Klicks im zwei- oder dreistelligen Millionenbereich nachweisen kann, verdient im Teenager-Alter bereits Millionen durch Product-Placement. Neue Familienunternehmen entstehen, wenn das Kind für Nagellack wirbt, die Eltern die Clips posten und ihre Töchter und Söhne als süße Werbebotschafter vermarkten. Folglich leiten vierzehnjährige Influencer bereits eigene Agenturen.

Medien setzen gern auf jene Phänomene, die sie selbst kreieren, und der Boulevard nährt sich von den Emotionen, die er selbst hervorruft. Über den Boulevard werden Rollenbilder und Menschenbilder transportiert. In Gestalt der Hofschranzen der Unterhaltungsindustrie degeneriert der ICH-Kult zum Kult des Alltagspromis auf Basis einer Verheißung des ewigen Dreiklangs sozialer Anerkennung: Berühmt, prominent und reich zu werden ist der erklärte Traum gezüchteter Ichlinge in Spektakel-Gesellschaften. Zwischen Ruhm und Berühmtheit gibt es einen beträchtlichen Unterschied: Ruhm währt nachhaltig, Berühmtheit entsteht im Geflacker eines hochbelichteten Moments. Berühmt ist, wer berühmt ist, *weil* er berühmt ist. Für die kurzfristige Berühmung sorgt die Nobilitierungs-Industrie privatwirtschaftlicher wie öffentlich-rechtlicher Sender und Magazine, und wenn Berühmtheit durch Blamage oder Demütigung zustande kommt, ist das herzlich willkommen. Nach wie vor amalgamiert der Boulevard das Prinzip Blamage und Voyeurismus auf perfekte Weise. Vom Klassen-Hauer »Bauer sucht Frau« bis zur Nacktdatingshow »Adam sucht Eva« und »Germany's next Topmodel« lassen sich ambitionierte Menschen reihenweise bloßstellen. Intimitätsverletzung ist das Erfolgsmodell eines Entertainment-Betriebs, der seine Blamagen vornehmlich über das Scheitern der Unbegabten oder über Körperlichkeit herzustellen versucht: die Sensation der Peinlichkeit oder das kollektive Staunen über die Body-Perfektion. Bodystyling ist Storytelling: ICH bin mein Körper. Mein Körper erzählt mich. Der optimal operierte Body ist soziales Kapital: angehobener Po, gestraffte Brüste, geglättete Bauchhaut als Sieg in einem im Alter von fünfzig noch gewonnenen Kampf gegen das schwächelnde Unterhautfettgewebe, als wäre Zellulitis nichts weiter als ein Horrormärchen. Einerseits wollen sich Frauen völlig zu Recht nicht von Männern über Körper und Äußeres definieren lassen, andererseits tun manche von ihnen – von anderen dafür bewundert – alles, um genau das zu erreichen: die Reduktion aufs Körperliche. Und wenn Superwoman Heidi nach der Geburt des dritten Kindes ein paar Wochen später als Unterwäschemodell von Victoria's Secret mit faltenfreiem Bauch den Massen der Frauen unausgesprochen ihre Lethargie unter die Nase reibt, ist das womöglich die überzüchtete Ausgestaltung eines missverstandenen Feminismus. Die Spitzenleistung postnataler Regeneration ist im Eigentlichen Weiblichkeitsverachtung: Seht her, ihr anderen, ich bekomme ein Kind, bin eine Woche nach der Entbindung wieder schlank und sehe im Alter von vierzig aus wie dreißig. Meine Brüste sind fest und schön, mein Gesicht ist furchenlos und faltenfrei. Und bei euch so?

Der Körperkultus als Variante des ICH-Kults inszeniert den Körper als Sozialkapital und Distinktionsmedium individueller Einzigartigkeit vor allem dann, wenn die Hände der plastischen Chirurgen gut bezahlte Dienste leisten (und die operierten Menschen in ihrer der Individualität völlig beraubten Maskenhaftigkeit letztlich alle ähnlich aussehen). Neben gelaserten Augen, abgesaugtem Fett, eliminierten Falten, gestrafften Lidern geht die Optimierung des Körpers durch Selbstvermessung auch technologisch unaufhörlich weiter. Die Kontrolle der Organe und Vitalfunktionen durch Sensoren in »intelligenten Kleidungsstücken« ermöglicht beinahe totale Kontrolle in jedem mobilen Moment: eine Yoga-Hose, die zur stets richtigen Körperhaltung verhilft, Strümpfe, die den Sauerstoffgehalt im Blut messen. Elektronische Uhren, die den Herzschlag kontrollieren, Apps, die die Schrittzahl, und T-Shirts, die Hauttemperatur oder Herzfrequenz messen. Und hochintelligente Socken, deren gesammelte Daten Hinweise auf die falsche Abrolltechnik des Fußes geben.

Dergleichen mag nicht für jede und jeden reizvoll sein, und nicht jede und jeder mag der Analyse zustimmen, aber meiner

Auffassung nach ist der Mensch zur Optimierung von Körper und Psyche geradezu gezwungen, um mithalten zu können. Der Befund lässt sich auch daran ablesen, dass zu Beginn des 21. Jahrhunderts noch mild belächelt wurde, wer sich coachen ließ. Er galt als Verlierer, Schwächling, Kranker. Heute hat gefühlt jeder Zweite einen Coach zur Selbstwertsteigerung: einen Personal Trainer, Persönlichkeitsentwickler, Potenzial-Analytiker und/oder Ernährungsberater. Übertreibung und Übertrumpfung sind zeitgemäße Obsessionen, Exzess, Exzentrik und Egomanie Resultate eines Begehrens nach Einzigartigkeit. Das meritokratische Versprechen schießt immer neue Erwartungen in immer neue Höhen. Billionenbörse, Milliardenkredite, Millionenboni. Die Sprache hat bereits Schwierigkeiten, die ständig steigenden Superlative zu verarbeiten: mega, giga, ultra, super, suuuupersupergeil!!!!!

Bisweilen führt das zu hyperaktiven Pirouetten eines manchmal verzweifelt mit sich selbst und seiner Wirkung beschäftigten, von sich selbst aber gelangweilten ICHs. Die Bedürftigkeit nach sozialer (vielmehr sozialmedialer) Anerkennung ist rührend und die Sehnsucht nach Nähe bei digitaler Distanz ja nichts weiter als der Glaube an die Fiktion einer Liebe, die es nicht gibt.

Das permanente Spektakel, das die Gesellschaft um sich veranstaltet, führt in letzter Konsequenz zu einer Gesellschaft des Spektakulären. Maßstab ist eine Außergewöhnlichkeit, gegen die das Gewöhnliche keine Chance mehr hat, weshalb geradezu alles abnormal ist und das Abnormale zur Norm wird. Die Verflachungsleistung besteht gar nicht darin, an niedere Instinkte zu appellieren und voyeuristische Reize zu triggern, sondern diese Instinkte und Reize nicht mehr auf die Erkenntnisebene zu leiten. Der Spektakelkonsument büßt seine Zivilisationskompetenz ein. Er reagiert aus dem Affekt. Die Art der Kommunikation ändert sich fundamental. Es wird drastisch. Selbst die Gebildeten blöken, als setzten die technologischen Möglichkeiten rasanter und totaler Kommunikation alle gleichermaßen unter den Druck zur krassen Veräußerung (in der Erregung des Spektakels gilt Schweigen ja nur noch bedingt als vornehme Tugend, die Karawane zieht bekanntlich sofort weiter). Renditen veräußerter Erregung sind Posts, Likes und Retweets. Der Originalitätszwang des Tweets zur Aufsehen erregenden und möglichst oft geteilten Formulierung fördert mehr Umdrehungen pro Sekunde, als zur Verständigung nötig wäre. Da in der Erregokratie ohne die Umschweife einer dezimalen Besinnung alles sofort ge- und bewertet wird, fehlt es letztlich an Präzision, Differenz, Reflexion und Abstraktion. All das sind Zuschreibungen der Urteilskraft, die Zusammenhänge knüpft, Kontexte erkennt und über die unmittelbare Präsentation des Partikularen das hinter ihm verborgene Muster aufspürt. Schafft sich so nicht die vollendete »Weltlosigkeit des Individuums« (Hannah Arendt), die der auf sich zurückgeworfene Einzelne in Arbeit und Konsum aufhebt? In solchen Momenten, meine ich, stürzt der Individualist vom selbstgezimmerten Sockel des ICH-Kults in die Niederungen der Kampfzone.

Was Guy Debord 1967 beschrieb, ist heute Realität: »Das Spektakel ist … die Behauptung des Scheins und die Behauptung jedes menschlichen, das heißt gesellschaftlichen Lebens als eines bloßen Scheins.« Den kostbarsten Vorteil des Spektakels hatte Debord in der Ächtung der Geschichte erkannt: Geschichtssinn wird durch Warenkauf ersetzt. Meisterhaft organisiert das Spektakel die Ignoranz dessen, was tatsächlich passiert, und löst somit die Übereinkunft von Wirklichkeit auf. Selbst wenn noch so viele Individuen in einem Werturteil übereinstimmen, ergibt das keinerlei Beweis mehr dafür, dass dieses Urteil dann in einem objektiven Sinne gültig ist. Das Spektakel ist eine tatsächlich gewordene, ins Materielle übertragene Weltanschauung.

Das Spektakel will es zu nichts anderem bringen als zu sich selbst. Es erfüllt sich selbst. Die Mittel des Spektakels sind zugleich sein Zweck. Endzweck seiner Produktion ist es selbst. Kurz: Das Spektakel ist Selbstzweck. Das macht es nicht nur tautologisch, sondern totalitär im Sinne eines sittlich-politisch entleerten Zustands, der mit Fiktionen und einem Apparat an Täuschungen arbeitet.

Genau betrachtet hat Debord nicht nur Recht behalten, sondern mit der Spektakularisierung eine Gesellschaftsform beschrieben, die heute auf geradezu unfassbare Weise zu Momenthaftigkeit und Akkumulation beiträgt. Obwohl Debords Thesen intellektuelle Blaupause der Achtundsechziger waren, erfolgte ironischerweise ja gerade durch sie die Auflösung der Tradition im Kult ums eigene ICH und seine Empfindungen.

Hatte das Konsequenzen?

Erhebliche, wie man sehen wird. Die Zurüstung von Banalitäten zu Gesprächsthemen benötigt die durchemotionalisierte Gesellschaft, deren Mitglieder in großer Zahl höchst sensibel auf Glamour, Sensationen und Rekord reagieren. Siege davonzutragen, versetzt in Rauschzustände!

In einem bemerkenswerten Interview kurz vor seinem frei gewählten Tod reflektierte Anfang 2015 der Zeitungsmacher, Verleger, Autor und Feuilletonist Fritz J. Raddatz den Niedergang von Zivilität und kultureller Bildung im Medien- und Informationszeitalter. »Wir sind heute mit all diesen Medien dümmer, als wir es ohne sie waren«, sagte er, »wir leben in einer Zeit des pseudoinformierten Analphabetentums. Was ich in den Medien lese oder höre, ist fast nur noch Schrott. Grass war in der NSDAP, weiß die taz – war er nicht. Tucholsky hat gesagt, die Karikatur darf alles, weiß 3sat – hat er nicht.«

Raddatz zufolge sind Dummheit und Schlamperei die Züge der neuen, der gegenwärtigen Medienzeit. Man habe sich nicht die Mühe gemacht und die Zeit genommen, etwas wachsen zu lassen; Kultur brauche ein Umfeld, das sich um sie kümmere; Kultur sei im Wesentlichen Hinschauen, Hinhören, Vergleichen. Kultur braucht Zeit, um zu verstehen, was nicht gleich verständlich ist. Was man wissen könnte, wird durch Schnelligkeit weggebürstet.

Was sich – auch aufgrund des darin verborgenen Feinsinns – wie exzellenter Kulturkonservatismus anhört, wird gewiss auf den Widerstand jener treffen, die angesichts solcherart gestrig wirkender Bildungsbeflissenheit die Augen rollen. Aber gegengefragt: Wäre heute, da wir es offensichtlich mit dem humanistisch unvollendeten Menschen zu tun haben, der Aufruf zu Bildung, Zeit und Wissen nicht wieder progressiv?

Mangel an Zeit ist ja nicht unbedingt Ausdruck der generellen Kurzatmigkeit des gehetzten Lebens, sondern der inhärente Konflikt des Kapitalismus. Der Kapitalismus definiert sich über fremdverfügte Zeit. Er braucht freie Zeit zum Konsum seiner Güter, er braucht aber auch die gleiche Zeit als Arbeitszeit zur Herstellung der Güter. Das heißt: Der Mensch hat immer zu wenig Zeit. Wer seine Arbeitszeit vollauf zur Steigerung der Produktivität nutzt, um möglichst viel zu arbeiten, hat keine Zeit mehr, die hergestellten Produkte zu kaufen. Weil der Markt Schwächen produktiv ausmerzt, sind Plattformen zum Online-Shopping entstanden. Der Klick bei hinterlegter Kreditkartennummer ist die zeitsparsamste Variante des Gütererwerbs. Die Welt ist ein Marketplace, der Marktplatz eine schöne neue Welt.

Kurzum: Die Dressur des ICHs zum Digitanten ist die freiwillige Zurichtung des Subjekts zu einem Spektakelobjekt. Weitgehend suspendiert scheint die Aufforderung des delphischen Orakels: »Erkenne dich selbst«. Die Erregokratie setzt eben gerade nicht mehr auf das »Cogito«, das Prinzip des Erkennens und Durchschauens, sondern auf das Erkanntwerden: die Hoffnung, die eigene Belanglosigkeit durch einen Hauch Bedeutsamkeit aufzuwerten.

Gemessen an der Erosion (oder: am Niedergang) der Intellektualität durch organisierte Verflachung leben wir in der erregokratischen Kampfzone in einer von Größenwahn und Bedeutungslosigkeit deformierten Zeit, in der den vielen, die an holzschnittartiger Stereotypisierung interessiert sind, der Mut fehlt, Diskrepanzen, Dissonanzen und Differenzen zuzulassen. Die von Thymos-Politikern bewusst kultivierte Vulgarität von Sprache und Denken trifft auf die Trivialität der Kulturproduktion des selbstgenügsamen Spektakels. In den Schaltkreisen der bekömmlichen Banalität kochen einst respektable Frauen-, Gesellschafts- und Politikmagazine dünne Lifestyle-Süppchen, weitgehend ohne Esprit, Klasse, Leidenschaft, ohne Ehrgeiz, Eleganz und gesellschaftspolitischen Anspruch, gemäß der Spitzenmeldung im Ressort »Kultur« von Spiegel Online am 1. Februar 2015: »Maren Gilzer gewinnt das Dschungelcamp.« Wow! Und wieder die alte Frage: Wird es gemeldet, weil es die Menschen interessiert? Oder wird es gemeldet, auf dass es die Menschen interessiere?

Zwischen dem »Sommerhaus der Stars« als Trash-TV-Serie bei RTL, wo die Genitalien so frei herum schwingen wie die Tränen purzeln, und den Höhenflügen und Depressionen des DAX wird nicht mehr langfristig gedacht und investiert. Die Aktie ist ja auch nur ein profitabler Teil des Ganzen. Wenn alle aber nur noch Dienstleister, Provider und Content-Manager sind, geht es nicht mehr um Inhalte, Humor und Poesie, um Ironie und Differenz, sondern um Simplizität und Sofortverständlichkeit. Informationen dürfen nicht mehr komplex, sondern müssen ästhetisch ansprechend und mühelos verdaulich sein. Es liegt nahe, dass in einer Epoche, die Superlativismus und Erregung wesentlich befördert hat, das mühsame Geschäft der Differenzierung und Aushandlung von Kompromissen auf der Strecke bleibt. Das Leben ist ja anstrengend genug. Wer will bei all den Konzentrationsstörungen und Erschöpfungszuständen auch noch 24 Stunden lang diskursiv sein?

Stimmt man der – zugegeben kulturkritisch getönten – Klage zu, die Tugend der Tiefgründigkeit befände sich im freien Fall, könnte man nun den totalen Sieg des Spektakels verkünden und das Leben und die Liebe feiern. Die absolute Zerstreuung und Ablenkung, die das Spektakel organisiert, ist so zeitaufwändig, dass für Muße kein Raum mehr bleibt. Täglich tobt der kulturelle und ökonomische Kampf um Zeit und Aufmerksamkeit, ohne dass der Konsument es merkt (wie verblüffend wäre es doch, tobte täglich ein Kampf um Qualität und Intellekt?). Besteht die nachhaltige Kulturleistung der Spektakel-Industrie in der Emanzipation des Emotionalen vom Rationalen, so ist die große Gefahr einer Emotionalisierung des Politischen hingegen die kurzfristige Manipulierbarkeit stimmungsabhängiger Gefühle. Wer nicht im Vollbesitz möglichst aller für ein rationales Urteil relevanten Informationen über Hintergründe und Zusammenhänge ist, läuft Gefahr, sich dieses Urteil durch bewusste Wiederholung (auch falscher Fakten) von außen formatieren zu lassen.

Vor Jahren schlüpfte der Individualist in die Egokapsel, nun flüchtet das grandiose ICH vor sich selbst. Das bedeutet meiner Ansicht nach, dass wir es mit einem Regress in die Unmündigkeit zu tun haben. Und das endet wie immer bei der Frage: Wer liebt eigentlich MICH?

1979 erschien ein wegweisendes Buch des US-amerikanischen Historikers und Gesellschaftskritikers Christopher Lasch mit dem Titel »The Culture of Narcissism«. Lasch behauptete, die Weltauffassung seit den 1970er-Jahren kreise ausschließlich um das eigene Ich. Die Kultur dieser Egozentrik produziere immer mehr Narzissten. Innerhalb der vergangenen vierzig Jahre scheint die Behauptung zur Gewissheit geworden; die Parallelen zwischen Laschs Analyse und der Gegenwart sind frappierend.

Nicht mehr allein entrückte Präsidenten haben das Monopol auf ausgestellten Narzissmus – in der Kultur des ICH-Kults darf jeder Narziss sein. Narzissmus ist nicht nur hoffähig, sondern oftmals Leitbild. Durch den jahrelangen ICH-Kult ist der Individualist ausgefüllt mit Geltungsdrang. Jedes ICH will wirken. Dauernd wird dem Individuum Wirksamkeit suggeriert und angeboten: Der Kunde soll bestärkt werden, dass es auf SEINE Meinung ankommt. Jede Buchung einer Reise oder eines Hotels über das entsprechende Portal soll er bewerten (gewiss könnte der Aufruf zur Dauer-Evaluation auch eine perfide Form des Marketings sein). Als Konsument, dessen Meinung und Bewertung dringend erbeten wird, wächst dem Einzelnen eine scheinbare Aufwertung zu, die letztlich kaschierte Ohnmacht ist, weil seine Wertung ohnehin keine Konsequenz hat (jeder Dienstleister kann sich seine Fünf-Sterne-Bewertungen leichterhand kaufen).

Der Claim »hochsensibel« beschreibt die Fiktion von Aufstieg und Großartigkeit im Sinne der Sehnsucht nach Selbsterhebung des zeitgenössischen ICHs am besten: Ich bin höchst empfindsam. Ich bin anders als alle anderen. Ich bin über- oder paranormal. Das heißt auch: Wer nicht ist wie ich, ist Durchschnitt. Gern wird die übersteigerte Selbstbeschreibung eines sich übersteigernden ICHs auch auf das eigene Kind übertragen.

Allerorten sind Wunderkinder vorgesehen oder sogar anzutreffen, deren Genie und außergewöhnliche Talente es zu entdecken gilt. »Das Besondere ist Trumpf, das Einzigartige wird prämiert, eher reizlos ist das Allgemeine und Standardisierte«, notiert der Soziologe Andreas Reckwitz über den Drang nach Singularität.

Der Narziss hat Schwierigkeit, seine Energien auf etwas anderes außerhalb seiner selbst zu fokussieren. Sein ICH ist die Welt und das ICH selbst die Spielregel. Das narzisstische Individuum sucht die passende Projektionsfläche für sein Ich-Ideal, ohne für seine Ich-Fixierung soziale Verantwortung zu übernehmen. Die absolute Subjektivität ermöglicht die höchstmögliche Befriedigung der eigenen Ansprüche, insofern ist Narzissmus auch Widerstand gegen Regelwerke und Normenkataloge.

Es gibt gute Gründe für die Annahme, dass der Individualist im Rausch der Erregungsgesellschaft nicht nur geschätzt, sondern bewundert werden will. Bewunderung hat den Standard für die soziale Anerkennung gesetzt: Man ist besonders, man ist einzig, gar einzigartig. Ehre reicht nicht. Man will Neid. Die Flüchtigkeit der Augenblicks-Aufmerksamkeit, die kleine Dezimale Halbwertszeit der eigenen Bedeutsamkeit in der Masse, verlangt permanenten Nachschub. Das Verfallsdatum einer Monade Großartigkeit liegt im Nanobereich. Deshalb macht sich der Narziss zum Bezugspunkt der eigenen Weltbeziehung. Es geht ihm um Selbstverehrung. Dass dies auch aus dem Gefühl eines defizitären Selbstwerts geschieht, ist in der Rechnung bereits eingepreist. Und als wäre es eine Ironie des Schicksals, ist der ICH-Kult des narzisstischen Subjekts nun zu einem Massenphänomen avanciert. Jeder ist besonders und damit keiner.

Das emotionaliserbare (und insofern gar nicht emanzipierte) Individuum ist in seiner Suche nach Selbstwirksamkeit natürlich auch leicht kränkbar. Es fühlt sich nie genug erkannt, nie genug geliebt, nie genug geschätzt, immer als Opfer der Umstände (die natürlich andere zu verantworten haben). Es empfindet sich gern als benachteiligt gegenüber jenen, die mehr haben und mehr erhalten (was in Kapitel V eingehend als Opfermythos verhandelt werden wird).

Zwischen Narzissmus und narzisstischer Kränkbarkeit spannt sich eine hauchdünne Membran. Der Narziss bewundert und identifiziert sich mit gesellschaftlichen Siegern aus Angst, als Versager etikettiert zu werden. Neben seiner Selbstbespiegelung muss das narzisstisch kränkbare Subjekt ja auch das Gefühl innerer Leere und eine unterdrückte, womöglich maßlose Wut auf die eigene Bedeutungslosigkeit und jene Kräfte oder Menschen bewältigen, die es für die vermeintliche Verletzung seiner Würde verantwortlich macht (die im mindesten sein Verlangen nach Würde ignorieren). Vage oder konkrete Unzufriedenheit, diffuse Verstimmungen, Existenzängste und Depressionen als Schwankung des Selbstwertgefühls wirken in der Erregokratie mit ihrer Vitalisierung und Emotionalisierung seltsam lebensmüde.

In dem Maße, in dem das gesellschaftliche Leben immer schneller, kurzfristiger und unberechenbarer wird, gerät der Individualist in erhöhte Spannung. Der Druck steigt. Als Arbeitnehmer muss er schneller, mehr und länger arbeiten. Er muss mobiler sein und in immer weniger Zeit mehr Leistung bringen. In der atemlosen Beschleunigung aller Prozesse erleidet er eine Selbstwert-Einbuße nach der anderen. Er hat Verlusterfahrungen: Das bipolare Weltbild von Kommunismus versus Kapitalismus ist fort, der Westen als moralische Größe geht nieder, Europa zerfällt in Teile, und dann schließen Postfilialen, Dorfkneipen und Jugendheime, dann sterben Dörfer, Landstriche und Landwirtschaften in der Provinz, dann geht das Gefühl von Vertrautheit und Ur-Vertrauen verloren, dann sprießt die Angst vor Freisetzung unter der drohenden Herrschaft von Robotern und Automaten.

Heute ist die entscheidende Frage die gleiche, die Christopher Lasch im Jahr 1979 erhoben hatte: Bringt die westliche Zivilisation noch die moralischen Ressourcen hervor, um ihre jeweils gegenwärtige Krise zu überwinden? In all seiner »größenwahnsinnigen Selbstbezogenheit« (Lasch) büßt der Narziss die Sicherheit von Gruppenloyalitäten ein und fasst jede und jeden als Rivalen um Vergünstigungen und Vorteile auf, die es zu vergeben gibt. Das Leben, das ihm Freiheit und Aufstieg versprach, hat den Menschen zum Einzelkämpfer und Egoisten, den Egoisten wiederum zum einsamen Wolf erzogen. Die manchmal bombastische Überschätzung der eigenen Selbstwirksamkeit geht einher mit der gewaltigen Anspruchshaltung, andere (die Politiker, die Regierung, die Schutzmächte) mögen dafür sorgen, dass es dem Bürger allzeit gut gehe, nein: besser gehe. Immer besser. Und gerne besser als den Nachbarn oder Kollegen.

Das narzisstische ICH in ungeduldiger Erwartung höchster Anspruchserfüllung will die unverzügliche Befriedigung seiner Wünsche. Es lebt in einem Zustand ruhelosen Begehrens. Im Verlangen nach Anerkennung und Bewunderung wird der Konkurrent ein Feind. Manche kommen damit gut klar, manche gerade eben, manche gar nicht. Manche arbeiten sich in die unerlöste Erschöpfung, manche resignieren. Und manche ziehen sich gelbe Westen über. Für so gut wie alle wird das Leben zur Kampfzone.

Das ICH ist nicht nur Teil des Spektakels, das um es besteht. Es ist nicht nur Teil des Spektakels, das um es gemacht wird. Es ist auch sein eigenes Spektakel. Der Social-Media-Boulevard setzt auf den Exhibitionismus des Normalos in der unspektakulären Verrichtung seines Alltags. Kein Medium könnte je perfekter für Auffahrt und Aufstieg des Einzelnen sein als die Media-Technologie. Social Media liefert ihm stets verfügbare Kanäle ohne Gatekeeper. Jeder kann heute im Bewusstsein seiner einzigartigen Persönlichkeit auftreten und soziale Anerkennung reklamieren. Das digitale ICH ist auf Selbstbestätigung aus, nicht auf Verständigung. Soziale Interaktion findet im Modus von Affekt und Affirmation statt – wenn sie durch die Isolierung des digitalen ICHs nicht sogar verloren geht.

Die Isolierung des Massenmenschen (des Individuums in der Masse) ist gewöhnlich die höchste Kunst totalitärer Diktaturen: Wer es schafft, Verbindungen zwischen Individuen zu trennen beziehungsweise erst gar nicht erst entstehen zu lassen, verhindert präventiv Gemeinsamkeit durch Solidarität, Komplizität und Brüderlichkeit und festigt insofern die Basis zur Steuerung des Individuums (nach Lage der Dinge exerziert China gerade den Weg des 21. Jahrhunderts zur totalen Beherrschung der Menschen durch digitale Vermessung und Überwachung des Einzelnen, dessen alltägliches Leben weitgehend über die App »Wechat« organisiert wird, wobei die ID-Karte mit dem »Wechat«-Konto verknüpft ist). Herrschaftsregel der digitalen Steuerung durch die staatlichen Behörden lautet also: Statte jeden Bürger mit einem Smartphone aus, lasse ihn kopfgesenkt wischen, klicken, drücken, fotografieren und posten, dann wird er erstens gläsern, ohne es zu merken, lässt sich zweitens auf geschickte Weise zensieren und kommt drittens nicht auf die dumme Idee von Kritik und Widerstand, weil er so sehr mit sich und den zweifelsohne faszinierenden Mysterien des Internets beschäftigt ist, dass er sich selbst ruhigstellt und marginalisiert. Die Zerstörung zwischenmenschlicher Kommunikation durch Isolierung des ICHs in permanenter Kommunikation mit sich selbst erfordert weder Gewalt noch Zwang, weder MG noch Panzer. Der Geheimdienst frohlockt, das Netz ist ein Panoptikum, und im Äon des Digitals muss der Beamte nicht den Schlapphut aufziehen und im Regen auf Verfolgungsjagd gehen.

Brot und Spiele, es hat sich nichts geändert.

Es ist gewiss so reizvoll wie überzogen, in der digitalen Kommunikationskultur eine diktatorische Variante der gezielten Kokonisierung des Einzelnen zu sehen (als ließe der selbstmächtige

Mensch sich von mysteriösen Programmdesignern »einspinnen«, nicht wahr?), dennoch darf man ohne weiteres behaupten, dass sich der ICH-Kult im Smartphone seine technologische Übersetzung geschaffen hat. Das Gerät befriedigt den Bedarf, den es vorher geschaffen hat. Bekanntlich zielt die Nutzung des Smartphones auf dieselbe Hirnregion wie Nikotin oder das Spiel: das Belohnungszentrum, das mit Dopamin-Ausschüttung für einen kurzen Rausch des Vergnügens sorgt.

Das Paradigma der digitalen Epoche fordert permanente Sichtbarkeit: Was und wer nicht erscheint, ist nicht. Die Erscheinung wird gefeiert wie eine Emanation: Die Sichtbarkeits-Industrie der Medien im weitesten Sinn tut nichts anderes, als das Unsichtbare sichtbar werden zu lassen. Den Labyrinthen des algorithmisch gesteuerten Netzes entsteigen Bilder und Selbstbilder. Die totale Verbildlichung durch Instagram, Snapchat, Vimeo, YouTube (dazu immer mehr Livestreams als journalistisches Format der Live-Reportage oder Live-Sendungen im Videoformat) will und soll die Authentizität einer verloren gegebenen Realität vermitteln. Der Einzelne kann die Modalitäten seiner Wahrnehmung und Erscheinung scheinbar selbst bestimmen. Über das inszenierte Bild lässt sich das perfekt inszenierte Leben als Schein so inszenieren, dass es für real gehalten wird.

Smart Technology ermöglicht dem ICH zugleich hinreißende Einsamkeit und Selbstbezogenheit ohne Zwang zur Rechtfertigung wie auch die Illusion einer Vergemeinschaftung. Die höchst erfolgreichen Präsentationsplattformen sind Katalysatoren einer manchmal ungehemmten Eitelkeit: YOUR tube – DEIN Kanal. Die Personalisierung des Politischen ist über ihre Emotionalisierung mittlerweile bei der Intimität gelandet – neuerdings gibt es sogar Intim-Selfies von halbnackten Politikern wie dem italienischen Innenminister Salvini (und mit Schaudern wartet die Welt auf das erste Foto jenes präsidentiellen Genitals, das ohne Zweifel viel schöner und toller ist als dasjenige seiner Vorgänger).

Perfektioniert hat die Perfektion des Scheins die einundzwanzigjährige, lippenpralle, unablässig Selbstbildnisse postende Amerikanerin Kylie Jenner: Kylie auf der Motorhaube, Kylie auf der Couch, Kylie vorm Spiegel, Kylie versonnen, Kylie verführerisch, Kylie mit endgeilen Schuhen. Hundertdreizehn Millionen Menschen folgen ihr auf Instagram, Kylie Jenner soll Milliardärin sein. Ein Star der späten Moderne, eine unter jenen Jung-Unternehmerinnen und -nehmern, die man Werbebotschafter oder »Influencer« nennt: Menschen, die andere Menschen emotional bewegen (und diese dann per Onlinemarketing zum Kauf von Konsumgütern verführen, die sie entweder zufällig selber entworfen haben oder vertreiben). Ein Leben in Vollkommenheit, bildlich dargereicht, ein Ausschnitt Sichtbarkeit des vermeintlich totalen ICH-Glücks – ich genieße, ich lebe, ich habe es schön! Die großen Einflüsterer überbringen ihren Followern die frohe Botschaft: Lachen statt Weinen, Essen statt Darben, Reisen statt Vereinsamen!

Das Selfie schafft Surrogate der Bedeutsamkeit. Hauptsache, ES sieht gut aus; Qualität, Gehalt, Geist und Wesen sind ja nicht sichtbar. Nach Lage der Dinge ist vom Inszenierungs-Wetteifer ein großer Teil der gegenwärtigen Teenager-Generation betroffen, für viele ein Segen – Klicken, Wischen und Touchen machen es einem leicht. Früh von technologischen Paradigmen geprägt, werden die Kulturtechniken der Verbildlichung in den Lebensvollzug der nachwachsenden Generationen eingebaut. Aber offenbar, lässt uns die Forschung wissen, schafft der geborgte Glanz Rückkopplungseffekte. Das Wohlbefinden, das Körperbewusstsein und Selbstwertgefühl der vor allem weiblichen Selfisten zwischen vierzehn und vierundzwanzig Jahren, legt eine Studie der englischen Royal Society for Public Health nahe, sei eminent beeinträchtigt und lasse die Teens und Twens in ihrer Angst vor Minderwertigkeit und Hässlichkeit allein. Depressionen, Magersucht und Suizid sind also die möglichen Kehrseiten des Wellbeing-Theaters. Das im Selfie aufgerufene Selbst ist letztlich leere, sich um die eigene Leerstelle drehende Individualität. Ein mit großem Aufwand an Emphase vollzogener Tanz um das von permanenter Bestätigung abhängig gewordene ICH. Ein kommerziell genialer Treppenwitz ist die App »Moment«, die aufzeichnet, wie viel Zeit der Nutzer insgesamt am Smartphone hängt, um ihm dann vorzuschlagen, wie er sich sein Leben zurückholen kann.

Freundlicherweise lassen die Erfinder der Inszenierungsplattformen ihre infizierten Nutzer wissen, dass Social-Media-Netzwerke die Gesellschaften auseinanderreißen würden. Der erste Facebook-Präsident Sean Parker etwa formulierte im Herbst 2017 den schwerwiegenden Vorwurf, Facebook sei eine Bestätigungsmaschine, die sich die Verletzlichkeit der menschlichen Psyche zunutze mache. Und kurze Zeit später gestand Chamath Palihapitiya, lange Jahre verantwortlicher Manager für das Nutzerwachstum des Dienstes, seine »unendliche Schuld« am Aufbau von Facebook mit dem Satz ein, die kurzen, von Dopamin gesteuerten Feedback-Schleifen, die man kreiert habe, zerstörten die Funktionsweise der Gesellschaft. Im November 2018 schließlich zeigte Twitter-Gründer Ev Williams Reue und sagte in Hinsicht auf die psychiatrische Gesundheit der User: Followerzahlen zu zeigen sei »absolut schädlich«.

Was könnten die Folgen sein? Der Individualist im permanenten Ausnahmezustand seines ICH-Kults könnte Hemmungen verlernen. Als Produkt einer Selfie-Kultur könnte das ICH sich als absolute Größe setzen. Was verloren gehen könnte, ist die Fähigkeit zum Kompromiss, zu Reflexion und Relativierung. Das hätte Konsequenzen fürs Zusammenleben einer sozialen Gemeinschaft. Demokratie ist auf Kompromiss, Langwierigkeit, Reziprozität und die Einsicht angewiesen, dass der Andere genau das gleiche Recht auf Verwirklichung seiner Interessen hat wie man selbst.

Wer in der Egokapsel steckt und zu jeder Zeit sein Ding macht, vermag mit unerwarteten Störungen, die die Erfüllung der eigenen Ansprüche durchkreuzen, womöglich nicht umzugehen. Wird es mühsam, lässt man sofort los, springt ins neue Feld und greift sich aus der immer verfügbaren Masse das nächste Teilchen heraus. Die Spektakelgesellschaft stellt genau diese Möglichkeiten zur Verfügung und ist darauf angewiesen, dass sie massenhaft ergriffen werden. In seiner vermeintlichen Einzigartigkeit könnte der Individualist letztlich austauschbar werden, weil Verbindung und Verbindlichkeit nicht mehr gelehrt und gelernt werden. Soziale Interaktion geht verloren, wenn Technologie den Menschen isoliert. Wer dem Anderen nicht begegnet, wer ihn nicht sieht, kann seine Reaktion nicht lesen lernen.

Schon jetzt findet nach Auffassung von Psychologen Sexualität zunehmend allein statt. Sexualtherapeuten haben eine Entkopplung von Sexualität und Intimität festgestellt (so Heike Melzer). Bei den zunehmend »Unberührten« ist Lust zwar vorhanden, aber nicht mehr aufeinander. YouPorn boomt, die Kanäle sind kostenfrei sowohl zu konsumieren wie zu bespielen, zu jeder Zeit und ohne Altersbegrenzung. Die Einsamkeit des ICHs als Gefühls-Konsument zeigt sich darin, vorm Laptopbildschirm zu masturbieren statt handfeste Körperlichkeit in Echtzeit zu erfahren.

Die Tendenz, sich nicht mehr dem Zufall und der eigenen Neugier auszusetzen, nicht mehr die plötzliche Begegnung zu suchen und zu erfahren, sondern, kopfgesenkt mit Blick auf irgendein Display, von vorformatierten Formaten gesteuert und berechnet durch das Leben zu hasten, lässt im Extremfall dissoziierte ICHlinge zurück. So vererbt sich die Isolation durch jene

Kulturtechnik, die Verbindung herzustellen gerade vorgibt. Eine Binsenweisheit ist, dass der Mensch sich aus dem Blick verliert, wenn er nur sich selbst sieht. Man muss diese Binse hier aufs Neue dreschen.

Mir ist klar, dass Onlineplattformen natürlich großartig sind. Die Technologie der Vernetzung, wie intelligent auch immer, erleichtert und ermöglicht vielen vieles und erschafft völlig neue, hinreichend faszinierende Möglichkeiten. Die Selfie-Kultur aber ist letztlich leider nichts anderes als der profane Zauber der Selbstvergessenheit. Das Subjekt nimmt sich selber in dem Maße nicht mehr wahr, in dem es sich permanent ablichtet. Um es zuzuspitzen: Das Selfie ist die Kapitulationserklärung eines ICHs, das sich nicht mehr selbst bestimmt. Die Folge ist unendliche Langeweile. Wir amüsieren uns nicht zu Tode. Es ist krasser: Vor unaufhörlichem Amüsement langweilen wir uns zu Tode.

2
Logik der Steigerung

Die Epoche der Erregung basiert auf der Logik der Steigerung. Im Streben nach Steigerung setzt sich das Versprechen auf Verbesserung um. Jeder Mensch ist – bewusst oder nicht – auf der Suche nach Intensität, weil die Lebenswelt es von ihm verlangt. Das intensive Leben aber ist immer ein Resultat des unaufhörlichen Spektakels – ob man es annimmt oder sich dagegen auflehnt. In der unendlichen Vielfalt möglicher Lebensentwürfe unterliegt selbst die Verweigerung des intensiven Lebens dem Anspruch auf Intensität.

Warum? Weil das Spektakel Ruhe und Besinnung fürchtet. Es fordert und fördert, ja, es braucht und will den ständigen Komparativ. Im persönlichen Leben, im Sport, in der Wirtschaft. Aufsteigertum befördert die Logik der Steigerung, die wiederum den Aufstiegszwang hervorbringt. In einer Gesellschaft der Maßlosigkeit haben sich deren Mitglieder vornehmlich selbst im Sinn, nehmen den Anderen aber nicht mehr in den Blick.

Die Logik der Steigerung ist angewiesen auf zwei Voraussetzungen: einen gemeinsamen Markt und einen Raum, in dem ungehindert Güter und Dienstleistungen getauscht werden können. Der alleinige Grundsatz dabei lautet: Schadensvermeidung. Das vorherrschende Prinzip: Regulierung konkurrierender Freiheiten durch Spielregeln. Das Programm: Wachstum durch Beschleunigung. Das Instrument: Gesetz und Vertrag. Das Versprechen: Einschränkung individueller Freiheit zur Selbstverwirklichung allein durch das Recht (weder durch Politik noch Moral).

Der Markt als solcher war immer schon da – und mit dem Markt immer schon der Ehrgeiz. Die Fähigkeiten, Märkte zu schaffen und zu nutzen, vermerkt der Evolutionäre Anthropologe Eckard Voland, sei im Menschen angelegt. Sogar im Tierreich gebe es Märkte, so bei den Primaten: Der eine pflegt dem anderen das Fell und wird dafür mit Unterstützung in Rangauseinandersetzungen, mit sexuellen Diensten oder mit Futter entlohnt. Offenbar geht es auf jeder Entwicklungsstufe des Kreatürlichen stets um Geben und Nehmen und den angemessenen Ausgleich von Investition und Rendite.

Jede Gesellschaft hat es deshalb mit dem Sozialdilemma zu tun: dem Konflikt zwischen Eigennutz des Einzelnen und Wohlfahrt des Ganzen. Geht es nach sozialwissenschaftlicher Erkenntnis aus tausenden Fallbeispielen, gewinnt mit größerer Wahrscheinlichkeit der Eigennutz, auch wenn der Mensch ein pro-soziales, auf Kooperation angelegtes Wesen ist (Kooperation aber nur zu seinem Vorteil, aus sich heraus ist kooperatives Verhalten nicht stabil – was im Übrigen das Menschenbild des Sozialismus evolutionsbiologisch als falsch widerlegt). Das soziale Leben, scheint es, kann nur funktionieren, wenn Wachstum den Status eines für alle geltenden Imperativs erreicht. Ironisch gesprochen: »Handle immer so, dass du wesentlich mehr konsumieren und gleichzeitig wesentlich mehr arbeiten kannst« (Jean-Claude Michéa). Wenn das Wachstum zum Spektakel wird, werden Wachstum und Spektakel eins. Das ist die Logik der Steigerung.

Die wichtigste Triebkraft von Wachstum ist zum einen das menschliche Gewinnstreben, zum anderen die menschliche Kreativität: das Streben nach Innovation und Veränderung. Im Zentrum steht immer das Begehren. Der grenzenlos begehrende Mensch, der die Grenze seines Begehrens dadurch erfährt, dass ein anderer das Gleiche begehrt. Durch unerfülltes Begehren entstehen Konflikte und Kriege.

Offensichtlich liegt diesem Konzept der Rationalität von Wachstum, Markt und Steigerung ein hohes Maß an Irrationalität zugrunde: Man muss daran glauben. Walter Benjamin hat diese Gleichsetzung in einem so kurzen wie berühmten Fragment aus dem Jahr 1921 treffend umrissen: »Der Kapitalismus dient essentiell der Befriedigung derselben Sorgen, Qualen, Unruhen, auf die ehemals die sogenannten Religionen Antworten gaben.«

Der Kapitalismus ist eine permanente Einladung zur Erfüllung vorher stimulierter Begehren. Er reproduziert die unentwegte Aufforderung, seinen Reizen und Verführungen nachzugeben; er komponiert permanent neue Lockrufe zu Kauf und Konsum. So weit, so bekannt. Die olympischen Prinzipien des Höher, Schneller, Weiter scheinen viele Menschen zu einer übermenschlichen Leistungswilligkeit zu verführen. Wer scheitert, lautet die Moral der Steigerungslogik, ist selbst schuld. Das Habitat bietet dem Gescheiterten keine Erlösung mehr an. Es ermöglicht keine Befreiungserfahrung. Die List besteht darin, Barmherzigkeit nicht mehr zuzulassen, aber den Schein des Barmherzigen aufrecht zu erhalten.

Der Markt in Reinform braucht Moral nicht. Um grenzenlos sein zu können, kommt er ohne Moral, aber nicht ohne Recht und Vertrag aus. Was begrenzt ihn dann? Das durch ihn erschöpfte ICH? Offenbar stößt die Logik der Steigerung an die Grenzen ihrer eigenen Ressource: den effizienten Menschen – vorausgesetzt, die diagnostizierte Zunahme der Depressionen, Erschöpfungszustände und Panikattacken stimmt. Eine pikante Ironie ist im Übrigen, dass der zeitgenössische Kapitalismus mit seinen Exzessen das ICH ja nur deshalb übervorteilen konnte, weil ihm die Selbstermächtigung des Subjekts vorausging. Bei aller Wertschätzung für die Emanzipationsarbeit der 68er wird der Preis der Individualisierung oft übersehen: ein brutaler und destruktiver Antiautoritarismus, der die vermittelnden Instanzen zwischen Individuum und Gesellschaft entwertet hat. Familie, Kirche wie auch politische Institutionen wurden seit Anfang der 1970er-Jahre infrage gestellt. Der Bezug zur Tradition galt als spießig, die Berufung auf Gemeinschaft als reaktionär. Das hatte Konsequenzen für Markt und Kapitalismus. Die Folge der Erosion war, so befindet der Sozialphilosoph Peter Furth, Assistent Adornos und Doktorvater Rudi Dutschkes, »dass der Einzelne unmittelbar und schutzlos den Kräften des Marktes ausgesetzt ist und nur die Stärksten überleben.«

Die famosen 68er haben also das Problem zu verantworten, dass der Einzelne heute nicht mehr kollektivierbar ist. Das befreite und emotionalisierte ICH konnte sich vor lauter Selbst-Expressivität nicht mehr eingemeinden. Insofern gibt es eine verblüffende Linie von den selbstexpressiven Kapitalismushassern zur Turbokapitalistin Margaret Thatcher, die einst freimütig bekundete: »So etwas wie Gesellschaft gibt es nicht, ich kenne nur Individuen, Männer und Frauen und Familien – und die denken alle zuerst an sich.«

Schließlich ist eingetreten, wovor Marxisten immer gewarnt haben: der Schutzzusammenhang des Menschen ist flöten gegangen. Die Steigerungslogik gipfelt in der Vereinzelung, und die finale narzisstische Kränkung besteht darin, dass der Mensch, dessen Selbstwert mit der Bewunderung der eigenen Person steht und fällt, angesichts seines voranschreitenden Verfalls das große Leiden der Vergänglichkeit hinnehmen muss. Da der Verdacht auf seine Unsterblichkeit glaubwürdig widerlegt ist, steht dieses so strotzende, frei flottierende, haltlose ICH in seiner Egokapsel allein da: verlassen, hilflos, ratlos.

Wer nicht aufsteigt, fühlt sich als Absteiger. Und wer abzusteigen glaubt, nur weil er nicht aufsteigt, wähnt sich als Verlierer. Je mehr dem ICH der gefühlte Abstieg zusetzt, desto mehr hält es sich für ein Opfer der Umstände. Man kann nur von Abstieg sprechen, wenn man die Logik der Steigerung zugrunde legt. Der sogenannte Fahrstuhleffekt (für manche, viele, immer mehr, je nach Sichtweise) bleibt nicht nur aus, der Fahrstuhl stürzt nach Auffassung mancher seit Jahren geradezu ab. Ohne sich die Frage zu stellen, ob der Anspruch jedes Einzelnen auf Aufstieg erstens sinnvoll, zweitens wünschenswert und drittens überhaupt erfüllbar ist, wird die »Abstiegsgesellschaft« (Oliver Nachtwey) als Aufstiegsverhinderungsgesellschaft verstanden, obwohl die Bildungsexpansion bis heute so gut wie jedem ein Hochschulstudium ermöglicht und die Gründerszenen-Kultur der Start-ups aus dem Nichts jedem die gleiche Chance auf Erfolg durch Innovationen böte. Mit Abstieg gemeint ist die strukturelle Aufstiegsverhinderung des Einzelnen, indem ihm die Möglichkeit verweigert wird. Eine schwierige Behauptung, denn offizielle Daten geben einen Massenabstieg nicht her; Statistiken zufolge steigt die Gesellschaft in Deutschland ebenso wenig ab wie der Großteil der Bürger es tut. Entscheidend für die sozioökonomische Beurteilung des Einzelnen ist also, ob »Abstieg« ökonomisch oder emotional definiert wird und ob man dabei relativ oder absolut denkt (was in Kapitel V unter dem Aspekt Gerechtigkeit eingehend erörtert wird).

Unabhängig davon ist völlig klar, dass dauerhafte Perspektivlosigkeit entweder in die Resignation führen oder in gewaltsamer Auseinandersetzung enden kann, wenn die Selbstwirksamkeit minimiert ist. Dann kann das in seiner Selbstermächtigung empfindlich gekränkte Egokapsel-ICH auf eine Parzelle der Kampfzone geraten.

Selbstwert-Kämpfe und die große Müdigkeit

Die Logik der Steigerung hat kulturelle, soziale und vor allem individualpsychologische Folgen. Das Narrativ vom unentwegten Aufstieg hat das ICH über sich hinausgeführt. Wer aber permanent auf sich selbst gestellt ist, hat das Gefühl, dauerhaft mit sich allein gelassen zu werden. Im Kampf um Anerkennung wird vom selbstmächtigen ICH Ambivalenz-Bewältigung verlangt, die es nicht gelernt hat. Seine Selbstwirksamkeits-Erwartung wird nicht mehr erfüllt, seine Lebenserfahrungen werden nicht wertgeschätzt, seine Lebensleistung scheint entwertet. Man braucht dieses ICH nicht. Es wird nicht mehr gefragt (wurde es das je?). Er ist nicht mehr gefragt (war er es je?). Nicht als ER, nur als einer. Der sich entwertet fühlende Individualist resigniert. Oder arrangiert sich. Oder verweigert oder radikalisiert sich, weil es in einer Kultur, da jeder Millionär werden kann, für ihn nichts mehr zu gewinnen gibt. Die täuschende Hoffnung des Menschen beruhe darauf, notierte Hans Blumenberg 1979, »dass wir uns für zu wichtig halten, wir können uns nicht vorstellen, dass die Dinge ohne uns unbeschadet weiterbestehen«.

Wie kann dieses mit Selbstmächtigkeit ausgestattete, von der Störung seines Selbstwertgefühls geschwächte Individuum in der Egokapsel ertragen, dass über es hinweg regiert wird? Dass es im alltäglichen Vollzug keine oder nur eine klitzekleine Rolle spielt? Dass Konzerne und Unternehmen höchstens vorgetäuschtes Interesse an ihm, diesem doch so wichtigen ICH, haben? Dass es, wenn es ehrlich zu sich ist, zu Ohnmacht und Passivität verdammt ist, während ihm allenthalben nahegelegt wurde, seines eigenen Glückes meritokratischer Schmied zu sein?

Im Moment der empfundenen Demütigung wächst das Bedürfnis nach Transzendenz, und der radikale Individualist begehrt womöglich eine Welt, in der alle Widersprüche aufgehoben sind. In der liberalen Demokratie ist das Gegenteil der Fall: Sie akzeptiert Widersprüche ja gerade als Ausdruck eines geschätzten Pluralismus und übersetzt Paradoxa in politische Prozesse. Und nun?

Die Demokratie-Skepsis des Gedemütigten liegt ironischerweise in jener Tugend begründet, die eine gesunde Demokratie gerade erst hervorbringt: im hohen Selbstbewusstsein ihrer Bürger hinsichtlich der eigenen Wirkmächtigkeit. Und dann, in der Stille der Umnachtung, wenn kein Scheinwerferlicht mehr blendet, fällt alles in sich zusammen. Obwohl die Exporte überschießen und die schwarze Null wie eine Hostie in der Monstranz der Republik zur Anbetung ausliegt, werden die Wartelisten bei den Therapeuten länger.

Ohne die dauerhafte Enttäuschung des Aufstiegsversprechens lässt sich meiner Ansicht nach der Aufstieg der Widerwelt nicht verstehen. Parteien, deren Geschäftsmodell darin besteht, Selbstwertdefizit-Erfahrungen des Einzelnen aufzufangen, liefern dem narzisstisch gekränkten Ego immerhin die tröstliche Wärme eines politischen Schutzraums mit parlamentarischer Repräsentation. Stellvertretend erledigen sie die fällige Verachtungsarbeit. Die große Kunst der neoromantischen Widerweltpolitik besteht dann darin, negative Emotionen zu kanalisieren und positiv umzudeuten: als Berechtigung einer neuen Solidargemeinschaft von UNS Opfern gegen DIE Täter. Der Kampf um Selbstwert wird zum Kampf gegen einen erklärten (oder nichterklärbaren) Feind.

Hier nun ist der Punkt erreicht, da es um mehr geht als um Kulturpessimismus und Spektakel. Dax-Jubel, Börsen-Hausse, Rekordwachstum und Steuerüberschuss hin oder her – die Aushöhlung der Zivilgesellschaft beginnt mit dem Ende der Liberalität durch das Regime der Ängste und die Gewaltbereitschaft zu ihrer Vermeidung.

III

In der Gefahrenzone

Angst. Das zweite Narrativ
(Neurotischer Resonanzraum)

1
Unsicherheit

Als hätten die Deutschen neuerdings in gruppentherapeutischen Sitzungen über verdrängte Emotionen zu sprechen gelernt, wird völlig selbstverständlich über Ängste geredet. Sie werden ein- und zugestanden, analysiert und erforscht, aufgewertet und zum Maßstab für politisches Handeln gemacht. Verletzte Gefühle erhalten öffentlich Geltung, formatieren soziales Verhalten, begehren Anerkennung, bewirken andererseits Ablehnung und erzeugen Verhöhnung. Wem sie ins Konzept von wahlweise Weltverbesserung oder Vitalisierung passen, greift sie dankend auf; wem sie genau deswegen inkorrekt erscheinen, stellt sie unter den Generalverdacht einer reaktionären Weltanschauung. Mit Ängsten lassen sich schöne ideologische Spielchen treiben.

Mit Angst und Ängsten wird Politik und Quote gemacht. Parteien schüren Ängste, die sie dann zu kurieren vorgeben; Medien stimulieren Ängste, die sie ausgiebig ausschlachten. Angst schafft Wählerbindung, Angst fördert Leserbindung, Angst ist das Betriebssystem des Entertainments: entweder als tragödientaugliches Drama mit dem »Oh mein Gott«- oder (als Erlösung vom Bösen) mit dem »Gott sei Dank«-Effekt.

Ängste sind ja nichts Neues, das macht ihre Betrachtung so lang- wie kurzweilig. Ohne Angst könnte der Mensch weder überleben noch Großes leisten, Angst ist die Botschafterin des Überlebenstriebes. Der Angstschaltkreis verschmilzt biologische Berührungsfurcht, anthropologische Urangst und kulturelle Angstinszenierung. Die getriggerte Angst vor kommenden

Anschlägen, vor prinzipiellem Terror und Cyber Wars, die sublimierte Angst vor dem Anderen, vor Veränderung und Verfremdung, vor Überfällen, Unfällen, Nötigungen, physischem Schmerz und psychischem Leid. Aus Angst der Politiker vor der Angst des Bürgers verbieten dieser Tage Stadt um Stadt aufgrund fragwürdiger Grenzwertmessungen für Stickoxide auf exponierten Verkehrsinseln Dieselfahrzeuge, weil die Angst des Bürgers vor dem nahen Tod zu einer panischen Schutzreaktion der Politik führt. Aus Angst, dass die Angst des Angstbürgers vor dem Tod durch Stickoxide irgendwann in Wut umschlagen könnte. Ängste, lehrt die Risikoforschung, werden durch Narrative sozial geformt: durch Erzählungen über die Angst, die zur Angst vor der Angst führt. Angst wird stellvertretend für andere von anderen gelernt. Angst ist also sozial gelernt. Jedes Volk hat seine Ängste, das deutsche vor allem vor dem Unsichtbaren: Strahlen, Gasen, Teilchen (Atom) und Erreger (BSE). Dazu gesellt sich die Furcht vor möglichen Fehlern, die einer Angst vor sozialer Ächtung gleichkommt, wenn dem Leistungsethos nicht entsprochen wird.

Angst haben Menschen vor Kontrollverlust, vor ihrem Ausgeliefertsein, vor Unübersichtlichkeit und Unüberschaubarkeit. Kurzum: vor dem Verlust von Sicherheit, Selbstkontrolle und subjektiver Steuerungsfähigkeit. Die Urangst des Menschen ist und bleibt seine Kontingenz – die unabänderliche Tatsache also, auf der Welt zu sein, aber nicht da sein zu müssen; in der Welt zu sein, aber nicht gebraucht zu werden; nichts zu gelten, da doch alles auf Geltung abzielt. Austauschbarkeit ist die größte Kränkung des ICHs in Zeiten der technischen Reproduzierbarkeit des Menschen durch die Maschine.

Fatalerweise hat die Emotionalisierung der Gesellschaft über Anrufungen von Angst und Ängsten mit gesunden Emotionen nicht viel am Hut. Sie fordert Exzesse und fördert Störungen.

Auf Erregung folgt weder Erlösung noch Geborgenheit, zurück bleiben Extreme: Hass, Hetze, Aggression, die ganze Betriebsamkeit des primitivmenschlichen Abgrunds, die sich über abertausende Kanäle des World Wide Web in den öffentlichen Raum ergießt. Wer die Triggerpunkte zu stimulieren versteht, kann sich auf die Unfähigkeit des therapeutisch unbehandelten ICHs zu Affekt- und Impulskontrolle verlassen. Stimulierung und Ausschlachtung von Angst ist die hohe Kunst der Manipulation durch Moral und Thymossteigerung. Man erhitzt die Betriebstemperatur, die irgendwann, wenn der Tag des Gerichts gekommen sein wird, eine existentielle Entscheidung erfordert. Auf beeindruckende Weise hat das immer schon die katholische Kirche zu tun verstanden. Mittels Kurie und Konzil hat die Amtskirche die biblische Apokalypse des Johannes bestmöglich in die generelle Angst vor dem Untergang der Welt zu transportieren vermocht – Apokalyptik als Denkfigur liegt dem Mittelalter ebenso zugrunde wie der Neuzeit und in Variationen auch der gegenwärtigen späten Moderne. Die hervorragenden Wissenschaften der mittelalterlichen Epoche, die Komputistik, das gesamte Quadrivium (Arithmetik, Geometrie, Musik, Astronomie), die Lehre von den vier Elementen und die umfassende Erkundung der Welt entstanden aus der Angst vor dem Untergang.

Es wurde beobachtet, gemessen, verglichen und gerechnet, um auf die Ankunft des Antichristen vorbereitet zu sein. Die leitenden Disziplinen entstanden an den Höfen jener Kaiser und Fürsten, die das Dräuen des Bösen präzise berechnet haben wollten, um das zweite Kommen Christi gewärtigen zu können (bis heute zögert der Gesalbte bekanntlich mit seiner Niederkunft). Zerstörung und Selbstzerstörung vom Dreißigjährigen bis zum Zweiten Weltkrieg schienen die apokalyptische Neigung des Christenmenschen zu bestätigen. Der Allmächtige hat Auschwitz nicht verhindern können, weshalb er entweder gar nicht allmächtig ist oder weit pädagogischer vorgeht: Er prüft den Menschen, der es in seinem luziferischen Selbstzerstörungszorn nicht (oder noch) wert ist, final erlöst zu werden.

Um jederzeit den fälligen Abstand zum vollkommenen Gott zu wahren, muss der Mensch auf ewig unvollkommen bleiben. Am besten eignet sich dafür die Arbeit mit der Angst. Erst die wackeren Aufklärer (ja, auch Nietzsche!) konnten die Angst-Metaphysik des Christentums durch luziden Verstand als Fake News entlarven. Offenbarungen arbeiten immer mit absoluten Wahrheiten, die bei genauer Betrachtung absoluter Unfug sind. Aber man sollte seine Rechnung nicht ohne den Wirt machen, und der Wirt ist in diesem Fall die Amygdala, der urbiologische Mandelkern im Temporallappen des Limbischen Systems. Die Vernunft wohnt bekanntlich in der Großhirnrinde.

So konnte die vielfältige Ausdeut- und Ausbeutbarkeit der Angst vor dem Untergang zum Aktionsfeld selbsternannter Psychonauten werden. Waren die Apokalypse-Unternehmer in früheren Zeiten Propheten, Sektierer, Erweckungsprediger und später evangelikale Millennaristen, sind es heute Angstmacher säkularer Professionen: Wissenschaftler, Experten, Buchautoren, Boulevardredakteure und Politiker. Wissentlich und unwissentlich sind sie geschäftsmäßige Betreiber von Frühwarnsystemen vor dem kommenden Untergang, die ihre Legitimation aus der angeblichen Sorge um den stets unterdrückten, stets geängstigten, stets ungeschützten Menschen ableiten. Das kann lukrativ, quotenträchtig und Follower-fördernd sein.

Schaltkreise der Angst

Bekanntlich ängstigen sich Menschen vor Phänomenen, die weder real erfahrbar sind noch real erfahren werden, und womöglich ängstigen sie sich am meisten vor der Vorstellung kommender Ängste. Kam über Jahrzehnte beispielsweise die

Bedrohung des eigenen Lebens durch den sowjetischen Behemoth und dessen Panzer und Atombomben von außen, lebt der Feind heute im Inneren: das Bild, das man sich selbst erschaffen hat; die Bilder, die im Archiv der Großhirnrinde lagern, jederzeit aktiviert werden können und als Film noir ablaufen.

Die Schaltkreise der Angst sind umfassend. Deutsche haben Angst vor radikalen Ausländern, Ausländer in Deutschland Angst vor radikalen Deutschen. Juden in Deutschland haben Angst vor muslimischen (wie deutschen) Antisemiten, Muslime haben Angst vor islamophoben Extremisten, die wiederum Angst vor dem Verlust ihrer Scholle haben und von der »Vernichtung des deutschen Volkes« labern. Nur wenige Schollenschützer könnten vermutlich plausibel begründen, inwieweit sie durch Islam oder Globalisierung so direkt an Leib und Leben betroffen sind, dass leibhaftiger Widerstand gerechtfertigt wäre. Wann Gewalt als Gegengewalt gerechtfertigt ist, wäre die höchst vertrackte Frage an die politische Rechtsphilosophie, da der Schlachtruf der Linkskämpfer – »Zerstört, was euch zerstört!« – als Blaupause für Gewalt ja genauso für die Rechtskämpfer zutrifft. Jeder entscheidet letztlich selbst und willkürlich, was ihn zerstört.

Angst vor dem Islam, der Scharia, vor fanatischen Kriegern, Terroristen und Selbstmordattentätern ist das eine; Angst vor der Globalisierung, der Allmacht des Kommerzes, der Technik und des Untergangs durch Austauschbarkeit das andere. Die Befürchtung, das eine oder andere (oder beides zugleich) würde sich auf irreversible Weise des eigenen Lebens bemächtigen, stellt das Gefühl einer Überwältigung zur Verfügung, die das Individuum – so denkt es – machtlos, wehrlos und ungeschützt zurück- und liegenlässt.

Seit den Erfahrungen mit turbokapitalistischen Exzessen in den ersten Nullerjahren ist Globalisierung als machtvolles Abstraktum die Chiffre für einen Verhängniszusammenhang geworden: die Reichen profitieren, Konzerne vernichten Arbeitsplätze, radikalisieren den Wettbewerb, treiben den Arbeitnehmer in Verzweiflung und Überforderung, und Unternehmen, die teils höheres Kapital als mancher Staat besitzen, animieren Regierungen, Schutzmechanismen abzubauen und den Menschen dem Absturz ohne doppelten Boden preiszugeben. Konkrete Kausalität von Freihandel und Freisetzung ist schwer zu belegen; eine diffuse Vermutung aber rechtfertigt keinen Kampf. Und mit der Aufnahme zugewanderter Migranten, denkt das Individuum, haben okzidentale Gesellschaften orientalische Zivilisation und unter dem grundgesetzlich garantierten Schutz der freien Religionsausübung fremde Sittengesetze importiert. Nebenbei gesagt: Zivilisation und Religion sind zwei Paar Schuhe, und der Wissenstransfer von Ost nach West und West nach Ost war bei der Entfaltung der Menschheitsgeschichte immer schon eine große Triebkraft, insofern ist die Migration von Menschen, Ideen und Träumen nicht nur völlig alltäglich und seit jeher praktiziert, sondern auch fruchtbar, inspirierend und in jeder Hinsicht gewinnbringend.

Keinem aufmerksamen Zeitgenossen kann entgehen, dass sich der Level an Thymoslust und Todesangst erhöht hat: in Gestalt des um sein Wohl und seine Wehe besorgten Bürgers und seiner diffusen Angst vorm monströsen Biest »Globalisierung«; in Gestalt des empörungseifrigen Gutmenschen, der allerorten Diskriminierungen erkennt und aufspürt; in Gestalt des »Dunkeldeutschen«, der sich vorm Dunkelhäutigen ängstigt, obwohl er gar keinen persönlich kennt; in Gestalt derer, die von wem auch immer gehört haben, dass Fremde ihre Frauen stehlen sollen, was nach Lage der Dinge auf deutschem Boden noch nicht vorgekommen ist (den Raub der Helena durch den Jüngling Paris wird man beim besten Willen nicht germanisieren können). Ängste brauchen kein direktes Objekt, um sich hochzuladen, zur

Entzündung genügt die Imagination. Die Kampfzone ist auch ein gigantischer Verdachts- und Verdächtigungsraum.

Mit stimulierbaren Ängsten wird wissentlich und willentlich auf unterschiedliche Arten Schindluder getrieben. Die Propheten der Widerwelt befeuern die tiefsitzende Menschenangst vorm plötzlichen Untergang des Abendlandes zum Zweck der Vitalitätssteigerung. Und die Ausbeutungs-Apokalyptiker, die im Freihandel den Teufel wüten sehen und in jedem den Bürokratiegegner den neoliberalen Luzifer, rufen sozial gelernte Ängste vorm Abstieg auf, vor dem den lohnabhängig Geknechteten nur die sozialistische Internationale zu bewahren vermag. Gleichermaßen wächst der Eindruck, das Ende stehe sowieso immer kurz bevor; unter Berufung auf Ängste lässt sich jeder Kampf rechtfertigen, weil man sich im Kampf ohnehin auf ethisch exterritorialem Gebiet bewegt. Wer glaubt, es gehe ihm ans Leder, nimmt auf Regeln keine Rücksicht mehr.

Zu Beginn seines epochalen Werks »Masse und Macht« schreibt Elias Canetti: »Nichts fürchtet der Mensch mehr als die Berührung durch Unbekanntes. Man will sehen, was nach einem greift, man will es erkennen oder zumindest einreihen können. Überall weicht der Mensch der Berührung durch Fremdes aus. Nachts oder im Dunkel überhaupt kann der Schrecken über eine unerwartete Berührung sich ins Panische steigern. (...) Alle Abstände, die die Menschen um sich geschaffen haben, sind von dieser Berührungsfurcht diktiert.«

Aus Canettis Ausführungen einer existentiellen Berührungsfurcht lässt sich folgender Schluss ableiten: In jedem Menschen steckt Angst vor dem Fremden als Angst vor dem Unbekannten (inwieweit die Angst vor dem Fremden dann Fremdenangst ergibt, steht auf einem anderen Blatt). Es fürchtet nicht nur der Rechtsradikale das Fremde. Jeder, der diese Furcht empört von sich weist, sollte immerhin die menschenfreundliche Empathie besitzen, die Berührungsfurcht jener, die diese Souveränität nicht besitzen, gnädig anzuerkennen, um sie vom Gegenteil zu überzeugen.

Ich spekuliere hier mit dem Ziel, etwas zu verstehen, was ich selbst unverständlich finde. Zu jenen Souveränen, die den Impuls der Berührungsfurcht nicht haben, gehöre ich leider nicht, auch wenn ich es gern täte. Um Canettis Überlegung auf die Erregokratie der Kampfzone bezogen einmal zu wenden: Hätte man bei der instinktiven Abwehr des Fremden also von einer angeborenen Abstands-Reaktion auszugehen? Angstforscher, die zu befragen keine Schande ist, erkennen in Fremdenfurcht eine evolutionsbiologische Konstante seit Jahrtausenden (der Psychologe Borwin Bandelow), was bedeuten könnte, dass Ablehnung erst einmal ein naturgemäßes Begehren nach Eigenschutz wäre. In seinem Essay »Die große Wanderung« hat Hans Magnus Enzensberger dem Phänomen nachgespürt und kommt zu einem vergleichbaren Ergebnis: »Gruppen-Egoismus und Fremdenhass sind anthropologische Konstanten, die jeder Begründung vorausgehen. Ihre universelle Verbreitung spricht dafür, dass sie älter sind als alle bekannten Gesellschaftsformen.«

Das mag nicht erfreulich sein, erklärt aber manches. Wenn dem so wäre und die Berührungsfurcht wäre eine primär biologische Reaktion, müssten die Zivilisierungs-Techniken, die der Mensch in Jahrtausenden ausgearbeitet hat, ja doch weitaus klüger als bisher angewendet werden. Je bekannter das Fremde wird, desto unsinniger ist die Abgrenzung dagegen – weshalb die nachvollziehbare Übersetzungsleistung zwischen Eigenem und Fremdem die Herkulesaufgabe künftiger Politpädagogik sein wird. Ängste lassen sich weder verbieten noch bekämpfen, man kann sie nur therapieren und verlernen.

Die Referenzquelle der Thymospolitik ist nicht die erlittene Verletzung oder Kränkung, sondern die Angst vor einer *künfti-*

gen Verletzung oder Kränkung. Die Widerwelt gibt ein Präventionsversprechen für die Verbitterten aus. Mit Zäunen, Mauern, Wällen und Parzellen staffiert sie einen auf Treue und Loyalität gebauten Schutzraum vor der *kommenden* Zumutung aus. Sie organisiert die Rebellion gegen den wahrscheinlichen Niedergang des Eigenen auf der Grundlage eines Ressentiments. Der Bewohner dieser Widerwelt sagt: Ich könnte dereinst verletzt werden. Wann dieses Dereinst gegeben ist, entscheide allein ich. Ich bin Herr oder Frau über den Zeitpunkt meiner künftigen Verletztheit. Leid wird kommen. Angst ist und bleibt ein undeklinierter Konjunktiv. So denkt der Apokalyptiker, der auf den Ruinen der Zerstörung ein himmlisches Jerusalem errichtet.

Eingezwängt zwischen Angst und Apokalypse lebt der Mensch als Opfer der Umstände in dauernder Unsicherheit. Das mag Ansporn zu großen Taten sein, gebiert aber auch immer die Sehnsucht nach Versicherung gegen das Unwägbare.

2
Versicherung

Für die Deutschen ist organisierte Sicherheit eine kollektive Erbschaft, seit sie vor gut 130 Jahren in ein (damals sozialrevolutionäres) Sicherheitssystem gebettet wurden. Risiken wurden bewältigbar gemacht, der soziale Frieden auf Sicherheit durch Versicherung gegründet. Staatlich organisierte Sicherheit ist das erfreulichere Erbe der Bismarck'schen Reichskanzlerzeit: Als Grundpfeiler des Sozialsystems wurden Kranken-, Unfall- und Rentenversicherung (1883, 1884, 1891) zu Garanten eines abgesicherten Lebens. Im Laufe der Jahre wurde das Netz immer engmaschiger geflochten und der Sozialstaat irgendwann zu einer fürsorglichen, vorsorgenden, Existenzängste minimierenden Schutzmacht mit dem solidarischen Ethos »Einer für alle, alle für einen«, und wenn's hart auf hart kommt, nimmt Papa Staat den Fallenden in seinem umlagefinanzierten Schoß auf. Der Wohlfahrtsstaat griff den »kleinen Mann« an der Hand, und der kleine Mann knüpfte seine Hoffnung auf Aufstieg gern an die Hand des Staates. Beide, Bürger wie Staat, weiteten ihre Ansprüche auf weitere Sozialsicherheit gemeinsam aus, bis zu Mütterrente und Baukindergeld. Ein Defätist, wer vermutet, Regierungsparteien erkauften sich die Zustimmung skeptisch gewordener Wähler mit Sozialleistungsgeschenken …

Auferstanden aus Ruinen erblühte die Bundesrepublik im Glanz des Glückes einer immensen Aufbauleistung. Als hätte man sich die Gnade Gottes durch innerweltliches Tagwerk wieder hart erarbeiten müssen, weil die Beichte allein die tatsächliche und moralische Ungeheuerlichkeit des Geschehens ja keineswegs bewältigt hätte. Am Anfang standen Schweigen und Leisten, später verschwieg man die erbrachten Leistungen aus Demut, aber der Anspruch war gesetzt: In Deutschland sollte jeder durch eigener Hände Kraft (später durch eigene Bildung) zu Wohlstand kommen können. Jährlich Lohnzuwachs bedeutete jährlich Wohlstandszuwachs, also jährliche Beglaubigung der eigenen Sicherheit. Sicherheit durch Wohlstand wurde so berechenbar wie Wohlstand durch Aufstieg, weswegen Aufstieg als Garantie für Sicherheit verstanden (und missverstanden) werden konnte. Die Policen der deutschen Versicherungswirtschaft waren lange Zeit über Freibriefe für die unbehelligte Komfortzone der individuellen Zufriedenheit.

Anfang der 1980er-Jahre wurden Sicherheit und Absicherung in die Hände des Bürgers gelegt und den Arbeitnehmern Eigenverantwortung in gleichem Maße zugestanden wie auch abverlangt. War bis dahin die Arbeitsorganisation exakt vorgegeben, waren die Aufgaben ohne Verantwortung für das Gesamte zerlegt und zergliedert, wurde von da an durch Flexibilität höhere Effizienz organisiert. Effizienz erhob sich zum Maßstab für Erfolg, und es wurde erwartet, dass sich der Arbeitnehmer in Teams integriert und dennoch selbst bestens »performt«. Selbstdarstellungskompetenz avancierte zur konvertiblen Währung des Arbeitnehmers als Betriebswirt. Durch Selbststeuerung, Selbstbestimmung und Selbstorganisation des Arbeitnehmers als »Arbeitskraftunternehmer« seiner selbst erhoffte sich das innovative Unternehmen – gemäß der Logik – die Steigerung von Leistung und Umsatz.

Was wenigen Hochqualifizierten entgegenkam, wurde für viele Normalqualifizierte zur Belastung; was bei den einen zum Frustabbau führte, versenkte andere in die Erschöpfung. In vielen Branchen wurde Arbeitsverdichtung durch Personalmangel zur Alltagserfahrung. Die tonangebende und normbildende New Economy Anfang der 1990er-Jahre erklärte den Bürger schließlich zum Kunden, das Leben zur Dienstleistung. Man hatte es nicht mehr mit Arbeitnehmern, sondern mit atomisierten Arbeitskraft-Unternehmern zu tun, deren Arbeitsverhältnisse nicht mehr institutionell reguliert waren. In der Zurüstung zum markttauglichen Atom fand die freiwillige Selbstzurichtung des Menschen zu einem steigerungswilligen und der allgemeinen Steigerungslogik ausgesetzten Individuum statt.

Dies festzustellen macht einen nicht zum Sozialisten, sondern nur zum Kritiker eines Anlauf nehmenden Exzesses.

Seit Anfang der 2000er erkennt man in der Individualisierung weniger die Freiheit des Individuums als vornehmlich dessen Überforderung durch Freizügigkeit. Das unternehmerische Selbst sah sich gedrängt, permanent aus abertausenden Optionen zu wählen; jede Wahl erfordert eine Entscheidung. Es hatte ständig in sich zu investieren, es war gezwungen, sich unablässig selbst zu fordern, zu entwickeln, zu verbessern, allzeit mobil und flexibel auf dem Sprung zu sein, um den Verdacht auf eigene Austauschbarkeit widerlegen zu können. Die meisten (wenn nicht alle) am Arbeitsprozess Beteiligten sahen sich dem Zwang ausgesetzt, mehr zu leisten als die eigene Natur gestattet, um Spezialisierung, Rationalisierung und Entgrenzung zu überstehen. Viele gerieten in den permanenten Ausnahmezustand der Überreizung. Ankündigungen des jederzeit drohenden Downsizings und allzeit möglichen Arbeitsplatzabbaus (oder Jobkahlschlags, wie man sagt) torpedierten das Sicherheits- und Selbstwertgefühl. Die Folge waren Panikattacken in der Mittelschicht und schichtübergreifende Angstzustände. Der Vereinzelte fühlte sich disponibel, die Schutzmächte versagten. Die zunehmende Selbstzerstörung des Menschen durch sich selbst wurde zur Schattenseite der Selbstbestimmung. So begann das Regime der Verlustängste. Ihre Folgen fallen zusammen mit dem Aufstieg der Widerwelt.

Abstiegsängste

Die Ängste, die den spätmodernen Menschen in die Erregungsspirale treiben, sind – zu welchen Reaktionen auch immer sie motivieren – Verlustängste. Fast immer sind Verlustängste auch Abstiegsängste. Letztere haben seit einigen Jahren auch die untere und mittlere Mittelschicht erreicht.

Verlustangst, »Loss Aversion« genannt, beschreibt die Angst, dass dem Einzelnen, ohne selbst etwas dagegen tun zu können, etwas ihn Stabilisierendes (sei es etwa vererbter oder erarbeiteter Wohlstand) durch eine plötzliche Überwältigung genommen werden könnte. Experimente von Psychologen konnten nachweisen, dass der Mensch es als Tragödie empfindet, 10 000 Euro zu verlieren, es in ihm hingegen keine weitere Reaktion auslöst, 10 000 Euro erst gar nicht zu bekommen.

Verlustängste sind Projektionen in eine ungute Zukunft, und die Erörterung, wer wann was durch wen verliert, fragt nach adressierbarer Schuld. Die Angst vor dem Verlust des Erreichten trifft genauso auf die obere Mittelschicht zu wie auf wirtschaftlich erfolgreiche Länder als solche. Im nationalkonservativ regierten Polen und Ungarn beispielsweise begehrt ja ebenso wenig das Prekariat auf wie in Deutschland alle Wähler extremer Parteien abgehängte Proletarier, sondern gar nicht selten erfolgreiche Mitglieder des arrivierten Bürgertums sind. Es geht also nicht um reelle Armut und messbare Abgehängtheit, sondern um Ängste vor einem gespürten Abstieg und der Ohnmacht, über die Bedingungen des eigenen Lebens nicht mehr eigenständig entscheiden zu können. Verlust-Projektionen erzeugen Schutzbedürftigkeits-Sehnsüchte.

Die Deutschen, notiert der Wirtschaftsethiker Christoph Lütge, neigten zu »Suffizienzdenken«. Hierzulande wird Verlustvermeidung ins Zentrum aller Überlegungen und Handlungen gestellt, zusätzliche Chancen und Gewinne werden deutlich geringer geschätzt. In Deutschland ist Vorsorge seit jeher immer wichtiger als Risiko, sind hohe Sicherheitsstufen mindestens so bedeutsam wie hohe Gewinne, weil das kollektive Erbe die Deutschen lehrte, in Kriegen und Konflikten alles (und also auch das eigene Leben) verlieren zu können – direkt durch Gewalt und Krieg, indirekt durch Hunger und Krankheit. Als Durchzugsland inmitten der europäischen Landmasse ist Deutschland hinreichend oft verwüstet und vernichtet worden, durch andere und durch sich selbst (je kriegslüsterner eine Nation, desto größer übrigens die Disposition einer Angst vor dem Verlust der Sicherheit, was im Übrigen auch die jüngere Geschichte der Vereinigten Staaten lehrt).

Spätestens im Zuge der Finanzmarktkrise 2007/2008 war das Leben nicht mehr getrieben vom Glauben an eine stets bessere Zukunft, sondern von der Angst vor einer schlechteren. Die Gewissheit des Aufstiegs schlug um in die Gewissheit des kommenden Abstiegs. Der Arbeitnehmer war nicht mehr geschützter Teilnehmer eines Produktionssystems, sondern belastender Kostenfaktor. Jahrzehntelang hatten die traditionellen Milieus – das katholische, das liberale, das proletarische – stabile politische Formationen hervorgebracht und handelten als politisch organisierte Schutzmächte *ihres* Bürgers gemeinsam Lösungen für die sozial befriedete Gesellschaft aus. Im Zuge der Individualisierung zersplitterten die Milieus, schwanden Verbindlichkeiten, verloren Institutionen und Verbände an Attraktion und Zuspruch. Heute sind nur noch fünfzehn Prozent der Arbeitnehmer in einer Gewerkschaft organisiert, Kirchenaustritte häufen sich, den Volksparteien kommt das Volk abhanden. Und der Einzelne?

Die Angst vor dem Scheitern am verabredeten Maximum trieb mehr und mehr Arbeitnehmer in die Erschöpfung, Burnout und Depression haben heute den Status einer Volkskrankheit. Auf die Enttäuschung, das Erreichte nicht mehr steigern zu können, folgte die Angst, es wieder zu verlieren. Enttäuschungen sind Selbstwert-Kränkungen, Kränkungen machen krank. Und wer Angst vor der Angst vor dem Verlust hat, leidet womöglich irgendwann unter der generalisierten Angststörung, die der selbst panikgestörte Sigmund Freud »Angstneurose« nannte (oft sind Angstpatienten Narzissten, wobei nicht alle Narzissten eine Angststörung haben).

Und dann, ab September 2015, kamen in ungeahnter Masse und unvermuteter Plötzlichkeit Fremde ins Land, die nicht nur aufsteigen, sondern ihr Leben unter den Schutz derer stellen wollten und wollen, die – in ihrer imaginierten Gesamtheit – entkräftet, gestresst und gereizt waren. Für den ohnehin erschöpften Narziss ging es von da an nicht mehr um den Anspruch auf ein Maximum, sondern um die Rettung des Minimums: die Angst, zu verlieren, was einem immer fraglos zustand, ohne dass dieser Anspruch jemals hinterfragt worden wäre; die Angst, ein Unberufener könnte einem ohne jede Legitimation dies oder jenes nehmen, im schlimmsten Fall die Existenzgrundlage des eigenen Glücks bedrohen. Damit steht er bereits im Vorfeld der Kampfzone.

Vermehrte Zuwanderung bedeutet zweifelsohne: mehr fremdartige Kulturen, mehr kulturelle Unterschiede, mehr kulturell codierte Konflikte, mehr unbekannte Problemlösungsstrategien, mehr Konkurrenz, mehr Risiko, mehr Kompromissnotwendigkeit. Wer sich von Toleranz, Duldsamkeit und universaler Menschenliebe keine persönliche Rendite verspricht, ist zur Investition von Humanitarismus nicht bereit. Ein allein gelassenes ICH, das sich ängstigt, wird sich nicht mehr an Regeln halten, von denen es nichts hat. Der soziale Friede ist für denjenigen kein Wert an sich, der sein Wohlergehen als existentiell bedroht betrachtet.

Vieles spricht dafür, das zeitgenössische Reiz-Reaktions-Schema aus Abneigung, Abgrenzung und letztlich Ausgrenzung als Angst sowohl des kleinen als auch des größeren Mannes vor dem Verlust dessen zu verstehen, das in einer Zeit, da so gut wie alles zur Disposition steht, eigentlich indisponibel schien: das Terrain. Das eigene Terrain, den Heimatboden kann einem niemand nehmen. Die eigene Heimat kann niemand anders infrage stellen. Man muss sich für sie nicht rechtfertigen. Heimat ist vorgängig und gegeben. Das eigene Terrain ist das Einzige, das dem Individuum von Geburt an naturgemäß gehört (wobei die Natur, der Boden, die Welt ja nicht Eigentum einzelner Menschen sondern Gemeintum der gesamten Menschheit sind).

Die Fiktion des Terrainverlusts ist wirkmächtiger als die Fiktion einer multikulturellen Fabelwelt. Der vom Fortgang der Geschichte enttäuschte Bürger wähnt sich verraten. Im Verrat erkennt er sich als Gehörnter. Aus enttäuschten Erwartungen resultiert oft Ablehnung, manchmal Verachtung. Je weniger er als Verlierer anerkannt wird, desto mehr fühlt er sich als Verlierer bestätigt. Je auswegloser die Lage ihm erscheint, desto radikaler gebärdet er sich, weil er selbst seine eigene Lage für ausweglos hält. Der radikale Verlierer der Kampfzone ist nicht ein bereits »Abgehängter« der bisherigen Globalisierung und der Daten-, Güter- und Menschenmigration, er ist der *künftige* Verlierer, der (womöglich, voraussichtlich, wahrscheinlich) Wohl und Wohlstand einbüßen wird, weil ihm, so wähnt er, externe Mächte Wohl und Wohlstand nehmen werden.

Verlustängste sind hervorragende Kriegstreiber. Politische Kräfte, die dieses Misstrauen zu nähren verstehen, triggern tiefsitzende Angstgefühle bezüglich Terrain – als Wohlstandsverlust. Vor allem die nationalkonservative Weltanschauung operiert mit der Spekulation. Ihre Frage ist nicht: Was hat mir der Ausländer oder Migrant oder Geflüchtete getan? Sie lautet vielmehr: Was *wird* er mir tun? Aus dieser Furcht vor dem möglicherweise Kommenden leitet sie präventiv das Recht zur Verteidigung und die Legitimation zum Ausschluss des Fremden ab. Prävention ist ein Sicherheitskonzept zum möglichst totalen Schutz ohne das Eingeständnis, dass totaler Schutz eine problematische Illusion ist.

Die so entstehende Angstgemeinschaft wird als Schicksalsgemeinschaft empfunden. Gemeinsam erfahrene Entwertung, Kränkung oder Selbstwertverluste schmieden Opfergemeinschaften mit Heilserwartung. Ein Verliererkollektiv neigt zu Erregungszuständen. Je ungehemmter sie sich ausbilden, desto heftiger gerät die pastorale Inbrunst des Widerstands. Und je radikaler dann die wahre »Wahrheit« interpretiert wird, desto größer wird die Gefahr von Gewalt. Geängstigte Individuen, die in sich den künftigen Verlierer erkennen, werden im radikalen Fall zu Kämpfern, die das Prinzip der liberalen Gleichgültigkeit im Sinne einer gleichen Gültigkeit aufgeben und für eine höhere Aufgabe ins Feld zu ziehen bereit sind. Das eigene Leiden braucht, um erträglich zu sein, einen Sinnhorizont, in den es sich einordnen lässt: eine Art Schicksal, das der Einzelne als sinngebendes Ereignis erkennen kann. Daraus wird das Recht zur Revolte abgeleitet, die Erretter-Moral der Widerwelt. Aus Angst vor der möglichen Katastrophe der Selbstauslöschung – genauer: der Selbstabschaffung – durch Vernichtung des Eigenen wird Revolte als Notwehr gerechtfertigt.

Der Aufstieg der Widerwelt ist eine Antwort auf Verlustängste, Berührungsfurcht und in gewisser Weise auch auf die Todeskultur einer hochnervösen, ständig mit den Motiven des Untergangs spielenden Entertainment-Industrie. Wie soll der Zeitgenosse an das Gute und die Liebe glauben, wenn er permanent mit Mord und Totschlag bedrängt wird?

3
Todeskultur

Der Tod setzt den geistigen Bezugsrahmen der spätmodernen Spektakel-Gesellschaft, die Sterben und Vergänglichkeit mit weit größeren Anstrengungen als je zuvor zu verleugnen versucht. Sterben und Tod sind allzeit präsent, obwohl sie allzeit vermieden werden sollen. Das Spannungsverhältnis von Todesangst und Todesvermeidung führt mindestens zur Verdrängung der eigenen Sterblichkeit, da das irdische Leben in seiner spektakulären Fülle ständige Ablenkung bietet. Die Leistungsgesellschaft leistet sich einen bemerkenswerten Widerspruch: Sie feiert das Leben als Optimierungsprojekt mit Steigerungslogik und verfällt dennoch einer allseits sichtbaren Todeskultur. Das zeitgemäße Individuum tut ja doch alles, um jede Verletzung (und manchmal Fremdberührung) des eigenen Körpers im Gedränge als Angriff gegen die eigene Unversehrtheit zu interpretieren – und ist zugleich ständig mit dem Exzess der Gewalt konfrontiert: Krieg, Kampf, Terror.

Im Fahrwasser des ökonomischen Sogs der Funktionstüchtigkeit, Fitness und Flexibilität sind Sterben und Tod die größten narzisstischen Kränkungen des Individuums. Gegen den Tod ist der Mensch machtlos, obwohl so gut wie alles darauf ausgerichtet ist, sein Sterben beherrschbar zu machen. Für jeden denkbaren Defekt gibt es eine Pille, für jeden Schmerz eine Spritze, für jede Ungesundheit eine Therapieform. Das innere Pflichtgefühl zur totalen Gesundheit führt bisweilen zu gleichermaßen Präventionshysterie wie Optimierungszwang, um im Verwertungsprozess des Berufslebens eine möglichst perfektionierte Performance liefern zu können. Zugleich ist der spätmoderne Mediennutzer eingewoben ins Signalsystem der Angst-Katalyse: Alarmistische Push-Nachrichten (Pling: »Dax stürzt ab!«) versetzen ihn in permanente Alarmbereitschaft, aus der er nicht mehr durch Klärung oder Relativierung erlöst wird – was wiederum Psychiater und Psychotherapeuten in Alarmbereitschaft versetzt.

Vielleicht ist der Mensch an sich tatsächlich böse und das Leben eine Qual, was an anderer Stelle zu klären ist. Schlecht widerlegbar ist hingegen die Beobachtung, dass die Massenmedien umfassend und freiwillig die Aufgabe übernommen haben, unentwegt Todesnachrichten zu überbringen. Dem realen Tod durch Krieg, Amok, Attentat, Naturkatastrophe und Unfall in Nachrichten und Boulevardformaten aller Sender steht der fiktive Tod in Krimi, Spielfilm und Actionthriller gegenüber – das Massaker ist Massenentertainment. Diese Feststellung will keine reaktionäre Klage eines aus der Zeit gefallenen Kulturpessimisten sein, sondern ist das Resultat nüchternen Fernsehstudiums über lange Zeit hinweg.

Medienkultur ist immer auch Katastrophenkultur. Das Prinzip der Katastrophik prägt das Selbstverständnis der Massenmedien, die sich auf dem Markt der Prozente, Kurven und Anteile behaupten müssen. Man könnte sagen: Eben weil das Leben schlecht, die Moral verlottert und die Welt gefährlich ist, bleibt ihnen im höheren Auftrag der Chronistenpflicht zur Abbildung der Welt ja gar nichts weiter übrig als die Bebilderung des ohnehin Katastrophischen im realen Leben: Sterben, Töten, Metzeln, Verrecken, Zerfall, Sturz, Bruch, der Zorn der Götter und die auslöschende Sintflut in ihren Variationen. Einerseits lässt sich bildlich-sinnlich nichts besser vermitteln als eine Naturkatastrophe, andererseits ist der »Kataklysmus« die Chiffre für die superlativische Malaise an sich. Kataklysmus bezeichnet im griechisch-antiken Denken den Einbruch einer alles zerstörenden

Katastrophe in die gute Ordnung (etwa den heftigen, durch eine Flut ausgelösten Sog).

Um die fällige Differenzierung zu leisten: Der Begriff Massenmedien umfasst – ohne hierarchische Wertung – alle publizistischen Vermittlungsinstanzen, die von Auflage über Quote und Klick am Quantum ausgerichtet sind. Im eigentlichen Sinne Frühwarnsystem für Probleme, im besseren feinnerviges Sensorium für fehlerhafte Entwicklungen, feiern die analogen wie digitalen Massenmedien so gut wie immer eine Chronik des Scheiterns, Niedergehens und Versagens ab. Die Faszination an Zwist und Zerwürfnis, an Duell und Kampf, an Unfall, Leid und Schmerz trägt die apokalyptische Vision vom Niederreißen der bösen Gegenwart in sich, samt dem Keim einer Hoffnung auf das womöglich gute Morgen (und natürlich soll der gute Morgen auch deshalb kommen, weil neue Katastrophen das System am Leben erhalten, Arbeitsplätze garantieren und Quoten und Auflagen erhöhen, reine Selbsterhaltung also).

Im einem weit gefassten Sinne ist die Sehnsucht nach dem Kataklystischen das Kennzeichen des totalen Boulevards, auch wenn sie mehr oder weniger ebenso die Qualitätsmedien erfasst hat. Um im Wettbewerb um Auflagen, Quoten und Renditen bestehen zu können, muss der Boulevard geradezu die kollektiven Ängste des Bürgers abrufen, um ihn an sich zu binden. Militärische Sprache, martialischer Gestus, Kriegsrhetorik und existentielle Begrifflichkeit gehören zum Geschäftsmodell massenmedialer Weltvermittlung mit fetten Coverzeilen: »Freier Fall!« (Stern). »Die verunsicherte Republik« (Wirtschaftswoche). »Schlacht um Schulz« (Bild). Als hätten wir es nach wie vor mit Königsmord, Feldzügen und Rache-Akten zu tun oder wären gerade als Trümmerfrauen und Trümmermänner aus Schutt und Asche einer nächtlichen Bombardierung erwacht, zielt die Inszenierung des Katastrophischen auf den nicht mehr steigerbaren Exzess des Lebens: den Tod als Spektakel des medialen Erlebens.

Exitus-TV

Der Circus Maximus des Massen-Entertainments ist unentwegt im Blutrausch. Das Leitmedium Fernsehen produziert die als filmisches Spiel bemäntelte Todesverherrlichung in generalstabsmäßiger Manier. Im deutschen Fernsehen wird spätestens ab achtzehn Uhr getötet, gemetzelt und gestorben, was das Zeug hält. Zwischen Werbesports für Arznei gegen Scheidentrockenheit, Verstopfung, Blasenschwäche, Prostataleiden, Nagelpilz und Ausfluss dekliniert sich eine Armada gefolterter, geschändeter Frauen, aufgehängter, durchbohrter Leiber, vergifteter, erschossener Männer durch. Dazu kommt das Festival der Feuersbrunst: explodierende Autos, in Brand gesteckte Gebäude, verkohlte Senioren. Und immerzu Blut. Tropfendes, sickerndes, fließendes Blut. Und Schädelfrakturen. Und Spurenermittler in weißen Overalls, KTU mit Pinzetten, Rechtsmediziner am Mikroskop, Verdächtige im Verhörraum, und selbstherrliche Anwälte, die hereinspazieren und überhaupt keinen Grund sehen, den Mandanten noch länger festzuhalten.

Es gibt Tage, an denen im deutschen Fernsehen wenig gemordet wird, aber es gibt keinen Fernsehtag, an dem nicht mindestens ein Krimi-Mord geschieht. In jedem Fall sind in aller Freundschaft ja auch die Ärzte, Bergdoktoren und Bergretter unterwegs und als Sieger über Siechtum und Verletzung immerhin auf Augenhöhe mit dem Tod. Die fiktiven Formate deutscher Fernsehkultur handeln so gut wie immer von der Existenzbedrohung wenn nicht Existenzvernichtung. Existential-TV. Exitusfernsehen.

Neu produzierte Filme (Montagskino!) kommen so gut wie

nie ohne Mord, Tod oder Blut aus, kein Serienhighlight ohne gezückte Waffe, Blut, Mord und Kommissars-Verhör. Es sind abertausende Variationen des Immergleichen ohne erkennbare Relevanz. 2004 widmete sich laut einer damals erstellten Medienforschungs-Studie jede fünfte fiktionale Sendeminute im deutschen Fernsehen einem Krimi; fünfzehn Jahre später dürfte es, geschätzt, mindestens jede vierte bis dritte sein.

Man studiere eine beliebige TV-Woche ab elf Uhr morgens und rechne hoch: Allein bei in den beiden Senderfamilien ARD und ZDF hat man es im Schnitt mit mindestens fünfzig Krimis zu tun. Das heißt: pro Woche fünfzig Morde, fünfzig ermittelnde Kommissare, fünfzig Verhöre, fünfzigmal kriminalistische Redundanz, fünfzigmal böse Welt (und dreißig Mal Beziehungsprobleme des Kommissars). Von mittags bis abends weisen eingestreute Teaser und Trailer auf Tote und eine Gewalttat hin, gerne werden Krimis am laufenden Band angekündigt. Schlaglichter der Verwüstung, des Vergiftens, des Hinrichtens, des Erschießens. Zeitweise ist das öffentlich-rechtliche deutsche Fernsehen ein einziges Schlachtfeld.

Das ZDF, das nach eigener Aussage die »Vielfalt fiktionaler Genres als eine seiner Kernaufgaben« betrachtet, zeigte im Jahr 2015 an 365 Tagen insgesamt 437 Krimis. An 137 Abenden des Jahres bekam das Mord-Programm die begehrte Primetime, 20:15 Uhr. Diesbezüglich ist die Ironiefähigkeit des Krimikanals ZDF sensationell. Vor neunzehn Uhr läuft die Werbekampagne »Schau hin, was dein Kind mit Medien macht« über den Schirm, danach lässt das *Zweite* einen brutalen Krimimord nach dem anderen vom Stapel. Ein prototypischer Abend besteht aus einer Aneinanderreihung von Krimis und Thrillern, unterbrochen von Nachrichten, Magazinen, Talkshows und Teasern von Krimis und Thrillern. Gerne taucht in den Titelgebungen das Wort »Mord« oder »Tod«, manchmal auch »Kill« auf.

Man könnte geradezu willkürlich eine deutsche Fernsehwoche herausgreifen und hätte es in erster Linie mit Sterben, Tod und Mord zu tun. Die öffentlich-rechtlichen Sender – unterwegs im Auftrag der Grundversorgung mit Bildungsauftrag – bieten nicht nur zunehmend mehr Morde, sondern auch immer mehr sichtbares Blut auf. Die Präsentation von Mord und Totschlag hat in den Redaktionsstuben der Anstalten über die Jahre unerhörte Schöpferkraft freigesetzt. Für die Titel neuer Krimis aus der Heimatprovinz haben sich kreative Programmbeamte besonders heitere Reime ausgedacht: »Morden im Norden« (ARD) oder auch »Nord Nord Mord« (ZDF).

Ohne Zweifel: Krimis können gut gemachte Unterhaltung sein. Sie mögen gesellschaftskritischen Anspruch haben und relevante moralische Fragen verhandeln. Sie widmen sich Schuld und Sühne, Korruption, Menschenschmuggel und Waffenhandel und eignen sich als gemeinschaftsstiftendes Sprechthema am folgenden Tag in den Büros der Republik. Ihr Hauptaugenmerk aber liegt immer auf der Auslöschung von Leben und dem Spiel mit der Angst vor dieser Auslöschung, schließlich auf Rettung der Ordnung durch den Ermittler. Erst wird geschaudert, dann kommt die Erlösung, und am Ende wird alles gut. Der Gute besiegt das Böse – ein herrliches Heilsversprechen, dafür lohnen sich 17 Euro 50 im Monat.

Unter aberhunderten Beispielen für die mediale Todeskultur seien, zur Veranschaulichung, die Ostertage herausgegriffen. Ostern darf sich jedes Jahr als Hochamt der fiktionalisierten Fließbandtötung feiern, darunter schon mal die leichenreichsten Tatorte des Jahres an jenen Tagen der rituellen Erinnerung daran, dass Jesus gekreuzigt wurde, ruhte, wiederauferstand und für das ewige Leben wirbt. Die christlich-abendländische Kultur kommt ohne den Tod so wenig aus wie die Fernsehkultur ohne Mord. So begab es sich also an Ostern 2015 wie folgt:

Sonntag, 20:15 Uhr. ARD, Tatort Freiburg: »Fünf Minuten

Himmel. Ein Mitarbeiter des Jobcenters wird tot an seinem Schreibtisch aufgefunden, erdrosselt mit einem Kabelbinder.«

Danach, 21:45 Uhr: »Sherlock. Die Braut des Grauens.«

Um 23:30 Uhr: »Mankells Wallander. Der Fund einer zerstückelten Frauenleiche lässt Wallander keine Ruhe.«

Danach wird der Tatort wiederholt.

Selber Tag, Kanalwechsel zum ZDF, 21:50 Uhr: »Mord im Mittsommer: Im Eifer des Gefechts«. Eine Gruppe Jugendlicher fährt mit dem Boot auf die Insel Sandham. Doch als die Mittsommernacht endet, ist Victor, einer der Jugendlichen, tot.«

Danach, 23:45 Uhr: »Arne Dahl: Tiefer Schmerz. Eine komplexe Mordserie hält die Stockholmer Sonderermittler Kerstin Holm und Paul Hjelm in Atem. Dann geschieht auf dem jüdischen Friedhof ein kühler, berechnender Mord an einem renommierten schwedischen Hirnforscher.«

Nachts um 2:45 Uhr: »Mr. Ripley und die Kunst des Tötens. Amerikanischer Thriller.«

Der Krimi als Garant für Emotion und Entertainment hat die Aufgabe der maßgeblichen Erzählung in der Erregungsgesellschaft eingenommen – als beständige Koketterie mit dem Höllenbreughelmäßigen, als Memento der menschlichen Selbstvernichtungslust. Wenn die Beobachtung stimmt, dass sich »Realität« weitgehend medial vermittelt, dann ist der Tod auch in seiner nicht-fiktionalen Variante dauerpräsent. Die täglichen Nachrichtensendungen sind tägliche Todesanzeigen; das tägliche Leben ist mitunter eine medial konstruierte, vermittelte und ausgeschlachtete Kampfzone. Ein Vierundzwanzig-Stunden-Service der Grundversorgung mit Leid, Schmerz, Angst und Exitus. Man könnte in hunderten Nachrichtensendungen aller Arten Beispiele für die medienkulturelle Todessehnsucht auf dem überhitzten Nachrichten-Fließband in der Dauerschleife finden. Reale Menschen sind real gestorben, wurden real getötet, real vernichtet. Gewiss, auf der Welt wird täglich real gestorben, getötet und gemordet, in einander unvereinbaren je eigenen kulturellen Kontexten und mit verschiedenen politischen oder religiösen Überzeugungen. Und natürlich schreibt die Realität die dramatischsten Todesgeschichten – und das nicht, weil ihr der Flor mehr oder weniger geistreicher Drehbücher umhinge.

In der Todeskultur verschmilzt das Bedürfnis nach dem Superlativ des Exzesses mit dem Bedürfnis nach dem Schauerlichen. Also werden permanent selbst fernste Todesdramen ins heimische Wohnzimmer geholt, Hauptsache sie erfüllen die Voraussetzungen des Katastrophischen: Seilbahnrisse, Erdbeben, Lawinen, Flugzeugabstürze, Waldbrände. Wo immer der Tod zu finden ist, wird er vermeldet: abgeschlagene Köpfe in Syrien, ein tödlicher Unfall in Mexiko, Grubenunglück in China, Hausbrand in Portugal. Ohne höheren Sinn als den des Todesschreckens werden Orte und Ereignisse herausgegriffen, Hauptsache, es gibt Leichen zu vermelden.

Dass der Tod, das Sterben, das Böse und die Vernichtung als Unterhaltung im Gespräch gehalten werden, ist letztlich ökonomischer Rationalität geschuldet. Kaum etwas lässt sich im Wettbewerb um Auflagen, Quoten und also Renditen und Arbeitsplatzsicherung besser stimulieren und ausschlachten als die Ängste des Individuums vor der eigenen Sterblichkeit, vor dem Schauder des fremden (und eigenen) Todes, die, kollektiv gebündelt, einen höchst attraktiven Markt ergeben. Dem Branchendienst ist beispielsweise zu entnehmen, die Zielgruppen-Detektive von Gruner + Jahr hätten erfolgreich ermittelt und einen echten Fahndungserfolg verbucht: Von der ersten Ausgabe des monothematischen Neulings »Crime« unter Ägide des Nachrichtenmagazins Stern wurden 75 000 Exemplare verkauft, ein literarisch angehauchtes Qualitätsprodukt, das mit tatsächlichen Morden gut unterhält. Headline auf meedia.de: »Verbrechen lohnt sich«. Echter Mord ist mittlerweile ein Megatrend, »True Crime« ein Quotenrenner. Nach »Täter, Opfer, Polizei« im Regionalprogramm des RBB und »Kripo Live« im Mitteldeutschen Rundfunk bringt – vorbildlich nachtarockt – im Sommer 2018 auch das Erste Deutsche Fernsehen den »Kriminalreport« auf die Bildschirme. Echtes Leben, echter Mord, nicht mehr die Langeweile von Drehbuchpretiosen wie »Wann haben Sie ihn zum letzten Mal gesehen?«, wobei ja jeder weiß, dass nach dem Cut der blutbeschmierte Schauspieler sich einen Kaffee holt. Jetzt aber: Real Life. Echter Mord. Richtiger Thrill. Richtig tote Tote.

Ein faszinierendes Phänomen tritt zutage: Wenn der einzelne Kampfzonen-Mensch über alle Nachrichtensendungen morgens, mittags, abends und nachts hinweg rund um die Uhr mit Mord, Sterben und Tod umgeben ist, mit Anschlägen, Abstürzen, Explosionen – warum will er dann trotzdem Krimis lesen, Krimis sehen, Krimis hören, und zwar immer drastischere Fälle? Obwohl es selbst in Expertenkreisen eine umstrittene Frage ist, ob die Abbildung von Gewalt reale Gewalt verhindert oder gerade erzeugt, sind vom Berufsverband Deutscher Psychologinnen und Psychologen klare Worte zu hören: Die intensive Darstellung von Gewalt bewirke ein Abstumpfen gegenüber Gewalt – bei denen, die Gewalt ausüben wie auch bei denen, die Gewaltdarstellungen sehen. Die besondere ethische Verantwortung, heißt es weiter, liege bei den Medien wie auch bei den politischen Akteuren.

Offenbar überfordern und bedrängen all die Negativschleifen katastrophaler Nachrichten, all die Bilder von Getöteten, Enthaupteten, Gehängten, Verletzten und Blutenden in den Nachrichtensendungen den Zuschauer. Laut einer Studie des Meinungsforschungsinstituts Forsa über Bilder und Videos mit schockierenden Inhalten sind achtundsechzig Prozent der

Befragten – vornehmlich Frauen und Bürger mit formal höherem Bildungsabschluss – über die Zunahme von Schockbildern beunruhigt, gar in Sorge. Sie wünschten sich, dass Redaktionen bewusst darauf verzichten.

Das ist natürlich unvorstellbar, da die Todeskultur so viel Wunderbares zugleich erfüllt: Sie entspricht dem Voyeurismus des Menschen, der Erlösungshoffnung des Gläubigen und der Hoffnung der Völker auf den Sieg über das Böse. War dem deutschen Großdenker Hegel zufolge die Zeitungslektüre das Morgengebet der bürgerlichen Gesellschaft, so ist der Krimi die Messe der säkularisierten Leistungsgesellschaft: die tradierte Moralisierung einer apokalyptisch durchtönten Kulturgeschichtlichkeit. Ging man einst Sonntag Früh zur Messe in die Kirche, sieht man heute Sonntagabend als Sinnstiftungsinstrument den Tatort. Die Ermittler sind die Priester der Industriegesellschaft, der TV–Mörder aber hat Kultstatus: Er begeht jenen Tabubruch, den der Zuschauer sich nur träumerisch gestattet.

Am Ende eines Fernsehtages, wenn alle Morde aufgeklärt sind – denn das werden sie immer –, stellt sich Genugtuung ein und womöglich innere Reinheit zur Bettruhe. Es könnte also ein Erlösungsauftrag im Krimi liegen, die Simulation einer stellvertretenden Opferung. Natürlich gibt es den kathartischen Effekt von Mord-TV, die Selbstvergewisserung des letztlich guten Gangs der Dinge, bevor der Mensch zu Bett geht, seinen Alltag in Träumen verarbeitet und am Morgen geläutert ins Büro marschiert. Dennoch stellt die mediale Todeskultur aus fiktiven wie nichtfiktiven Formaten dem Menschen seinesgleichen als Bedrohung und Bedrohter vor, als Täter und Opfer: ein Mensch, der tötet, mordet, der Opfer wird, Opfer produziert, der sticht, schlitzt, schlägt, kämpft, röchelt, erdrosselt, der Gewalt anwendet, Gewalt erleidet, blutet, leidet und stirbt.

Während die konsternierte Wohlfahrtsgesellschaft über den #metoo-Pranger von der Alltäglichkeit körperlicher Übergriffe auf Frauen erfährt, von der haarsträubenden Selbstverständlichkeit sexistischer Gewalt in allen Schichten der Bevölkerung, werden dem einfachen Bub Vorbilder für Männlichkeit angeboten, die nicht weit vom Herrenmenschen-Krieger entfernt sind. Als reklamierte das Leben in der Epoche der Virtualität sein Recht auf Realität, kehrt auf drastische Weise der Leib zurück. Zum einen in Form von Brust-OPs, Plastischer Chirurgie, Schönheitskult und Sexualisierung. Zum anderen über Machokult, Faschokult, Muskelkult, Kampfsport, Kraftmeierei und Männerriten. In der Feier eines kruden Biologismus geht es wie lange nicht mehr um Stärke, nicht um geistige, intellektuelle oder soziale, sondern um Virilität: Mannbarkeitsritus, Heldeneros, Retterpathos und Beschützermythos. Man schwafelt wieder von Jagd, Kampf und Sieg. Die kulturelle Evolution driftet peu à peu in eine natürliche zurück; Survival of the fittest heißt jetzt: Survival of the strongest. Der hochgetunte Maserati, die röhrende Harley, überhaupt: Testosteron statt Ocytocin in Zeiten, da Frauenquote, metoo-Bewegung und die Aufwertung des dritten Geschlechts eine ganz andere Behauptung soziobiologischer Realität formulieren und der durchschnittliche Deutsche laut Wissenschaft ein übergewichtiger Dickmops ist.

Heroismus ist wieder Kult. In Film und Computerspiel bieten Superheroen Erlösung von Schwäche und Ohnmacht durch Kraft, Kampf und Krieg an. Superhelden von Avenger brechen Kinokassenrekorde. Die Ballervergnügen Fortnite oder PlayerUnknown's Battlegrounds im Genre »Battle-Royale« (als zeitgleicher Kampf aller gegen alle für ein Millionenpublikum) sind ein Milliardengeschäft, das technisch hervorragend gemachte MG-Feuer-und-Weltkriegsballer-Game »Battlefield

V« ist von brachialer Brutalität. Bei den beliebtesten »Shooter«-Spielen geht es darum, am Längsten zu überleben, um militärische Simulationen und apokalyptische Visionen. Im Spielrausch hat der Shooter die Freiheit und Macht, zu töten oder leben zu lassen. ER entscheidet. Niemand leitet ihn an. Das komplexe Dasein reduziert sich auf ein existentielles Entweder-Oder: entweder überleben oder gekillt werden.

Überall ist von Verkommenheit und Verrohung zu lesen; allerorten, so hören wir, werde betrogen, gelogen, hintergangen. Finanzmanipulation, Korruption, Rechtsverstöße, Vorteilsbeschaffung, Steuerhinterziehung, Bestechung, Abzocke – die Liste des sittenwidrigen Infernos ist weit länger. Deutsche Vorzeigekonzerne manipulieren was das Zeug hält, vom Edelmut des altdeutschen Kaufmannsethos ist man Galaxien entfernt. Lufthansa profitiert von der Air-Berlin-Insolvenz und erhöht in Zeiten eines geschenkten Monopols nachweislich die Flugpreise, wodurch der Mensch in permanenter Zeitnot mangels Alternative erpressbar wird. Autokonzernchefs lügen, täuschen vor und lassen – von der Regierung gedeckt – die gehörnten Kunden den Schaden begleichen (die Gedächtnislücken der Vorstände sind besorgniserregend). Und weiter: Banken operieren belegbar kriminell, seriöse Meinungsforschungsinstitute fälschen Umfragen, die katholische Kirche predigt Armut und ist selbst superreich, während ihre Vertreter Nächstenliebe lehren und Kinder und Jugendliche auf übelste Weise missbrauchen. Reichsbürger erschießen Polizisten, von göttlicher Gnade verlassene Terroristen ermorden aus dem »Nationalsozialistischen Untergrund« heraus wahllos Türken und Griechen, Jugendliche töten Erwachsene an S-Bahnhöfen, junge Erwachsene stoßen Frauen und Männer Treppen hinunter und vor einfahrende U-Bahnen, Jugendliche vergewaltigen Jugendliche, Erwachsene schlagen Erwachsene, Polizeibeamte werden mit »Bulle«

begrüßt und mit »Hurensohn« verabschiedet, Rettungskräfte von Feuerwehr bis Notärzte attackiert und an der Lebensrettung gehindert, abertausende Körperverletzungen und Beleidigungen sind registriert.

An deutschen Schulen werden Fettsäcke, Brillenträger und Behinderte gehänselt und gemobbt, Lehrer beleidigt und attackiert. Auf den Straßen werden Obdachlose getreten und getötet, und alles, was schwach scheint, wird existentiell bedroht. Konflikte werden vermehrt durch körperliche Gewalt gelöst, Gewalt verselbständigt sich, die Hemmschwelle sinkt, Impulskontrolle versagt. Wo bei Aggressionen früher Schluss war, berichten Psychologen und Polizeibeamte, geht es heute weiter: Liegt der Gegner am Boden, wird noch nachgetreten. Half man früher am Unfallort, macht man heute Selfies. Mit zunehmendem Alkoholkonsum allein lässt sich das nicht erklären, obwohl heute offenbar früher, mehr, länger und härter denn je getrunken wird. Der Mangel an Scham führt ebenso in den Exzess wie Gleichgültigkeit und Selbstüberschätzung.

Die Errungenschaften des Humanismus scheinen Geschichte zu sein, unverhandelbar geglaubte Werte sind wieder verhandelbar geworden, Respekt, Anstand und Achtung stärker geschwunden als in einer sich zivilisiert haltenden Gesellschaft je für möglich gehalten. Im bisherigen Zenit der kulturellen Evolution, da der Mensch sich im künstlich intelligentisierten Roboter seinen Übermenschen selbst zu schaffen im Begriff ist, regrediert er ins Primitive. Hass und Verrohung stehen am Ende einer emotionalen Nahrungskette, die mit dem Gefühl der Verunsicherung beginnt, sich in der ständig erinnerten Angst fortsetzt und in die Gewissheit des Untergangs mündet.

War die Mehrheitsgesellschaft bisher kulturalisiert genug, jegliche Unterschiede intellektuell zu begreifen und potenzielle Konflikte über Verträge oder Diskurse rational vor ihrem Ausbruch zu verhindern, befeuert ausgerechnet der Fortschritt der gar nicht umfassend smarten Smart Technology den Rückschritt in den analogen Affekt: Twittergewitter ermöglichen Hassregen und Hämehagel, Agitationen und Propaganda verschwistern sich mit Rüpeleien und Sottisen. Attackiert wird das, was anders ist oder für anders gehalten wird, ohne gewiss zu sein, was eigentlich das Eigene ist oder sein soll.

Auf der Suche nach Geborgenheit erwartet der Mensch, dass die Welt sich ihm als nachvollziehbar vorstellt. Er will und muss darauf vertrauen, dass das, was er sieht und hört, was er wahrnimmt und erfährt, sinnvoll ist. Um sinnlosem Scheitern zu entgehen, strengt er sich an: schuftet und strampelt, rennt und tanzt, und es reicht dennoch nicht. Es wird nie reichen. Es kann nicht reichen. Man ahnt es. Die einen resignieren, die anderen revoltieren.

Existenzangst ist die Angst vor der eigenen Kontingenz, beziehungsweise vor der Entlarvung der eigenen Kontingenz durch andere: also weder Weltberechtigung noch Seins-Notwendigkeit zu haben; auf der Welt zu sein, aber nicht da sein zu müssen; wider Willen und ohne freie Wahl in ein Leben geworfen zu sein, das gemein genug ist, einen permanent zur Selbsterhaltung zu zwingen. Man weiß, dass die Welt auch ohne einen vonstattengeht. Geburt, Leben, Leiden, Tod. Und danach? Ohne subjektiven Sinnhorizont geht es nicht, bescheidet uns die Kulturanthropologie, jeder Mensch braucht ein kohärentes Deutungsmuster. Will heißen: Der fragende Einzelne braucht eine vernünftige Erklärung, um seine Nicht-Notwendigkeit-abertrotzdem-Vorhandenheit ertragen zu können. Er sucht nach Sinn, auch wenn es keinen messbaren gibt. Also konstruiert er ihn sich über Mythen und Rituale, über ein System des Glaubens und der Transzendenz.

Mittels Todeskultur ist der Tod als Agent des Lebens ständig anwesend. Selbst wenn man die Todeskultur als Entertainmentprogramm abstrahiert, präfiguriert sie in der Massivität ihrer Präsenz eine bestimmte Aussage über das Leben. Konditionierte

Ängste haben Auswirkungen auf gesellschaftliches Verhalten: Misstrauen, Vorsicht, Zweifel. Dazu kommen die Nachrichten über den täglichen Tatort Deutschland: Berichte über Axthiebe in Regionalzügen, Messerattacken in Supermärkten und Bussen, über Morde auf offener Straße, in Parks oder in U-Bahnhöfen, über geplante und vereitelte Attentatsversuche, Vergewaltigungen mit Todesfolge, Bombenattrappen auf Jahrmärkten. Genau betrachtet geht es nur noch um den kämpfenden oder sich verteidigenden Menschen, nicht mehr um den liebenden oder einfühlenden. Von dieser Werteverlagerung und Verunsicherung lebt die Kampfzone, die das Hell-Dunkel- und Freund-Feind-Schema nicht nur bestätigt, sondern nährt. Bedrängend wird die Angst, an allem zu scheitern und biografisch gescheitert zu sein. Die Angst, die richtige Seite nicht zu erkennen und nicht zu wissen, wann sie erreicht ist. Aus Angst, bewertet zu werden, wertet man den anderen ab. Aus Angst, Fehler zu machen, wird man neurotisch, weil eine Angstgesellschaft keine Ethik des Scheiterns, sondern nur die Überzüchtung des Erfolgs anbietet. Schließlich treibt die Angst vor dem anderen das selbstreferenzielle ICH ins Misstrauen. Wenn die ständige Inszenierung von Ängsten Hypersensibilisierung und Hysterie bewirkt und einen Humus bereitet, auf dem es nur noch Angstgetriebene und Angstbewältiger gibt, wäre das dann tatsächlich der Kulturtod.

Der Regress, den die sich für zivilisiert haltenden Gesellschaften des Westens gerade zu erleben gezwungen sind, besteht nicht nur in der Rückkehr vorpolitischer Problemlösungsstrategien mittels Kampf und Gewalt, sondern auch im Streben nach neuen Legitimationsformen im bisherigen Herrschaftsbereich des Rechts. Apokalyptisch frisierte Ängste vor Selbstabschaffung, Überwältigung und Überfremdung beziehen sich auf die Furcht vor der plötzlichen Auslöschung der eigenen sozialen Gruppe und fördern fast immer die Sehnsucht nach einem radikalen Schutz.

Radikalisierung entzieht sich irdischem Recht und verweist auf höheres.

Es gibt einen Zusammenhang zwischen der gewachsenen Wehleidigkeit unserer Zeit und der Anrufung von Stärke durch Identität. Die Weltbürgergesellschaft, deren Idee einst vom Vernunft-Philosophen Immanuel Kant begründet wurde und zuletzt den Soziologen Ulrich Beck erfüllte, scheint bis auf Weiteres gescheitert. Einerseits erstarken die Religionen, andererseits Parteien und Politiker, die kulturelle Identitäten gegen Universalismus und Kosmopolitismus ausspielen. Von der geteilten Wirklichkeitserzählung einer Weltstaatlichkeit kann man angesichts der Entwicklung in Polen, Ungarn, den Visegrád-Staaten, in Frankreich, Italien, der Türkei, Russland, den USA oder Brasilien nicht mehr ausgehen. Vollzogen ist allenfalls ein Weltmarktplatz durch global agierende Konzerne und einen global lifestyle, der die Kultur gleichermaßen gleichmacht, die Herrgottswinkel kolonisiert und in jedem Menschen den Konsumenten erkennt.

In Gang gekommen scheint – weltweit betrachtet umso mehr – eine Agenda des Archaischen, und wie viele andere frage auch ich mich, ob die Evolution der Vernunft tatsächlich bis auf Weiteres gestoppt ist. Da die Aufklärer einst angetreten waren, die Mythen der Offenbarung als Machtmittel zu entlarven, darf man angesichts einer Rückkehr des Heiligen und Wahren tragischerweise vom Niedergang der Aufklärung sprechen. Bestand die Transzendenzleistung von Religionen seit jeher (und besteht nach wie vor) darin, dem Menschen die Angst vor dem Tod zu nehmen und zugleich die Angst vor einem gottlosen Leben zu schüren, besteht die Transzendenzleistung politischer Zivilreligionen seit jeher und wieder darin, den Einzelnen mit oder gegen seinen Willen für ein höheres Ziel einzugemeinden. Aus dem Glauben an Unfehlbarkeit können bekanntlich schreckliche Verfehlungen folgen. Von allen Nationen hat Deutschland diesbezüglich das größte Päckchen Schuld zu schultern.

IV

In der Echokammer

Schuld. Das dritte Narrativ
(Moralischer Resonanzraum)

1
Selbstverständnis

Ich behaupte: Die Bundesrepublik ist ohne Schuld nicht denkbar. Die Verschuldung der Deutschen durch Verbrechen gegen Menschheit und Menschlichkeit während des Dritten Reichs ist – direkt oder indirekt, bewusst oder unbewusst, verdrängt oder offen – immer präsent. Ich behaupte des Weiteren: Als Narrativ ist die Schuld eine permanente moralische Mahnung an die Konsequenzen der historischen Schuld. Im besten Fall ergibt sich daraus der Appell an Verantwortung, im schlechten das Problem der Hypermoral.

Im moralischen Rückraum der Bundesrepublik hat sich Schuld über die Jahrzehnte zu einem Narrativ verselbständigt, zu einer jederzeit normativ überzeugenden Selbstreferentialität. Um den Geschichtsklitterern und unbeugsamen Ewiggestrigen den Boden argumentativ zu entziehen, muss man meiner Ansicht nach die Kampfbegriffstauglichkeit der historischen Schuld mit aller Vorsicht, aber mit Bestimmtheit reflektieren. Erst wenn aus der Schuld kein Kapital mehr geschlagen wird, ist ein Zustand an ziviler Reife erreicht, der verantwortungs- und nicht gesinnungsethisch begründet ist.

Mit der historischen Schuld wird von allen Seiten Moralpolitik betrieben, wodurch der Begriff durch Inflationierung entwertet wird. In der Kampfzone hat das Schuldnarrativ eindeutige Positionsarbeit übernommen, ohne auf Angemessenheit und Sachlage des jeweils konkreten Anlasses zu sehen. Wer heute den

Sound eines Rechtsrucks ausruft oder aufnimmt, meint damit immer auch die deutsche Schuld in der Vergangenheit. Und wer die angeblich links-versiffte Achtundsechziger-Republik attackiert, meint damit immer auch eine Form der aus Sicht der Gegner oktroyierten Erinnerungs- und Gedenkkultur.

Kein ernstzunehmender Zeitgenosse kann die historische Schuld der Deutschen jemals infrage stellen. Das für die Republik und die allermeisten ihrer Bürger konstitutive und für das Selbstverständnis der Nachkriegsdeutschen so wichtige Grundgesetz ist die verschriftlichte Lehre aus dem bis heute unfassbaren Zivilisationsbruch. Kein Satz könnte die abgründige Unmenschlichkeit des Dritten Reiches und dessen industriell organisierte Tötung, könnte Menschenverachtungsgrausamkeit und Menschenvernichtungswahnsinn klarer, besser und eindringlicher kommentieren und verklagen als Artikel 1: »Die Würde des Menschen ist unantastbar.« Sie zu achten und zu schützen ist übrigens nicht nur Verpflichtung aller staatlichen Gewalt, sie wäre auch Verpflichtung aller Staatsbürger ohne Gewalt.

Wer danach fragt, was denn heute deutsch sei, könnte erstens behaupten: die ständige Frage danach, was denn eigentlich deutsch sei, und zweitens mit einigem Stolz: der antitotalitäre Konsens, wie er in Jahrzehnten erkämpft und immer wieder beglaubigt wurde. Bis heute ist der unbedingte Schutz der individuellen Würde und das Bekenntnis zur Achtung der Menschenrechte das höchste und wichtigste moralische und rechtliche Gut der Republik. Hellhörigkeit ist ebenso angebracht wie Hellsichtigkeit, um jede Form der Verletzung dieser trotz aller zweifelsfreien Richtigkeit so verwundbaren Übereinkunft zu vernehmen, zu sehen, zu geißeln und zu sanktionieren.

Dass in der Bundesrepublik so gut wie alles mit der Schuld beginne, ist ein gefährlicher Satz. Er erlaubt, den Sprecher allein deshalb sofort in die Ecke der Revisionisten rücken zu können, weil er überhaupt gesagt wird. Mit dem »Schuld-Kult« oder dem »Kult mit der Schuld«, wie er seit Jahrzehnten und bis heute in Kreisen der restaurativen Alten und Neuen Rechten verhandelt wird, hat das Schuldnarrativ, wie es in diesem Buch verstanden wird, rein gar nichts zu tun. Restauration, Revision und Reaktion halte ich für brandgefährlich, ist hier aber uninteressant. Weder gibt es auch nur irgendetwas zu verharmlosen noch zu leugnen, weder Verbrechen aufzurechnen noch zu revidieren, und dass dies auf subtile und offene Weise dennoch unverdrossen und immer wieder versucht wird, lässt sich nur mit gewissen Obsessionen, mit selektiver Wahrnehmungsstörung und bewusster Faktenresistenz erklären. Was außer dem Gefühl wohlfeiler Selbstentschuldung sollte es bringen, das zigfach und unwiderlegbar Dokumentierte infrage stellen zu wollen?

Meine Analyse des Schuldnarrativs ist in keiner Weise ein geschichtspolitisches Plädoyer. Sie will eine fraglos plausible Rationalität dekonstruieren und auf ihren Zweck hin befragen, um den Sinn der Verselbständigung zu verstehen. Die Kampfzone zeigt deutlich, dass historische wie moralische Schuld und der Umgang mit beiden keineswegs erledigt sind. Das gesamte Arsenal restaurativ gesinnter Politik kuppelt die globalisierende Migrationsmoderne (die unentwegte Wanderung von Daten, Gütern und Menschen) an den Traditionsbestand deutschnationaler Geschichte. Der »Rechtsruck« ist ja kein Ruck im Stile einer abrupten, plötzlichen Bewegung. Dieser Tage, da nationalchauvinistische Positionen eine republikweite Repräsentationsinstanz gefunden haben, werden sie auf der parlamentarischen und medialen Agenda für alle erst richtig sichtbar, live, ungefiltert, in Farbe. Geschichtspolitik ist immer auch Machtpolitik, und wer die Vergangenheit deutet, operiert stets am offenen Herzen.

Fehlende Präzision und Differenz bei gleichzeitiger Emphase

führt zu manchmal hysterisch überdrehten Schuldzuweisungen im Namen der historischen Schuld, die falsch und schädlich sind und das Gegenteil dessen erreichen, was sie beabsichtigen. Zugespitzt gesagt: Die Inflation des Nazifaktors führt zu seiner Entwertung. Er wird zu einer stumpfen Waffe, die angesichts tatsächlich antidemokratischer Umtriebe nicht mehr sticht.

Wie soll man den Hitlergruß zeigenden Kameradschafts-Nationalisten nennen, wenn in dem bei Medien und Politikern beliebten Hashtag #Nazisraus schon jeder AfDler ein Nazi sein soll? Wie viel Polarisierung rechtfertigt wie viel Gegenpolarisierung? Und wie soll eine liberale Gesellschaft, deren Freiheitsrechte für jedermann aus den Erfahrungen diktatorischer Unfreiheit resultieren, mit Mitbürgern umgehen, die im Umgang mit der Vergangenheit eine nervende Dauermoralisierung erkennen? Oder mit denen, die sich keinerlei politisch eindeutigem Lager zuordnen lassen wollen und sich von der Dauerpräsenz der Wörter »Nazi« und »Faschist« in der Komfortzone ihres keineswegs entpolitisierten, aber doch an Geschichtspolitik weitgehend uninteressierten Lebens bedrängt fühlen? Ignorieren? Bekämpfen? Erziehen? Und wer hätte aufgrund welcher Legitimation welches Recht wozu?

Die Monstrosität der Taten wider Menschlichkeit und Menschheit zwischen 1933 und 1945 lässt sich ja bis heute schwer ertragen, und man kann der Forschung für ihre fortgesetzte Aufarbeitung nicht dankbar genug sein. Da Kultur immer auch die Reproduktion einer erinnerten Erinnerung ist, rechtfertigt sich der Begriff Erinnerungskultur von selbst. Er ist mit allem Recht die ungeschriebene Staatsräson einer Republik, deren Selbstverständnis vor allem und immer noch eines ist: Täterschuld und Schuldverantwortung.

Die Frage »Generation oder Nation« ist bis heute klar beantwortet: beides. Die Generation der Funktionärseliten wurde – gemessen an der Masse der Täter allerdings in erstaunlich geringem Umfang – zur Rechenschaft gezogen (Nürnberger Prozesse, Auschwitz-Prozess, KZ-Aufseher-Prozesse); und im Laufe der Jahrzehnte hat die Nachkriegsrepublik als deutsche Nation immer deutlicher die Rolle als Erbwalter an- und die indirekte Verantwortung für die Vergangenheit übernommen. Obwohl sich kaum einer der heute im Bundesgebiet lebenden Bürger noch persönlich versündigt hat, für die begangene Schuld in Haftung genommen werden kann (und mit der Schuld noch was zu tun haben will), ist die deutsche Gesellschaft permanent mit der Schuld der toten (und zu einem kleinen Teil noch lebenden) Vorfahren konfrontiert.

Durch das Schuldnarrativ schreibt sich deutsche Geschichte vornehmlich als Gewalt- und Leidens-, als Eroberungs- und Niedergangsgeschichte ein. Das ist keine Wertung, sondern eine Deutung. Mögen Elemente und Ursprünge totaler Herrschaft in ihren Strukturen und Psychologien für totalitäre Regime generell vergleichbar sein, so ist die deutsche Organisationseffizienz von Leid, Tod und Mord ein singuläres Fanal der Entmenschtheit und, wenn man es mit Blick auf die Theodizee religionsmoralisch sagen will, der Gottlosigkeit. So komplex die Geschichte hinter der Geschichte ist, so selbstverständlich ist man über Schuld sofort im moralischen Resonanzraum der Gegenwart. Der Geflüchtete aus Afghanistan steht in mittelbarem Zusammenhang mit Adolf Hitler.

Wer heute über die Kampfzone nachdenkt, muss gezwungenermaßen über den Nationalsozialismus sprechen – allein schon deswegen, weil keineswegs jeder Migrationsskeptiker ein Nazi ist, weil geduldete Hitlergrüße auf deutschen Straßen Hinweise auf eine unter- wie abgründige Reichsnostalgie geben und die Verflechtung rechtsextremer Gruppierungen mit hoher Gewaltbereitschaft sowohl empirisch evident ist als auch eine veritable Gefahr für offene (und also verwundbare) Gesellschaften einer liberalen Demokratie mit widerstreitenden Interessen und Paradoxien darstellt. In Zeiten großer Krisen bilden sich bekanntlich Mobs, die in ihrer Heldenverehrungssehnsucht gerne vergessen, dass die Heldin jeder Geschichte die Würde des einzelnen Menschen ist.

In der Erregokratie erlebt das Schuldnarrativ unterschiedliche Erzählweisen. Die einen messen alles an der untilgbaren Schuld. Die anderen vermessen die Tilgbarkeit der Schuld. Dritte erachten die Schuld als längst getilgt. Für die einen liegt die deutsche Urschuld *erst* siebzig Jahre zurück, eine dezimale Weltgeschichte, aber eine immerwährende Mahnung. Für die anderen liegt die Schuld *schon* siebzig Jahre zurück, ein abgeschlossenes Relikt der Vergangenheit ohne Nutzen und zum Nachteil für die Gegenwart, ein immerwährender Katalysator für schlechtes Gewissen. Für die Dritten ist die Selbstkasteiung im »Sack-und-Asche«-Gewand einer aus ihrer Sicht auferlegten Schuldtradition eine permanente Demütigung, keinesfalls um eines höheren Gutes, sondern um der Entkräftung der nationalen Schlagkraft willen (als schwächte das Eingeständnis das mentale Abwehrsystem und stärkte es nicht).

In allen möglichen Fällen ist deutsche Schuld ein moralisches perpetuum mobile in der Echokammer der vergangenen siebzig Jahre. Die maßgeblichen Instanzen und Institutionen der Republik – darunter Parteien, Verbände, die Medien- und Kulturbetriebe – arbeiten direkt oder indirekt an Korrektur und Sühne der Schuld. Der Eindruck ist nicht von der Hand zu weisen, als Reaktion auf das welthistorische Ereignis der einstigen Massenverfolgung nun, beim welthistorischen Ereignis der Massenflucht, die Schuldscharte ein wenig auswetzen zu wollen: In Gestalt des Geflüchteten soll der »Mensch an sich« auf deutschem Boden geadelt werden, nachdem unsere Vorfahren sich an seiner Heiligkeit versündigt haben.

Wer Krisen kybernetisch begreift, kann Sinnfragen außer Acht lassen. Die ewige, in ihrer Berechenbarkeit geradezu banale Wiederkehr des Gleichen von Gewalt, Gegengewalt, Rache, von Verfolgung, Mord und Totschlag könnte jede Sinnsuche als müßig entwerten. Immerzu ist irgendwo Barbarei. Der Sinn für die finale Vollendung der Vernunft ist trüb. Wer sich dennoch über Sinn und Substanz nachwirkender Schuld Gedanken machen will, läuft Gefahr, in die ausgelegte Falle des verletzten Tabus zu tappen (Tabus tabuisieren ja gerade die Rede über sich). Die oft festgestellte und mit unterschiedlicher Härte betriebene Deutschlandkritik ist womöglich das Gewohnheitsrecht unterschwelliger Selbstverachtung. In ihrer Art der Selbstverzwergung leistet sich die Republik einen gewissen Größenwahn, den der Philosoph Hermann Lübbe einmal keck »Sündenstolz« nannte. Die Deutschen, notierte Lübbe in einem weiteren Aufsatz 1983, stünden zu ihren Untaten wie andere Nationen zu den Spitzenleistungen ihrer Sportler. Wie auch immer man es betrachten will – das Narrativ der Schuld setzt die eindeutig historische, die zweideutig moralische und die interpretationsbedürftige ökonomische Schuld gerne in einen Assoziationszusammenhang. Prototypisch für den dreifachen Schuldbegriff ist die Anmoderation einer Kolumne auf Spiegel Online – der deutschlandweit populärsten digitalen Medienmarke mit zweithöchster Zahl an »Usern pro Tag« – wo im November 2017 zu lesen war: »Die Krise in Europa ist längst nicht ausgestanden. Und schuld sind die Deutschen.« Das ist erfreulich plakativ und in der Simplizität des konstruierten Zusammenhangs eingängig. In den Krisen Europas seit Anfang des 21. Jahrhunderts steht gewiss auch die Äquivalenz von moralischer Schuld und ökonomischen Schulden zur Verhandlung: früher der Führer, heute der Leistungsbilanzüberschuss. Beides hegemonial, wenn nicht imperialistisch.

Für den Verdacht auf fortgesetzten Chauvinismus und erwachte Weltherrschaftsfantasien gibt es, wenn man es redlich haben will, weder belastbare noch überzeugende Hinweise, allenfalls eine spekulative Furcht vor der Wiederkehr deutscher Großmannssucht, aber wer das behauptet, muss sehr gut argumentieren und ausnahmsweise Belege beibringen.

Keine Frage hingegen: Wer heute Stolz auf die Taten von Wehrmachtssoldaten äußert, wie der AfD-Partei- und Fraktionsvorsitzende Alexander Gauland es getan hat, hält seinen Kescher in den trübsten aller Teiche, in dem mehr deutschtümelnde Barsche nachwachsen als angenommen. Und wer das Stelenfeld zu Berlin als »Denkmal der Schande« eines »total besiegten Volks« begreift (wie Oberstudienrat Björn Höcke 2017), hat entweder die Schande nicht begriffen, die Deutschland über die Welt gebracht hat oder ist ein berechnender Zyniker. Oder ihm ist entgangen, dass NS-Deutschland in der Tat total besiegt wurde, was Rückschlüsse auf seinen Bildungsstand zuließe. Oder aber er reaktiviert bei vollem Bewusstsein für rhetorische Zweideutigkeit ein diffuses Ressentiment. Ein gelernter Geschichtslehrer, aus dessen Äußerungen man das Echo der Frivolität heraushören kann, das Holocaust-Mahnmal als eine Art »Vertrag von Versailles« zu deuten und damit anzudeuten, Schmach und Demütigung rächen zu wollen, rückt die Nation nicht ins außermoralische Abseits, sondern betreibt – in der Kosten-Nutzen-Abwägung einer kalkulierten Sottise – Geschichtsverbrämung.

Die gestörte und leicht verstörbare Bundesrepublik ist meines Erachtens nach nach wie vor traumatisiert durch die eigene Geburt in den Ruinen selbstverschuldeter Zerstörung. Seit fünf Jahren steht das deutsche Trauma mit den Traumata geflüchteter Menschen in einem besonderen Verhältnis. Beide Traumata – die historische Verletzung der Menschlichkeit durch Deutsche sowie die Heimatflucht an Leib und Leben Verletzter – zusammen zu denken und auf angemessene Weise in Versöhnung zu bringen, weder mit Überschwangspathos noch mit Untergangsschwulst: das scheint mir die zivilisatorische Grundaufgabe der kommenden Generationen zu sein. Allein deshalb sind Auswege aus der Kampfzone dringend geboten.

Was auch geschieht – die Schuld ist immer schon da. Nieder- wie hochschwellig. Subtil wie offen. Negativ wie positiv. Als Mahnung zur Verantwortung. Als Imperativ zur Aufarbeitung. Als Motiv zur Verdrängung. Aber auch als Referenz zur Revolte gegen Gedenkzwänge und Demutsrituale. In so gut wie allen Debatten und Diskursen über Selbstbegründung und Selbstbild der Deutschen geht es direkt oder indirekt um Be- und Entschuldigung. Sollten die Deutschen, die »Macht in der Mitte« (Herfried Münkler), wieder eine große Rolle in der Welt spielen? Das würde sofort den ersten Verweis auf Hitler nach sich ziehen: Nie wieder! Sollten sie dann sich lieber aus allem heraus- und sich in heiklen Angelegenheiten enthalten? Das würde den zweiten Verweis auf Hitler nach sich ziehen: Was wäre geschehen, hätten sich Briten, Franzosen, Amerikaner und Russen damals rausgehalten?

Im gegenwärtigen Deutschland, dessen Vorgänger zwischen 1933 und 1945 ein überraschend mythenhöriges Volk hervorgebracht hatte, ist die Mythosanfälligkeit denkbar gering. Über Jahrzehnte hat sich die deutsche Gesellschaft jegliches Mythendenken ausgetrieben. Das Geschichtsbild ist in einer fast beispiellosen Weise aufgeklärt und geradezu postmythologisch verfasst (für den Zeithistoriker Jürgen Osterhammel zu Recht eine der großen kulturellen Errungenschaften der Bundesrepublik). Aus den Verheerungen »des Bösen« gelernt zu haben und »dem Guten« zu frönen, ist eine der umgesetzten Lehren aus der historischen Verschuldung. Umso verwunderlicher (oder gerade folgerichtiger?) ist die Dauerpräsenz der Nazi-Größen in der auf *history* erpichten Gegenwart. Pädagogisch reizvoll wäre die Frage, ob die mediale Dauerhistorisierung zur Dauerpolitisierung durch Eindringlichkeit führt – oder zu einer eher dauerhaften Entpolitisierung durch Abstumpfung.

Der Nazi-Faktor

Hitler ist der Lieblingsmensch der Erregungsindustrie. Der apokalyptische Reiter par excellence – ideal für einen Spektakelbetrieb, der Sensationen, Skandale, Eklats und Eskalationen ebenso braucht wie befördert. Nichts elektrisiert deutsche Medien (digitale wie analoge) so sehr, so schauder- und dauerhaft wie der Nazi-Faktor, nichts scheint in der bundesdeutschen Kulturproduktion unverzichtbarer zu sein. Mit Hitler wird ge- und berechnet, auf- und abgerechnet. Hitler-Headlines kitzeln Kaufanreize wie etwa Ende August 2018, als aus dem Nichts eines verdorrten Sommerlochs via Bild die Beichte der seit sechsunddreißig Jahren toten Romy Schneider auf die Republik herabkam: »Meine Mutter schlief mit Hitler!«

Der Nazi-Faktor ist das Integral der deutschen Selbstverständigung. Erstaunlich vieles dessen, was im Laufe eines Jahres in Deutschland geschieht, wird aus der Nazizeit abgeleitet, auf die alte Nazizeit bezogen, in eine drohende neue Nazizeit projiziert. Dabei ist es durchaus geschickt, immer wieder mal »Nazi« oder »Faschist« fallenzulassen, das wirkt sofort auf die Transmittermischung in den Gehirnen, unterschiedlich, aber kraftvoll. Das Wort »Nazi« begründet sich selbst, es spart mühsame Argumentationsarbeit, weil der Begriff bereits das Argument ist. Die Einschüchterungskraft ist nach wie vor enorm. Wer Nazi sagt, hat erstens immer Recht und zweitens absolute Aufmerksamkeit. Nazi ist nicht steigerbar. Das Wort ist der Superlativ der Superlative, das Schlimme schlechthin, die Chiffre für das absolut Böse. Es gibt keine größere Garantie auf die eigene Redlichkeit als den Verweis auf den Nazi in Geschichte und Gegenwart.

Das kann man richtig oder wohlfeil finden, in jedem Fall ist die Anleihe bei Hitler alltägliches Kulturgut. Wer keine Argumente oder schlechte Quoten hat, ruft als Letztes den Führer auf. Der Nazi-Faktor ventiliert die Täter-Schuld im massenmedialen Kulturbetrieb. Hitler sells.

Die Deutung der Gegenwart, scheint mir, kommt ohne Andeutung der Vergangenheit nicht aus. Selten vergeht ein Tag, an dem nicht der Name Hitler (wahlweise Nazi oder Drittes Reich) mindestens einmal in einer deutschen Zeitung steht oder in einem Fernsehsender auftaucht. Öffentlich-rechtliche Rundfunksendungen, Magazine, Qualitäts- wie Boulevardzeitungen und Fernsehformate widmen sich, analog zu Sachbüchern und Romanen, wahlweise Holocaust, Auschwitz, Völkermord und Hitlers Machtübernahme. Täglich Verweise, Bezüge, Referenzen, Berichte. Hitler in Bildchen, Ansichten des fuchtelnden Schreihalses – wer sieht das nicht immer wieder gern?

Die folgenden Beispiele aus den vergangenen vier Jahren der Kampfzonen-Entstehung sind wertungsfrei den Verlags- und Fernsehprogrammen, der Zeitungs- und Onlineproduktion, sprich: den Vermittlungsinstanzen der öffentlichen und veröffentlichen Meinung entnommen. Als kleine Auswahl sind sie in Bezug auf die Masse an Beispielen repräsentationsfähig für die Phänomenologie einer Obsession, die sich durch ihre schiere Auflistung selbst beweist.

Vorhang auf.

Hans-Ulrich Thamer legt abermals eine Biografie vor: »Adolf Hitler. Führerkult und Völkermord – die neue, konzise Hitler-Biografie«. Derselbe Vorschaukatalog kündigt an: »James Q. Whitman: Hitlers amerikanisches Vorbild. Wie die USA die Rassengesetze der Nationalsozialisten inspirierten«. Im Herbst 2018 folgt eine weitere Hitler-Biografie, dieses Mal im S. Fischer Verlag, angekündigt wie folgt: »Die neue große Hitler-Biografie für unsere Zeit«. Titel: »Adolf Hitler. Die Jahre des Untergangs.

Biographie«. Der Zeithistoriker Sven Felix Kellerhoff legt ein Buch über die NSDAP vor: »Die Nazis und ihre Partei«, »die erste umfassende Gesamtdarstellung der größten und einflussreichsten Partei, ohne die Hitler niemals zum mächtigsten Mann Deutschlands geworden wäre«. Im Verlag C. Bertelsmann erscheint Rolf Rietzlers »Mensch, Adolf. Das Hitler-Bild der Deutschen in den letzten 70 Jahren«.

In der Sparte Belletristik veröffentlicht Per Leo den Roman »Flut und Boden«, es geht darin um zwei Brüder. Der eine wird Abteilungsleiter im Rasse- und Siedlungshauptamt der SS, für den Enkel entwickelt sich die Nazi-Vergangenheit des Großvaters zur Obsession. Ursula Ackrill veröffentlicht »Zeiden, im Januar«, ein Roman über das Siebenbürgen in der NS-Zeit. Martin Amis veröffentlicht »Zone of Interest«, einen »Holocaust-Roman«. Die »Geschichte nationalsozialistischer Konzentrationslager« erscheint und eine neue Biografie klärt, wie aus dem »katholischen Gentleman« Arthur Seyß-Inquart ein Nazi-Schlächter wurde. Der Deutsche Buchpreis des Jahres 2017 geht an den Österreicher Robert Menasse für seinen Roman »Die Hauptstadt«, in dem das Symbol deutscher Schuld im Zentrum steht: Statt Brüssel soll Auschwitz die Hauptstadt Europas werden und der Journalist Takis Würger legt 2019 den Roman »Stella« vor: Ein antifaschistischer Schweizer und die naziliebende Jüdin Stella Goldschlag, die mithalf, Juden an die Nazis auszuliefern. Zitat: »Vater hatte Unrecht. Es gibt Schuld.«

Als Beispiel einer unentwegten Begeisterung für Nazi, Hitler und die deutsche Vergangenheit dient Spiegel Online. Die Plattform klärt auf: Hitlers Diätköchin: »Der F. hat gut gegessen« – Hirsebrei, Pilze, Quark mit Leinöl: Constanze Manziarly bekochte Hitler in den letzten Kriegsmonaten. Spiegel Online berichtet über ein missglücktes Attentat auf den Führer, und in »Einestages« werden drei Beiträge untereinander veröffentlicht: Erstens: »›Hitler Gläser‹ und ›Bunga Bunga‹ – die größten Opernball-Aufreger«; zweitens: »Hitler-Attentäter Elser: Ein einsamer deutscher Held. Der Film über den gescheiterten Hitler-Attentäter zeigt rücksichtslos das deutsche Mitläufertum«. Darunter: »NS-Raubkunst: Das Zögern der Bürokraten«. Während Bild verkündet: »Die Nazi Akte von Professor Grzimek!«, denkt der Spiegel Online-Kolumnist über »Holocaust und Schuld: Der christliche Trick« nach. Einen umfangreichen Bericht über »Görings bizarres Zuchtexperiment« betitelt Spiegel Online eines Tages mit »Die Überkuh der Nazis«: germanisch, gigantisch, blutrünstig – so habe sich Hermann Göring ein Rind vorgestellt, das deutschen Jägern ebenbürtig wäre. Wenig später ist Spiegel Online der Tod von Himmlers Tochter Gudrun Burwitz eine Meldung im oberen Segment wert: »Himmlers Tochter ›Püppi‹ – Nazi bis zuletzt.« Das einmontierte Foto zeigt Nazi-Püppi mit Nazi-Reichsführer SS Himmler. Und an jenem Tag, da es bei Spiegel Online aufs Neue um »Nazi-Raubkunst« und in der Süddeutschen Zeitung um die Frage geht, ob bayerische Schüler »Mein Kampf« lesen sollen, kommt die finale Sensation über Deutschland. Die Bild-Zeitung nutzt ihr größtes Kapital, die Großbuchstaben bis zum Bruch, und titelt sich in die Ewigkeit: »HITLER HATTE NUR EINEN HODEN!«

Man könnte mit großer Berechtigung die These vertreten, es sei die Aufgabe jeder Generation, die eigene wie die nachkommende über eine bereits gut aufgeklärte Zeit immer wieder aufzuklären. Auch wenn die historischen Analogien der Geschichtskunde betreibenden Medien oft wie Kassandrarufe tönen mögen, nötigt die Fähigkeit zur monothematischen Ausdauer Respekt ab: Faschistisches Gras wachsen zu hören ist immer eine gute Idee, doch die hier als kleine Auswahl zitierten Beispiele legen nahe, dass es nur zu einem Bruchteil um Aufklärung geht. Neue Fakten oder überzeugende Thesen sind mit Ausnahme weniger Sachbücher profunder Wissenschaftler so gut wie nicht vorhanden. Legitim wäre ja dann eine weitere, ganz andere Frage: ob freilich durch das kontinuierliche Spiel mit dem Nazi-Faktor die Kontinuität des Faschismus in Deutschland entweder unterstellt werden soll oder bewiesen werden kann – was eine preiswürdige medienkulturelle Leistung wäre, gerade in Zeiten des konstatierten Rechtsrucks in just jenem Zeitraum, da im Münchner NSU-Prozess die Serienmorde dreier Nazi-Epigonen aufgearbeitet wird.

Nach Lage der Dinge dient dafür aber nicht ein einziges der besagten Beispiele.

Und anderswo führt der Nazi-Faktor zu Verwirrungen, wenn er als Analogie positioniert werden soll. So etwa im Herrschaftsbereich des Herrn: Im Februar 2018 vergleicht der Ex-Weihbischof Andreas Laun den Segen für »sündhafte« Homosexuelle mit dem Segen für KZs, um sich danach zu entschuldigen, er habe um Gottes Willen niemanden verletzen wollen.

Verwirrung auf der Bühne. Zu Hitlers 129. Geburtstag am 20. April 2018 hat im Konstanzer Theater das Stück »Mein Kampf« Premiere. Die Theaterleitung bietet Freikarten unter der Bedingung an, dass die Besucher eine Hakenkreuz-Binde tragen. Wer eine Karte kaufe, heißt es, dürfe als Zeichen der Solidarität mit den Opfern der nationalsozialistischen Gewaltherrschaft einen Davidstern tragen. Die Deutsch-Israelische Gesellschaft der Bodensee-Region empört sich über die Geschmacklosigkeit dieses »bizarren Marketing-Gags«, die Stadt Konstanz empört sich erst gar nicht mehr, distanziert sich aber mit dem Satz, man könne Theater auch ohne NS-Symbole machen (was ein durchaus weiser Hinweis ist). Schließlich empört sich der sich gern empörende Regisseur und Comedian Serdar Somuncu darüber, dass sich über seine empörenswerte Auffassung von Theaterkunst anno 2018 überhaupt jemand empört.

Verwirrung auch im Kunstbetrieb. Im August 2017 hält der Documenta-Leiter Adam Szymczyk die Shoah für einen idealen Vergleich hinsichtlich des an den Körpern von Geflüchteten begangenen Unrechts. Mit Unrecht gemeint sind nicht Bürgerkriege, Folter und religiöse Hatz in afrikanischen oder nahöstlichen Ländern, sondern die »Internierung« zahlreicher über das Meer geflüchteter Menschen in »Lagern« der EU. Das Documenta-Projekt »Auschwitz on the beach« wolle darauf hinweisen, heißt es, dass die Europäer »Konzentrationslager« (sic!) für Migranten errichteten und »Gauleiter« in der Türkei (sic!) die Drecksarbeit erledigen ließen. Das mittelmeerische Salzwasser habe mittlerweile Zyklon B ersetzt (sic!).

»Auschwitz on the beach« wurde abgesagt.

Und Verwirrung schließlich in Schottland. Im April 2018 erreicht folgende Meldung die Welt: Ein Mops namens Buddha hebt seine Pfote, sobald er das Kommando »Sieg Heil« hört. Herrchen Mark Meechan und Buddha werden, wie es sich gehört, YouTube-Stars, der Fall kommt vor Gericht. Bis heute steht die unerhörte Frage ohne Antwort im Raum: Kann ein Mops Faschist sein?

Man könnte eine ganze Seminararbeit über höchst riskante und in der Sache dämliche Nazi-Vergleiche verfassen. Es gibt zahllose Beispiele, fast immer sind es Exerzitien fahrlässiger Denkfaulheit. Intellektueller Müdigkeit entschlüpft, versprechen sie durch verführerische Kurzschlussmöglichkeit höchste Schlagkraft und Aufmerksamkeit.

Der öffentliche Diskurs in Deutschland vollzieht sich häufig über ein durchschaubares Reiz-Reaktionsschema, das meist größere Verhebungen zur Folge hat, weil weder Voraussetzungen noch Begriffe geklärt sind und das Ergebnis tüchtiger Analogisierung konsequenzlos im Sande versickert. Spekulationen, Schwarzmalerei und Defätismus ergeben ein geradezu märchenhaftes Geraune halbwissender Kassandra-Chöre, die Unvergleichbares vergleichen, mit eiferndem Griff in die Asservatenkammer der Geschichte historische Ansichten hervorkramen und das Ende der Welt prophezeien – eine von keiner Differenzierung getrübte Besessenheit, als gäbe es 2019 die Re-Inszenierung des deutschen Traumas von 1932 ff zu bestaunen, ja, als sei es nur eine Frage von Tagen, ehe die Faschisten wieder übernehmen.

Geschichte wiederholt sich nicht, was sich wiederholt, sind Strukturelemente. Das antidemokratische Unkraut zupfen zu wollen – wenn man so will: das Unkraut einer Schlachtbereitschaft ohne Hemmungen – ist wichtig und ehrenwert. Fast immer aber sind die Vergleiche falsch und historisch unhaltbar, so reizvoll ihre Einfalt auch sein mag. Analogie-Eifer ist eine Tragödie der seriösen Intellektualität. Man könnte ja beispielsweise darauf hinweisen, dass der Hitler'schen Ideologie expansiver Lebensraumerweiterung im Osten der protektionistische Rückzug der Rechtsnationalisten auf die eigene Scholle gegenübersteht, was freilich kein kleiner Unterschied ist. Man könnte ferner darauf verweisen, dass die Attraktivität der Nazi-Ideologie gerade *nicht* auf der Abschottung der eigenen Nation beruhte, sondern auf Supranationalität mit Weltherrschaftsanspruch. Ihre ursprüngliche Verachtung des Nationalismus und die Geringschätzung des aus ihrer Sicht provinziellen Nationalstaats haben die Nationalsozialisten – wie Hannah Arendt vermerkt hat – bis zuletzt nicht widerrufen. Von imperialistischen Eroberungsfantasien aber ist bei deutschen Rechtsnationalisten bisher kein Wort zu hören (was nicht bedeutet, dass sie nicht dennoch im Stillen flüstern). Und ginge es den Nationalsozialisten auf der Fake-News-Grundlage der irrsinnigen »Protokolle der Weisen von Zion« um die Ausrottung des jüdischen Volks auf der Basis jahrhundertealter Stereotype, so geht es extremistischen Köpfen der Neuen Rechten heute vornehmlich um die Rückverschickung von Muslimen in den Orient. Natürlich wäre zu fragen, ob diese Köpfe mittlerweile so clever sind, ihre

Agenda geschickt zu verbergen und durch die Ausweitung der Faschismuszone die Mitte der Gesellschaft zu unterwandern. Haben Revisionisten aus den Fehlern der Vergangenheit gelernt und vermeiden allzu plumpe Provokationen? Oder erweist man ihnen mit der Annahme solcherlei Raffinesse zu viel der Ehre?

Mich stört massiv, dass die schlimmste Menschheitskatastrophe zu Zwecken des massenmedialen Hitlertainments gefleddert wird – als Themen-Generator für Schriftsteller, Kolumnisten, Redakteure, Intendanten und Filmemacher, die sich, abgesehen von der wie auch immer gearteten Qualität ihrer Werke, durch den Nazi-Faktor automatisch einen Platz in den oberen Regionen der Aufmerksamkeitspyramide sichern. Durch seine inflationäre Verwendung wird der Begriff Nazi entwertet. Er verliert seine Dringlichkeit. Seine Monstrosität verblasst. Je mehr er eingesetzt wird, desto mehr befördert er Gleichgültigkeit. Er banalisiert sich selbst entweder zur entleerten Sprachgeste oder führt zum Kraftakt eines rhetorischen Überbietungszwangs, auf dass sich mit so abenteuerlichen wie schiefen Bezügen von Gegenwart und Geschichte ein Wimpernschlag Bedeutsamkeit erkaufen lässt. Dabei sind die Wörter Nazi, Auschwitz, Faschismus und Schuld für das deutsche Gemeinwesen das wichtigste moralrhetorische Kapital. Sie sparsam zu verwenden ist nicht nur hohe Kunst politmoralischer Kommunikation, sondern schierer Respekt vor den einst Gedemütigten und Abgeschlachteten.

Wie das Schuld-Narrativ in seiner moralischen Überkompensation zu Zwangshandlungen und Unfreiheit führt, lässt sich im Kurzstudium dessen lernen, was man *politische Korrektheit* nennt.

2
Hypermoral

Nun wird es abermals heikel, weil politische Korrektheit der Lieblingsfeind der AfD ist. Deswegen nicht darüber nachzusinnen, hieße ja, sich von der AfD oder ihren Gegnern die Themen setzen zu lassen. Nur weil politische Korrektheit der ideale Feind der AfD ist, ist Fundamentalkritik an ihrer Ausprägung noch lange nicht unbegründet. Politische Korrektheit ist allein deswegen schon interessant, *weil* die AfD sie zum Idealfeind erklärt und sie, wie deren Fraktionsvorsitzende Alice Weidel, auf dem Bundesparteitag in Köln 2017 zu schreien meinte, auf den »Müllhaufen der Geschichte« gehöre.

Und selbst wenn man Positionen verträte, die vielleicht auch die AfD vertritt (offiziell oder nicht), heißt das doch in keiner Weise, AfD-Positionen zu vertreten. Ich zum Beispiel vertrete gar keine Positionen, ich versuche zu begreifen. Und begreifen bedeutet, sich aufmerksam und unvoreingenommen der Wirklichkeit zu stellen.

Die Geburt der Korrektheit aus der Tragödie der Verschuldung ist kein allein deutsches Phänomen, aber die Verbindung von deutscher Prinzipienreiterei mit dem Anspruch an Absolutheit politisch korrekter Rede und Moral kann zu interessanten Zwangshandlungen führen. Eine als korrekt zugerüstete Moral radikalisiert sich insofern zu moralischer Korrektheit, als sie korrektes Denken, Reden und Verhalten voraussetzt, ohne zu klären, worin genau die Korrektheit besteht. Jedenfalls drückt sich das Korrekte in rhetorischen Reflexen einer normierten Phraseologie aus (dazu gleich mehr).

Politische Korrektheit als solche gibt es natürlich nicht (weswegen man dieselbe auch nicht auf den Müllhaufen der Geschichte werfen kann). Sie ist kein Subjekt, kein Programm, kein Projekt. Sehr wohl gibt es sie als vorformatierten Text eines öffentlichen Geistes, der umso stärker auf den Einzelnen einwirkt, je selbstverständlicher er von Öffentlichkeitsakteuren als selbstredend »richtig« vertreten wird. Formatiert heißt, dass ausdefinierte Normen das Muster einer ganz bestimmten (im Sinne guten, richtigen und insofern progressiven) Anschauung der Welt weben. Wer dem Konstrukt der so angeschauten Wirklichkeit geneigt ist, wird das Wohlgefühl einer Geborgenheit verspüren. Ohne größeren Aufwand an Reflexion ermöglicht dies Rechtschaffenheit. Wer Korrektheit gegenüber hingegen abgeneigt ist, wird Bevormundung mit autoritär-missionarischen Tendenzen ausmachen, ein »Imperium paternale« (Philosophieprofessor Dieter Schönecker), das letztlich in die Paralyse oder Unfreiheit führt. Wie auch immer es ist: Über die öffentliche Moral oktroyiert politische Korrektheit die eigene Tugendhaftigkeit als soziale Norm. Zu einem moralischen Überlegenheitsgefühl verklärt, betreibt sie dann gern ihrerseits Abwertung: die Herabwürdigung jener, die nicht korrekt leben, das »Falsche« denken und sich nicht richtig verhalten, indem sie andere herabwürdigen. Bei unkorrekter Rede hört nicht nur der Spaß, sondern gern auch die allseits beschworene Toleranz auf (ein Fingerzeig auf das Problem der Hyper- und Doppelmoral).

Politische Korrektheit ist nicht notwendig korrekte Politik. Wer könnte auch sagen, wann welche Politik korrekt wäre? Und korrekt in welcher Hinsicht und worauf bezogen?

Politische Korrektheit entspringt dem Corpsgeist einer Moralpädagogik durch sprachliche Normierung. Ihr Ziel ist die

»richtige« Gleichförmigkeit des Denkens zum Nachteil der manchmal »falschen« Meinungsfreiheit. Das Corps der Korrekten verlangt Gefolgschaft (und verschafft den gegen sie streitenden Vitalitätspolitikern der Widerwelt im Übrigen jenen Anlass, durch den sie ihre Tabuverletzungen erst richtig positionieren können). Wer nicht in der Wahrnehmung der korrekte Redenden korrekt redet, liegt per se falsch. Er vergeht sich am Richtigen und unterliegt der Deutungshoheit derjenigen, die wissen, was das Richtige sei. Die Herrschaft der Moral des radikal Guten gegen das Schlechte operiert meist mit geschlossenen Figuren, die als nicht mehr hinterfragbare Rationalitäten vorausgesetzt werden und damit vorgeben, wie die Realität letztgültig wahrzunehmen und zu bewerten sei.

Ein gutes Beispiel ist der Konservatismus. In überzogener Weise gesagt, geht es in Kampfzonenzeiten ja auch um die Existenzberechtigung des Konservativen. Der Kurzschluss von konservativ auf rechtsreaktionär legt nahe, dass konservatives Denken in einer besseren und idealen Welt untragbar ist. Konservativen (oder mehr noch erzkonservativen) Menschen unterstellt man schnell Beharrungsstarrsinn und Fortschrittsverweigerung, ohne geklärt zu haben, worin genau der Fortschritt besteht (oft ist der Konservative technologischen Innovationen gegenüber beispielsweise weit aufgeschlossener als andere und huldigt der Veränderung, um das bestehende Niveau wahren zu können). Unkorrekt ist, an tradierten Hierarchien festzuhalten, weil so Unterschiede sichtbar und bewertet werden. Kann Konservatismus per definitionem überhaupt korrekt sein? Ich frage mich das, nicht, weil ich selbst konservativ wäre (mein Selbstbild), oder weil ich konservative Zeitgenossen besonders schützenswert fände. Ich frage, weil sich nach meiner Wahrnehmung viele konservativ gesinnte Menschen ver- und ausgestoßen fühlen und sich manche von ihnen fragwürdige politische Schutzräume suchen.

Nehmen wir an, konservativ sei der alte, weiße Mann, der auf oft paternalistische Weise patriarchalische Positionen verteidigt. Oder konservativ sei der aus der Vergangenheit nichts lernende Gestrige, der patriotische Sehnsüchte pflegt und eine nationale Leitkultur für sich so ernst nimmt, wie er es im Falle anderer Leitkulturen in jedem anderen Land wahrnimmt. Konservativ sei schließlich der, der auf tiefe Weise an Gott glaubt, die päpstliche Sexualmoral verteidigt, in biblischem Eifer die Ehe für alle ablehnt und die Frau als Gebärmutter der Gesellschaft betrachtet. Was nun, wenn Menschen so empfinden, Männer wie auch Frauen? Und wird nicht genau dieser scheinbar strukturell unprogressive Konservatismus von einer korrekten Lebensführungsmoral so heftig attackiert, dass sich viele darunter jenen Parteien und Kräften zuwenden, die auf dem Marktplatz der Programme eine restaurative Romantik anbieten: den Geborgenheitsraum einer Widerstandswelt, der die Berechenbarkeit der Welt von gestern verspricht (die sie nie war)?

Es liegt mir völlig fern, reaktionäre Positionen zu verteidigen (vor allem in Bezug auf Frauen und Homosexuelle), hinsichtlich der Kampfzone aber scheint es mir ratsam und geboten, Motive zu hinterfragen und Motivationen zu erkennen, die zu einem Narrativ werden, dessen Deutungsmacht über alle Umstände erhaben ist. Ich würde sogar so weit gehen zu sagen, dass Korrektheit ein nicht legitimiertes, aber überaus wirkmächtiges Meinungszüchtigungsinstrument im Interesse bestimmter Vorstellungen von einer »besseren« Welt ist, die für viele womöglich gar nicht besser ist.

Die Bestimmung von gut und besser ist problematisch: Eine bessere Welt setzt das Gute, das Gute ein normatives Weltbild des Guten voraus. Die Annahme ist durchaus bestechend: Das Gute trägt zur Besserung der Welt und schließlich zur besseren Welt bei, wobei die beste aller Welten freilich nie erreicht ist (ohne Utopien wäre das Leben fad!). Was aber ist das Gute?

Speist es sich beispielsweise aus einem sensibilisierten Schuldbewusstsein, aus der Kompensation des schlechten Gewissens über die eigene Privilegierung? Oder aus der Vermutung fortgesetzter Verschuldung durch Abwertung und Verletzung anderer, Unprivilegierter?

Der höhere Sinn politischer Korrektheit besteht darin, die Diskrepanz zwischen der *Wahrnehmung von Realität* und der *Benennung des Wahrgenommenen* aufzulösen. Realität wird bekanntlich durch Sprache konstruiert; mit dem bewusst gesetzten Wort kann eine bewusst gewollte Wahrnehmung bewirkt werden. Da Sprache per se manipulativ ist, nennen Kommunikationstheoretiker ihren zielgerichteten Gebrauch »Framing«: die Rahmung (oder Einbettung) eines Phänomens in ein durch Sprache gezimmertes Bedeutungsgerüst – oft mit dem Ziel, Wahrnehmung und Urteil des Rezipienten in die gewünschte Richtung zu lenken. Man kann durch das Wort »Flüchtling« große Empathie oder starke Abwehr hervorrufen, je nach Kontext, in den man es stellt. Ebenso kann man den »Markt« als Chance für alle oder als Geißel für die meisten sehen.

Politische Korrektheit als Passform *richtiger* Gesinnung konstruiert einen geschlossenen Wertschätzungs-Zirkel. Anliegen höchster Komplexität werden moralisch bewertet, gutverdaulich reduziert und am Ende politisch verwertet. Die Rendite ist leicht eingestrichen: Der Korrekte kann sich sofort auf die Seite des als korrekt Definierten schlagen; der Dienst im Auftrag des Guten gewährleistet verlässlich soziale Anerkennung. Korrektes Verhalten ist von vornherein tugendhaft, und die eigene Tugendhaftigkeit wird dann gern stilisiert und inszeniert. Die Idee des Guten gegenüber einer inkorrekten Realität lässt sich durch öffentlich gemachte Bekenntnisse kommunizieren, die Psychologen »virtue signalling« nennen: gut sichtbare Bekundungen der korrekten Haltung mittels Jacken-Buttons und entsprechender Botschaften, der Einfärbung des Facebook-Profils in den Landesfarben der Nation, der gegenüber man seine Solidarität ausdrücken möchte und Banderolen mit dem Slogan der »richtigen« Tugend. Das als richtig formatierte »Gute« (wie das als gut formatierte »Richtige«) versteht sich dann fraglos von selbst. Man kann ihm vorbehaltlos zustimmen, ohne Differenzierungen vornehmen oder sachdienliche Argumente formulieren zu müssen. Die Zustimmung bringt schließlich den Anerkennungsapplaus jener ein, die sich ebenso zum Komplizen des Guten machen wollen. Je mehr gleich denken, sich gleich verhalten und Treue zur gleichen Tugend signalisieren, desto größer wird die Wohlfühlgemeinschaft des dann fraglos plausiblen Guten. Wohingegen einer, der das Gewünschte nicht signalisiert, im günstigsten Fall zum Außenseiter erklärt wird.

Nach Einschätzung der Sozialpsychologin Sarah Diefenbach und des Medienforschers Daniel Ullrich wirkt das Regelwerk der politischen Korrektheit mittlerweile überall: Alltäglich lasse sich beobachten, meinen die beiden, wie Menschen innehalten, bevor sie ihre Meinung sagen oder eine Frage stellen, ihre Gedanken sortieren und geistig durchspielen, umformulieren und dann die verbesserte Version äußern.

Das heißt in der Konsequenz: Die Kollateralschäden der Korrektheit betreffen die Gesamtgesellschaft. Das Bedürfnis, zum guten, redlichen Teil der Menschheit zu gehören, ist ein zentrales Element der Berufsauffassung und Selbstbeschreibung sogenannter Gutmenschen, die gehäuft in Berufen mit meist missionarischem Eifer anzutreffen sind und anderen gern vorrechnen, dass sie eins nicht besitzen: Empathie.

Bei aller Wertschätzung für den Kampf gegen das Böse und Schlechte: Das Gute verkörpern zu wollen, schafft eine enorme moralische Fallhöhe. Das Korrekte steht unter dem Druck, auch selbst den höchsten ethischen Maßstäben genügen zu müssen. Öffentlich ausgestellte Erziehungsmoral unterliegt schnell dem

Verdacht auf Willkür, sie dann anzuwenden, wenn es der eigenen Überzeugung angebracht scheint. Ob das Gute glaubwürdig sein müsse, um gut zu sein, ist eine bisher nicht belastbar beantwortete Frage, weil keineswegs abschließend geklärt ist, wann genau wie warum etwas oder jemand »gut« ist.

Das Gute ist naturgemäß eine zwiespältige Angelegenheit. Keineswegs ist das gut Gemeinte auch das allgemein Gute. Die Berufung auf das Gute imprägniert nicht vorm tatsächlich Verwerflichen. Für die Glaubwürdigkeit des korrekten Guten ist es zum Beispiel ungeschickt, wenn Angehörige der britischen NGO Oxfam – die den Kapitalismus gerne frontal angreift, zunehmende Ungleichheit geißelt, den Reichtum einiger weniger skandalisiert und unter großem Einsatz in Staaten der Dritten Welt Projekte umsetzt – im Tschad und auf Haiti Sexparties und Orgien mit minderjährigen Prostituierten feiern (zumal Prostitution in Haiti gesetzlich verboten ist). So ist das mehrfach geschehen. Die lebenslustigen Partygänger waren keine Praktikanten, sondern Landesdirektoren der Oxfam-Führungsebene. Des Weiteren war von systematischem Mobbing, von Belästigung und Einschüchterung zu hören, was nach Lage der Dinge mit dem Guten nicht unmittelbar in Einklang zu bringen ist. Da nun im Zuge des Skandals der Moral auch noch das Finanzierungsmodell von Oxfam auf den Prüfstand kam, stellte sich heraus, dass die unabhängige NGO für ihre humanitäre Hilfe dreiunddreißig Millionen Pfund von der britischen Regierung und mehrere Millionen Euro Steuergeld aus EU-Töpfen (auch von der deutschen Bundesregierung) erhalten hat. Infrage stehen auf dieser Höhe der Betrachtung über Moral und Korrektheit keinesfalls Edelmut, humanitäre Gesinnung und vorbildliches Engagement von Menschen, sondern Verlogenheit, Anmaßung und Doppelmoral derer, die im Auftrag der guten Gesinnung unterwegs sind und das scheinbar Schlechte wortgewaltig geißeln. Entweder oder.

Was hat nun all dies mit der Schuld, gar der historischen zu tun? Vieles. Korrektheit ist ohne Schuld nicht zu denken. Der »Prozess der Selbstkasteiung« (Carlo Strenger) durch korrektes Denken und Reden begann nach dem Zweiten Weltkrieg, als im *Westen* dazu aufgerufen wurde, die Verantwortung für die von ihm verschuldeten Katastrophen in aller Welt zu übernehmen. Mit der Geburtsstunde der politischen Korrektheit wurde die Idee des Universalismus – die absolute Gleichberechtigung aller Kulturen, Glaubenssysteme und Lebensformen – zu einer Maxime, die in ihrer Übersteigerung zu einem nichtjuristischen, aber moralischen Verbot der Kritik an fremden Normen und Werten und damit zur Unterbelichtung der eigenen geführt hat. Der Psychiater und Publizist Carlo Strenger kritisiert zu Recht, dass mit der Vorherrschaft der politischen Korrektheit das fundamentale Prinzip der Aufklärung über Bord geworfen wurde, demzufolge nichts und niemand über Kritik erhaben sein dürfe. Der Anspruch auf Gleichberechtigung und Egalität gerät in Konflikt mit naturgemäßen Unterschieden und Diversität in der sozialen Wirklichkeit.

Die Verabsolutierung des Korrekten bringt es mit sich, dass die Beweislast an etwas Unermessliches delegiert wird: die Geschichte, die Menschheit, den Gang der Dinge. Für die Flucht schwarzafrikanischer Menschen aus dem unbezweifelbaren Elend ihrer Länder etwa wird immer wieder direkt und indirekt der Kolonialismus (europäischer und deutscher Art) verantwortlich gemacht. An vielfach belegter Kunsträuberei und Fremdbeherrschung besteht kein Zweifel, aber nach wie vor ist ungeklärt, inwieweit heutige Deutsche ursächlich oder direkt für Korruption, Misswirtschaft und Polizeigewalt, für Bürgerkrieg, Folter und Vergewaltigung in Verantwortung genommen werden könnten. Auch wenn im 19. und Anfang des 20. Jahrhunderts die Eindringlinge des deutschen Kaiserreichs in Ländern Afrikas und des Nahen und Fernen Ostens Ressourcen ausgebeutet und den dortigen Gesellschaften eine höchst problematische Hypothek überlassen haben, entlastet es die heutigen Herrscherclans, Armut und Abgehängtheit der ärmsten Länder ausschließlich durch den externen Faktor der einst kolonialistischen Überwältigung zu erklären. Darüber hinaus wird die desaströse Macht der Religionen ignoriert, schiebt man die ursächliche Verantwortung für jede Misere kurzerhand (und auf bequeme Weise) »dem Westen« zu (über den höheren Schuldzusammenhang zwischen hegemonialer Aggressivität und Kriegslüsternheit der Weltmächte USA und Russland und dem Zerfall des Irak und Afghanistan müsste man ebenso gesondert und an anderer Stelle debattieren wie über die ökologische Verschuldung jedes einzelnen Individuums auf der Erde, dessen Lebensstil *per se* zu Treibhauseffekt und Klimawandel und also zu Dürre und Verelendung subsaharischer Regionen beiträgt).

Die Zwangsbeglückung der restlichen Welt mit universell gültigen Moralvorstellungen europäischer Philosophie (Menschenrechte, Demokratie, Gleichstellung) sind – so gern man sie allerorten verwirklicht sähe – ideeller Neokolonialismus, der sich normativ denen überstülpt, die, kultur- und geschichtsbedingt, ganz andere Moralvorstellungen haben. »Westliche« (also aus westlicher Sicht universale) Werte durch Druck oder Militär in nah- oder mittelöstliche Kulturkreise importieren zu wollen, ist nicht nur ein Widerspruch in sich, sondern befördert darüber hinaus einen desaströsen Bumerang-Effekt, für dessen Folgen in gewisser Weise die Exporteure eines Demokratiemodells, das sie selbst nicht einmal befolgen, mitverantwortlich sind. Der völkerrechtswidrige US-amerikanische Angriffskrieg gegen den Irak 2003 zum Beispiel – nachweislich mit Lügen begründet und nach Zwiesprache des Präsidenten George W. Bush mit Gott in Auftrag gegeben – zeigt bis heute eindrücklich die Janusköpfigkeit jedes Versuchs, anderen Regionen westliche Maßstäbe aufprägen zu wollen (und vor lauter Zwangsbeglückungseifer gegen die Postulate der Freiheit zu verstoßen). Zuschlechterletzt exportieren die demokratisch gewählten Repräsentanten der westlichen Menschenrechts-Moral massenweise Waffensysteme für Mord, Genozid und Tötung, eine dritte Variante neukolonialistischer Fremdbeherrschung (wenn nicht ohnehin jede Form der Moral- und Demokratiebeglückung fremder Kulturkreise nur ein Deckmantel westlicher Staaten für den wirtschaftlichen Prosperitätszuwachs ihrer Unternehmen ist).

Die Degeneration korrekter Moral zur Doppelmoral lässt sich auch mikrosoziologisch studieren. Noch bevor die legendäre Kölner Silvesternacht 2015/16 aufgearbeitet war – laut Staatsanwaltschaft mit 1200 Anzeigen wegen Vergewaltigung und sexueller Nötigung und über 800 »Verfahren gegen unbekannt« –, hatten deutsche Politikerinnen (und andere) die Öffentlichkeit mit dem Hinweis überrascht, maghrebinische Migranten zu verdächtigen sei eine bösartige (vulgo rassistische) Unterstellung, da auch deutsche Männer Frauen vergewaltigten. Erstens ist das richtig. Zweitens ist das ohne Zweifel immer richtig (Vergewaltigung findet in jedem Dorf der Welt statt, und jede Vergewaltigung, jede Nötigung, jede sexuelle Belästigung ist und bleibt immer kriminell und verwerflich). Drittens ist im Kölner Fall der explizite Vergleich zwischen maghrebinischen und deutschen Männern unlogisch, da die Taten in falsche Bezüge gezwängt werden: Selbst wenn unbestritten genauso viele deutsche wie maghrebinische Männer wen auch immer auf deutschem Boden vergewaltigen und belästigen, ändert das nichts daran, dass die Täter in der Kölner Silvesternacht tatsächlich und nachweislich maghrebinische Migranten waren. Selbstverständlich sind nicht alle maghrebinischen Männer Vergewaltiger und nicht einmal eine höhere Prävalenz für Vergewaltigung ist begründet. Wer aber die Täterschaft angestrengt verschweigt, nährt den Verschwörungsverdacht derer, die aus solcherlei Ereignis Kapital schlagen wollen und darauf warten, die Lügenpresse-Keule zu schwingen. Wenn stimmt, dass es sogenannte »Maulkörbe« für Redakteure und Polizisten gegeben hat, um Stimmungen zu vermeiden, wäre das genauso unsäglich wie der Generalverdacht gegen fremdkulturelle Männer als solche. Ein schmaler Grat, keine Frage, aber künftig muss Fingerspitzengefühl gelernt werden. Zwischen Taten an und Taten von Migranten oder Asylbewerbern darf es keinen Unterschied geben. Recht, Gerechtigkeit und Menschenwürde gelten immer und jederzeit für alle, andernfalls hätten wir es mit ideologiegetriebener Doppelmoral zu tun: Wer bei Aktionen gegen Migranten wegschaut, macht sich mitschuldig, wer bei Aktionen von Migranten genau hinschaut, ist Rassist.

Viertens schließlich ist die traurige Episode der Kölner Silvesternacht ein ideales Beispiel für den Schaltkreis der Korrektheit, dessen Schuld-und-Schuldiger-Verhältnis vorcodiert ist. Aus Sicht des Korrekten ist es unabhängig von jeder Realität richtig, Schuld auf keinen Fall nichtdeutschen Migranten zuzusprechen. Der schutzbedürftige Nichtdeutsche wird aufgrund seines erlittenen Leids als Geflüchteter à priori (also ohne jede Erfahrung vorab gesetzt) entschuldigt. In dieser Lesart fällt es dem präjudizierenden Geist schwer, einen Migranten als potenziellen Täter zu akzeptieren, weil er prinzipiell Opfer und somit unbedingt schutzwürdig ist. Verstößt er gegen die Schutzwürdigkeit einer anderen Opfergruppe – die sexuell genötigte Frau etwa –, tritt ein Güterkonflikt auf: Wer ist das größere Opfer?

Dieses Korrektheits-Dilemma ist ein schwieriger Fall vor allem für Frauen. Sie müssen sich zwischen feministischer und humanitärer, zwischen nationaler und internationaler Solidarität entscheiden. Was ist korrekt: keine Gewalt, keine Belästigung, kein Missbrauch, von wem gegen wen auch immer? Oder besteht das Prinzip des Korrekten zweitens darin, Minderheiten grundsätzlich als benachteiligte Opfer aufzufassen? Dann wäre die Frage, welche als benachteiligt betrachtete Gruppe schützenswerter ist: Frau oder Migrant. Oder aber soll das Leid von Frauen, die belästigt und vergewaltigt wurden, mit höchster Priorität versehen werden (was in Zeiten von #metoo ja doch hohe Relevanz haben könnte und sollte)?

Selbst wenn Politikerinnen der Grünen die Erfahrungen sexueller Nötigung durch maghrebinische Migranten persönlich nie gemacht haben, ja selbst wenn sie solcherlei entwürdigenden Erfahrungen gemacht hätten, sie aber nicht als schlimm einstufen oder so einstufen, dass aus ihrer Sicht Vorschuss-Humanität noch immer höher zu gewichten und Nötigung folglich hinzunehmen sei (als Preis für prinzipielle Menschlichkeit gleichsam, die für den Moment der Vergewaltigung für die vergewaltigte Frau wohlgemerkt außer Kraft tritt) – so mag das für sie gut sein. Man hätte es zu respektieren und zu konstatieren: Glücklich die oder der, die oder der in diesen Fällen einen klaren Kompass hat.

Anderen hingegen vorschreiben zu wollen, wie sie erlittenes Leid wahrzunehmen und zu bewerten haben, ist zynisch. Und schließlich kann man in der Kölner Angelegenheit ganz anderer Meinung sein und aus schlechten Erfahrungen sehr viel kritischere Schlüsse ziehen, ohne sich Fremdenfeindlichkeit vorhalten zu lassen, zumal ausgerechnet die neue Grünen-Chefin Annalena Baerbock zum Jahresausklang 2018 in einem bemerkenswerten Interview mit der Süddeutschen Zeitung kundtat, straffällig gewordene abgelehnte Asylbewerber – insbesondere nach Sexualdelikten – seien rasch abzuschieben: »Da muss man konsequent durchgreifen.«

Vor Jahren wäre sie für diese Haltung von zahlreichen Mitgliedern ihrer Partei und von Teilen der medialen und sozialmedialen Öffentlichkeit als »rechts« bezeichnet, mehr noch: in AfD- oder mindestens CSU-Nähe gerückt und als Schwester im Geiste des Horst Seehofer diffamiert worden. Baerbocks Haltung ist nicht ohne parteipolitische Pikanterie: Machen »Linke« den allenthalben konstatierten »Rechtsruck« um des Erfolgs willen jetzt mit? Beweist Baerbocks Auffassung (wie auch die gern nationalistische Haltung der Linken-Fraktionschefin Sahra Wagenknecht in der Flüchtlingspolitik), wie weit die deutsche Gesellschaft nach Meinung mancher schon nach rechts verkommen ist? Oder ist die Haltung der Grünen-Politikerin im Gegenteil der Ausweis einer pragmatischen Vernunft, die nicht nur dem Gerechtigkeitsgefühl vieler Bürgerinnen und Bürger entspricht, sondern Ausdruck einer verantwortungsvollen Staatspolitik in den Erregungsspiralen der Kampfzone ist?

Man muss es nicht übertreiben mit dem kritischen Blick aufs Korrekte, aber bisweilen führt politisch korrekte Haltung zu verblüffendem Gehorsam, wofür pars pro toto ein Fall vom April 2018 steht. In einer getwitterten Programmankündigung des Mitteldeutschen Rundfunks Sachsen (MDR) für die Radiodiskussion »dienstagsdirekt« tauchte das Wort »Neger« auf. Die geplante Sendung hatte folgenden Titel: »Darf man heute noch Neger sagen?« Nach heftigen Protesten in den sozialen Netzwerken wurde die geplante Sendung – unter anderem mit Frauke Petry als Gast – abgesagt, und zwar umgehend. Weswegen genau? Warum hatte der MDR nicht den Mut, in redaktioneller Souveränität eine Sendung durchzuführen, deren Thema allein durch die Reaktion auf ihre Ankündigung bereits bestätigt wird? Man könnte so etwas für Diskurs halten.

Der Absage folgte prompt die Entschuldigung, besagte Sendung überhaupt erst als Programmpunkt erwogen zu haben. Entschuldigungen sind mittlerweile zum selbstverständlichen Exerzitium politmoralischer Kampfzonen-Korrektheit geworden, wann immer irgendjemandes Gefühl verletzt worden sein könnte. Es sind vom Geist einer öffentlichen Moral erzwungene Eingeständnisse von Schuld und Verfehlung, selbst wenn es um

Aufklärung, Erklärung und die Freiheit und Hoheit journalistischer Themensetzung geht. In einem zweiten Tweet entschuldigte sich die MDR-Redaktion schließlich für ihre Wortwahl. Es habe sich, hieß es, um eine rhetorisch gemeinte Frage gehandelt. Wie aber sollte man die Ausgangsfrage einer Diskussion über die Macht politischer Korrektheit besser formulieren als mit dem Satz, der das Dilemma exakt repräsentiert?

Politische Korrektheit ist die soziale Norm des richtigen Sprechens, weil das falsche Sprechen Gefühle verletzten könnte, weshalb das nicht korrekte Sprechen als solches falsch ist. Gilt Humanitarismus als korrekt, verschuldet sich derjenige an der Humanität an solcher, der den Vorgaben des Humanitarismus nicht bedingungslos folgt. Er gerät unter Generalverdacht, das Falsche zu denken, das Falsche zu wollen, das Falsche zu tun. Das Falsche, das heißt: die nicht korrekte Rede, wird als Fingerzeig eines unkorrekten Denkens verstanden. Wer falsch denkt, ist dann grundsätzlich auf der falschen, nämlich der Seite jener, die selektieren, ausgrenzen, diffamieren, diskriminieren und abwerten. Er ist kalt, unmenschlich, untragbar. Die Entschuldungsambition als Verantwortung für die historische Schuld sublimiert sich letztlich dann in der Unterstellung der Unmenschlichkeit. Sein unkorrektes Denken stellt den nicht korrekt Sprechenden, den nur Denkenden sogleich unter Verdacht, inhuman zu sein. Das Narrativ ist geschlossen, die Zuschreibung beschlossene Sache: Schuldig im Sinne der Anklage!

Lähmungserscheinungen

Wer von vornherein politische Korrektheit als Maßstab zur Begutachtung der Wirklichkeit auswirft, inspiziert die Wirklichkeit nicht mehr wertfrei. Zum einen wird Realität konstruiert, zum anderen das, was der Fall ist, ausgeblendet. Zu beschreiben, was tatsächlich der Fall ist, wird immer problematischer, weil es immer weniger klar ist, für wen was der Fall ist. Wenn Fakten nicht mehr objektiv gültig sind, kommt es allein auf die Perspektive und Weltanschauung des Beschreibenden an. Die postfaktischen Alternative News (als Antidot der Widerwelt gegen das vermeintliche Gift der Fake News) zerstören peu à peu die Grundlagen, auf denen Menschen sicher urteilen können.

Korrektheit und Verlogenheit sind zweieiige Zwillinge. Der eingeredete Auftrag der universellen Toleranz gegenüber allen Kulturen, Gruppen und Menschen führt, so gut er gemeint sein mag, zur Lebenslüge und irgendwann zum Widerspruch in sich, weil naturgemäß vorhandene Unterschiede zwischen Menschen dadurch erzeugt werden, indem man sie leugnet. Moralische wie politische Korrektheit minimieren Schuldgefühle bezüglich potenzieller Abwertung durch ostentative Aufwertung benachteiligter Minderheiten zwar nicht zum Nachteil der Mehrheit, aber sie schreiben jeder Gruppe dennoch eine genuine Identität zu – womit wiederum jene Unterschiede sichtbar werden, die zu widerlegen man antrat.

In unfreiwilliger Ironie kann politische Korrektheit vor lauter Vorverurteilsvermeidung dazu führen, gar nicht mehr zu urteilen. Tatsächliche Fälle werden dann in Sprachgesten zerlegt und im Mahlstrom affirmierender Wahrnehmungsmuster aufgelöst. Wenn etwa jede Kritik an anderen Kulturen (nicht die an Staaten, Politikern oder konkreten Personen) sofort in die Nähe eines eurozentrischen Imperialismus gerückt wird, lähmen sich politisch Korrekte insofern selbst, als sie Verstöße gegen Sittlichkeit und Recht durch Menschen ebenjener Kulturkreise weder benennen noch kritisieren können. »Wer andere Kulturen aber nicht kritisieren kann«, notiert der Psychiater Carlo Strenger, »kann die eigene nicht verteidigen.« Für Strenger ein »phänomenales Eigentor«. Der vorgeblich tolerante, faire und für kulturelle Unterschiede so stark sensibilisierte Westen ist selbst zum

Opfer jener Intoleranz geworden, die mit der Idee der politischen Korrektheit bekämpft werden sollte.

Paternalistisch geneigte Korrektheit hat schließlich eine raffinierte Volte hervorgebracht: die »Phobiephobie« (der Philosoph Jean-Claude Michéa). Phobie ist eine übersteigerte Angst, und wer im Verhängniszusammenhang einer Phobie gefangen ist, kann nicht frei denken. Phobiephobie nun zeichnet sich durch die Angst vor allen Äußerungen aus, die möglicherweise einem anderen schaden könnten, indem sie seinen Standpunkt, sein Benehmen oder Verhalten kritisieren. Aus Furcht, Gefühle zu verletzen, wird durch Schweigen oder Sprechcodes der fällige Diskurs über real vorhandene Probleme verhindert. In der Auseinandersetzung mit dem Islam um Freiheit und Grundrecht, über inkompatible Wertvorstellungen des christlichen und des islamischen Kulturkreises, über das Verhältnis von Grundgesetz und Scharia, über den Unterschied von Würde und Ehre, über die Emanzipation der Frau und das Rollenbild des Mannes. In religiös diversen und pluralistischen Gesellschaften nicht über Unterschiede zu reden, weil das zu unbequemen Verwerfungen führen könnte, ist schädlicher als die Verschiedenheit offen zu debattieren. Das gilt auch für den Politikbetrieb. Sonntagsreden mögen ein Exempel des Korrekten sein, aber sie verschleiern Konflikte aus Furcht vor der Kontroverse. In der Kampfzone ist all das potenziert: das Korrekte als Antwort auf das unterstellte Inkorrekte, die unausgesprochenen Kulturkonflikte und die Furcht vor kontroversem Streit.

Eine starke Drehung weiter gedacht, könnte unter der permanenten Androhung von Verleumdungsklagen schließlich jede ernstzunehmende politische Debatte verschwinden, was irgendwann in der schrittweisen Auslöschung der Meinungsfreiheit endet, egal wie die anfängliche Absicht lautete. Käme es dereinst tatsächlich zu einem Verbot bestimmter unerwünschter Meinungen (wer auch immer dann die parlamentarische Mehrheit stellt), könnte *die öffentliche Meinung* als solche zu einem handelnden Subjekt und zur ständigen Bedrohung für die Freiheit des Individuums werden. Meinung wäre inhaltlich bestimmt und positiv gesetzt. »Der Hang der Menschen, ob als Herrscher oder als Mitbürger, ihre eigenen Meinungen und Neigungen anderen als Verhaltensregel aufzuzwingen«, schrieb der Freiheitsphilosoph John Stuart Mill 1865, erfordere den Schutz des Einzelnen vor der Tyrannei des herrschenden Meinens und Empfindens, sobald die individuelle Meinung abweicht.

Mit einigem Recht darf man politische Korrektheit für in sich autoritär halten, weil ihre Hypermoral als tyrannisches Objekt zu Bevormundung verleitet. Wenn Rücksicht auf jedes verletzbare Gefühl zur normativen Maßgabe wird, sind Verständigung und Gemeinsinn entweder nicht mehr möglich oder bestehen nur noch in oberflächlichen Phrasen. Wer zu Verzichten aufruft oder wie die Kultur-Staatsministerin Widman-Maunz 2018 in ihrer Weihnachtskarte auf das Wort »Weihnachten« verzichtet, um zum Tag des christlichen Hochamts Nichtchristen nicht zu provozieren, führt die korrekte Sache womöglich ins Abseits. Irgendwann weiß der Mensch dann nicht mehr, worauf er beim angestrengten Versuch, nichts und niemanden zu verletzen, noch Rücksicht nehmen soll, bis er sich selbst aus dem Blick verliert. In diesem Moment vom Verlust kultureller Zugehörigkeit zu sprechen, wäre dann wiederum konservativ. Und vielleicht unkorrekt.

Wenn eine Pädagogik des »korrekten« Verhaltens und Sprechens die Entwicklung der Individualität hemmt oder erstickt, ist das nicht hinzunehmen, auch wenn der jeweils Einzelne problematische Meinungen vertritt. Entweder Freiheit für jeden zu jeder Zeit, solange er die Freiheit des anderen nicht beschneidet und auf dem Boden des Grundgesetzes agiert. Oder Freiheitsberaubung. Freiheit ist immer die Freiheit des Andersdenkenden, Andersglaubenden, Andersliebenden, sonst wäre Freiheit eine Farce. Entweder man akzeptiert die Freiheit des anderen als Freiheit an sich – erst dann vollendet sich Freiheit in ihrem eigentlichen Sinn – oder man versucht mit politischer Pädagogik und den sublimen Formen politischer Korrektheit die Freiheit des Einzelnen zu unterminieren und betreibt exakt das Geschäft derer, denen man dies vorwirft.

Wenn die Freiheit der Andersmeinenden, Andersfühlenden und Anderssprechenden nicht gewährleistet ist, driften die einen in die Radikalität alternativer Sprechcodes, die anderen in radikale Resignation. Die dritten in aktive Gewalt. Die vierten in ein grundsätzliches Misstrauen gegenüber allem. Alle Varianten sind unerfreulich.

Verselbständigte Korrektheit kann ein Bärendienst an der liberalen Demokratie sein, deren Grundsatz das öffentliche Sprechen und Aushandeln von Interessen ist. In der Kampfzone verhandelt man bestimmte Interessen und Sätze gar nicht mehr. Man stellt sie gleich unter Verdacht.

Abwertungen

In jeder Gesellschaft, in jeder Nation, in jeder Gruppe gibt es systemische Diskriminierung, weil Gesellschaften insofern strukturell ungleich sind, als die Menschen in ihr ungleich sind (im Sinne des großen Gerechtigkeitsphilosophen John Rawls gesagt). Der Mensch an sich ist ab- und ausgrenzend, das mag traurig sein, scheint aber seit jeher der Fall zu sein. Weltweit sind die gleichen Mechanismen der Aus- und Abgrenzung von Gruppen und Individuen zu beobachten, dass man sich zu fragen hätte, ob Selektion, Ausschluss und Ablehnung vielleicht eine anthropologische Grundkonstante darstellen. Wohin radikale Abwertung von Gruppen mit anderen Identifikationsmustern führt, kann täglich studiert werden. Oft sind es Diskriminierungen religiöser Natur (gegen islamische Rohingya in Myanmar; gegen christliche Jesiden im Irak; gegen muslimische Uiguren in China), die bisweilen auch körperliche Gewalt nach sich ziehen. Manchmal sind Abwertungen religionspolitische Strategien (Erniedrigung der Palästinenser durch den international kritisierten Siedlungsbau des israelischen Staats). Fast immer basieren Abgrenzungsmuster auf biologischen Tatsachen (schwarze Haut, schlitzförmige Augen). Es liegt nahe, dass Ausgrenzung und Benachteiligung immer mit dem Vermächtnis sozialer Hierarchien zu tun hat: Jede Abweichung von der Norm kann zum Ausschlusskriterium werden.

Ich spekuliere an dieser Stelle, ohne mir den Inhalt des Spekulierten zu eigen zu machen, warum und mit welcher Motivation Mitbürger andere Menschen ablehnen, ausgrenzen und zurückweisen. Angesichts des offenen wie inneren Widerstands vieler gut gebildeter Deutscher gegen Kulturfremdheit wäre auch ich sehr an einer überzeugenden Antwort auf die Frage interessiert, wann und zu welchem Anteil es pluralistische Gesellschaften mit tatsächlich rassistisch motivierter Feindlichkeit gegen das Andere zu tun haben und wann und inwiefern es sich um Identitäts-Konstruktion handelt. Das ist ein wesentlicher Unterschied.

In einem verblüffenden Ausmaß und mit erstaunlicher Plötzlichkeit haben wir es in der Kampfzone offenbar mit Rassismus und rassistisch motivierten Reaktionen gegen Fremde zu tun, die vornehmlich nicht dem westlichen Kulturkreis entstammen (von feindlichen Äußerungen gegenüber Isländern, Australiern oder Kanadiern ist so gut wie nichts zu hören). Mit dem Begriff »Rassismus« sind Probleme verbunden, derer man sich bewusst sein sollte. Wer »Rassismus« sagt, ruft erstens einen Terminus der Eugenik und der nationalsozialistischen Politik auf; das

Konzept der »Rasse«. Zweitens reduziert man Menschen, die man einer »Rasse« zuordnet, eben auf eine Rasse, weswegen von Ethnie zu sprechen angemessener ist. Um den Vorwurf des Nazisprechs zu umgehen, nutzen die Klügeren unter den nationalchauvinistischen Islamgegnern geschickt den Begriff des »Ethnopluralismus« und kapern somit eine sozialwissenschaftliche Sprachregelung.

Unter vielen Erklärungsversuchen aus dem Hoheitsgebiet der Sozialforschung scheint mir ein Muster besonders reizvoll zu sein, um das Sozialverhalten ausgrenzender Individuen ausreichend zu verstehen. »Soziale Homophilie« wird jenes Verhalten genannt, das zu relativ homogenen Gruppen mit hoher Gruppenidentität führt: von Menschen, die einem selbst am ähnlichsten oder möglichst gleich sind. Die durch homophile soziale Interaktionen entstehenden Kontaktmuster (Schichtzugehörigkeit, Geschlecht oder Ethnie) ziehen klare Grenzen und erzeugen Zugehörigkeits-Reservate mit jeweils eigener sozialer Identität. Um die Identität zu stabilisieren, grenzt man die eigene Gruppe ab, indem »Eindringlinge« abgewehrt oder ausgegrenzt werden. Räumliche Nähe und Dichte entscheidet über den Grad dessen, was Rassismus genannt wird.

Ich spekuliere weiter und frage wertneutral, was es für den Zusammenhalt von heterogenen Gesellschaften bedeuten würde, handelte es sich bei der Ablehnung des Fremden (unabhängig von der »Rasse«) gar nicht prinzipiell um prinzipielle Abwertung des fremden Subjekts als Vertreter einer fremden Rasse, sondern um Abwehr einer als Eindringling in die eigene Ordnung empfundenen Andersartigkeit. Wenn gleich und gleich sich gern gesellen, wie die Binse nahelegt, dann gesellt sich gleich mit ungleich eben nicht gern.

Womöglich, spekuliere ich weiter, hat fast niemand Probleme mit Afrikanern in Afrika oder Irakern in Mittelost oder mit wem auch immer wo auch immer, wenn die Fremden eben fern des *eigenen* Raums sind. Womöglich wertet man also den Menschen keinesfalls ab, sondern wendet sich nur gegen seine Anwesenheit. Dann hätten wir es, ich spekuliere abermals, nicht mit der Fiktion von der Überlegenheit der weißen Rasse, sondern mit Revierschutz zu tun (der natürlich immer noch feindlich gegenüber Menschen und insofern nicht zu dulden ist).

Xenophobie und Fremdenfeindlichkeit (bisweilen Fremdenhass) sind in keiner Weise zu leugnen. Jeder Übergriff ist unsäglich, Ablehnung und Abwertung sind jederzeit und überall zu finden; und auch das ist völlig klar: Gewalt gegen den Fremden als den Anderen ist niemals und nirgendwo zu rechtfertigen und jede Form der Aggression gegen den anderen Menschen letztlich dumm, weil es sich gegen einen selbst und die relativ simple Idee der Gattungsgleichheit richtet: Mensch ist Mensch. Wer einen Menschen angreift, greift die Menschheit als solche an (und also auch sich selbst).

Natürlich könnte man diese Spekulation im Brustton der Empörung zurückweisen – was nicht sein soll, das darf nicht sein. Gut, das wäre zu respektieren, allerdings hinreichend weltfremd – die tägliche Zeitungslektüre reicht aus, um das Gegenteil anzunehmen. Man könnte es auch (und ohne weiteren Versuch, das widerständige Verhalten mancher Zeitgenossen verstehen oder sozialpsychologisch erklären zu wollen) schlicht als Brandstifterei abtun, sich über die Motivation der Abwehrreaktion überhaupt Gedanken zu machen. Auch gut, ist einfach, bequem und entspricht dem Geist der Kampfzone. Beides führt nicht weiter, sondern in die Sackgasse eines Ressentiments gegenüber denen, denen man – zu Recht – Ressentiments vorhält.

Nehmen wir für den Moment lieber an, die Wissenschaft hätte Recht. Dann kann es einer Gesellschaft auf der Suche nach allgemein zustimmungsfähigen Regeln für Zusammenhalt und Zugehörigkeit letztlich doch nur darum gehen, wie man den

Menschen in seiner ganzen Anfälligkeit für Ab- und Ausgrenzungen, Auf- und Abwertungen und Identitätskonstruktionen zu sozialverträglichem Verhalten animiert (da offenbar viele Bürger tatsächlich feindlich motivierten Hass auf Fremde in sich tragen).

Insofern besteht – ähnlich wie im Fall systemischer Korruption dort, wo mehr als zwei Menschen leben – die Aufgabe jeder zivilisierten Gesellschaft darin, die Neigung des Menschen zur Homosozialität zu erkennen und Regeln für den Umgang aller mit allen zu finden. Differenzierung statt Diffusität wäre wichtig. Der Begriff »Rasse« taugt dafür am wenigsten. Ich bin mir bewusst, dass der Grat zwischen mentaler Gruppenidentität und physischer Gewalt gegen den Fremden und Anderen, zwischen sozialer Homophilie und Xenophobie schmal ist. Und die Exzesse? Ohne Frage, was Rechtsextreme gegenüber »Ausländern« vollzogen haben und vollziehen, ist verfassungsfeindlich, kriminell, verachtenswert und würdeverletzend. Die Spekulation über dieses Thema mag heikel sein, ich halte sie aber für notwendig. Wer die Motive von Menschen in der Kampfzone nicht versteht, kann den Motiven nicht mit Vernunft begegnen, selbst wenn die so Motivierten für rationale Verständigung unzugänglich sein mögen. Was wäre die Alternative? Soll man sie verloren geben? Soll eine Gesellschaft zwanzig Prozent ihrer selbst an den radikalisierten Rändern als unintegrierbar hinnehmen?

Die Verbesserung der Welt durch Diskriminierungsbeseitigung ist ein edles und wünschenswertes Ziel (das im Übrigen vom Rat der Europäischen Union seit 2000 in Form von Richtlinien für Berufs- und Privatleben gesetzlich eingefordert wird). Im öffentlichen Diskurs der deutschen Kampfzone gilt zu oft die Schuldgewissheit, nicht die Unschuldsvermutung. Und hier beginnen die Probleme. Um die sprachlichen Mechanismen der Kampfzone zu decodieren und die Motive aufzudecken, die den Empörungsspiralen zugrunde liegen, lohnt es sich, für einen meditativen Moment das verselbständigte Reiz-Reaktions-Schema an zwei Beispielen unter die Lupe zu nehmen.

Im Mai 2018, Beispiel eins, geriet FDP-Chef Christian Lindner in die Verwertungskette der Erregokratie. Es ging damals um nichts Geringeres als den Vorwurf, Lindner sei Rassist. Wie konnte es zu dieser Behauptung kommen? Während einer neunzigminütigen Rede am 12. Mai 2018 auf dem Bundesparteitag der FDP in Berlin sagte deren Parteichef, Deutschland müsse Gestalter des Wandels werden und dürfe nicht dessen Objekt bleiben. Weiter sagte er, Deutschland sei dabei, die Grundlagen für seinen zukünftigen Wohlstand zu verspielen und merke es nicht einmal. Von 100 Forschungsschwerpunkten zur Künstlichen Intelligenz, fuhr Lindner fort, gebe es nur zwei oder drei in Deutschland.

Nach einer Stunde und vierzehn Minuten fiel der Satz, er, Lindner, wolle Zuwanderung klug managen. Die große Gefahr seien Hasstiraden, man wende sich gegen die Verrohung der Gesellschaft, die »Befriedung des Großkonflikts« sei die Aufgabe der kommenden Jahre. Lindner forderte eine weltoffene, liberale und deshalb auch fordernde Einwanderungspolitik. Einwanderung, führte er aus, müsse sich messen lassen an den Kategorien der praktischen Alltagsvernunft, damit die Mehrheit im Land die Politik und ihre Regeln verstünden. Integrations- und Einwanderungspolitik dürfe sich nicht beeinflussen lassen durch Ressentiments und Angst, aber sie müsse von der Bevölkerung verstanden werden.

Nach einer Stunde und achtzehn Minuten folgte jene in der medialen wie sozialmedialen Erregungsschleife unzählige Male wiederholte Passage, die im Originalton folgendermaßen lautet: »Wir werden aber qualifizierte Einwanderung brauchen, und dafür müssen wir ein weltoffenes Land bleiben. Man kann beim

Bäcker in der Schlange nicht unterscheiden, wenn einer in gebrochenem Deutsch ein Brötchen bestellt, ob das der hochqualifizierte Entwickler Künstlicher Intelligenz aus Indien ist oder ein sich illegal bei uns aufhaltender, höchstens geduldeter Ausländer. Damit die Gesellschaft befriedet ist, müssen die anderen, die in der Reihe stehen, damit sie diesen einen nicht schief anschauen und Angst vor ihm haben, müssen sie alle sicher sein, dass jeder, der sich bei uns aufhält, sich legal bei uns aufhält. Die Menschen müssen sicher sein, auch wenn jemand anders aussieht und nur gebrochen Deutsch spricht, dass es keine Zweifel an seiner Rechtschaffenheit gibt. Das ist die Aufgabe einer fordernden, liberalen rechtsstaatlichen Einwanderungspolitik.«

Aus Lindners neunzigminütiger Rede wurde genau diese eine Minute herausgegriffen, um dem Redner ohne Kenntnis des Kontexts »Alltagsrassismus« vorzuwerfen. Inwieweit nun könnte die Passage im Zusammenhang der gesamten Rede und ihrer Leitmotive rassistisch oder rassistisch motiviert sein? Mit welchem Argument könnte man Lindner – selbst wenn man seine Sicht der Dinge nicht teilt – einen Rassisten nennen? Es geht ihm ja ganz offensichtlich einerseits um die Frage einer Einwanderung qualifizierter Fachkräfte und andererseits vor allem um die Befriedung der Republik, die sich – das kann nicht ernsthaft bezweifelt werden – im Unfrieden befindet. Für Befriedung seien »Weltoffenheit« (sic!) und zugleich ein Gefühl von Sicherheit nötig, das sagt Lindner ganz eindeutig. Das heißt: Sicherheitsgefühl ist die Voraussetzung für Weltoffenheit. Die einheimischen Menschen, die integrieren sollen, dürften keine Angst vor Ausländern haben. Lindner will ja gerade *nicht*, dass man *den* Ausländer schief anschaut.

Wie das nun aber konkret, praktisch und vor allem gesamtgesellschaftlich-friedvoll gelingen könnte, ist doch genau die zentrale gesellschaftspolitische Frage unserer Zeit. Wer von jenen, die angesichts dieser Rede Rassismus erkennen wollen, hätte eine überzeugende andere Antwort für die Befriedung der Kampfzonengesellschaft in Zeiten technologischer Revolution anzubieten, da ja doch das Unbehagen der Bürger ebenso wenig zu leugnen ist wie die Unsicherheit vieler Menschen in Erwartung einer unguten Zukunft? Man muss ja nur hin- und zuhören, selbst wenn man das Gesagte und Gehörte hundertmal nicht teilt.

Zu welchen Volten der Verirrung es in einer auf dem Boden der politischen Korrektheit drehenden Erregungsspirale kommen kann, zeigte sich, kurz vor Lindners Rede, im Frühjahr 2018, als ein einfacher deutscher Bürger wider Willen zu anrüchiger Berühmtheit gezwungen wurde. Jörg Sartor, ehemaliger Bergmann, damals einundsechzig und seit zwölf Jahren Chef der ehrenamtlichen »Tafel« in Essen (eines gemeinnützigen Vereins zur Notlinderung), beschloss eines Februartages, Essen in Essen nur noch jenen auszuhändigen, die seit Jahren Kunden seiner Tafel sind. Die Essener Tafel versorgt 6000 Menschen direkt mit Lebensmitteln und beliefert weitere 10 000 in Obdachlosenheimen und Drogenhilfezentren. In zehn Jahren hat sich die Zahl der Tafel-Kunden offenbar verdoppelt, vornehmlich durch Senioren und Flüchtlinge; die Arbeitslosenquote der Stadt Essen war im Februar 2018 mit elf Prozent eine der höchsten in der Republik. Im Dezember 2017 waren nach Angaben der Tafel-Leitung fünfundsiebzig Prozent der Kunden zugezogene Flüchtlinge mit ausländischem Pass.

Nach allem, was bekannt ist und via Interview und Statement über diverse Medien transportiert wurde, gab es bei der Essener Tafel zunehmend Probleme insofern, als sich nach Wahrnehmung von Sartor (und anderen) »junge Migranten« vordrängelten, pöbelten und sich bei der Essensausgabe zum Nachteil von Senioren und Familien unrechtmäßig Vorteile verschafften. Nach Wahrnehmung Sartors (wie auch anderer) seien Omas oder Alleinerziehende von besagten jungen Migranten »weggeschubst« worden. Der Tafel-Chef reagierte auf fehlende Disziplin in den Schlangen angestellter Kunden und sprach einen vorübergehenden Stopp von Neuaufnahmen für Menschen mit nichtdeutschem Pass aus. Alle (auch alle Nichtdeutschen), die bereits Kunden waren und Essens-Marken hatten, durften selbstredend bleiben.

Die sozialdemokratische Juristin Katarina Barley, damals Familien-, heute Justizministerin, fühlte sich beizusteuern bemüßigt, Menschen pauschal auszuschließen, fördere Vorurteile. Sogar die Kanzlerin äußerte sich: »Da sollte man nicht solche Kategorisierungen vornehmen, das ist nicht gut«, sagte sie in ihrer legendären Unschärferhetorik im Fernseh-Interview mit RTL. Aber welche Kategorisierung soll nicht gut sein: die Kategorisierung in »deutsche« und »ausländische« Bedürftige? Oder überhaupt die Kategorie der Bedürftigkeit, da es im Eigentlichen um die Mechanismen eines Verteilungskonflikts und die Organisation knapper Ressourcen geht? Man mag den Essener Vorfall aus sozialpolitischen Gründen für kritisierenswert halten, weil Bedürftigkeit – dem christlichen Ethos folgend – nicht an Nationalität gebunden sein soll, keine Frage. Und gewiss gibt es keine Bedürftigen erster oder zweiter Klasse, solange die Bedürftigen tatsächlich bedürftig sind, was festzustellen ohnehin schwierig genug (und für die Betroffenen oft demütigend) ist.

Für die Zustandsanalyse des zeitgenössischen Geistes entscheidend aber ist, was Sartor in den folgenden Tagen entgegenschlug: Rassist! Warum Rassist, fragt man sich, und inwiefern Rassismus? Wo ging es in diesem Fall um konkret welche »Rasse« und deren Abwertung? Mit keinem Wort hatte Sartor gesagt, andere Kulturkreise seien minderen Werts oder kriminell oder hätten kein Recht auf Notlinderung. Er hat kein Individuum abgewertet und Verachtung nicht persönlich adressiert. Er entschied sich als Lösung des von ihm beobachteten Konflikts allein zur *Nichtaufnahme* von *Neukunden.* Kein Nichtdeutscher wird durch diese Entscheidung benachteiligt, weil er ja erst gar nicht aufgenommen wird; ein Benachteiligungsverhältnis kann also logisch gar nicht entstehen. Und um dem Essener Fall die ganze Gunst des Kampfzonenwahnsinns zuteilwerden zu lassen: Bestens lesbar wurden kurze Zeit nach Sartors Entscheidung Kleintransporter der Tafel mit dem Schriftzug »Fuck Nazis« besprüht. Das heißt strenggenommen, Nationalsozialist ist bereits der, der vorübergehend die Neuaufnahme von Kunden aussetzt, keinesfalls aber die bereits aufgenommenen Nichtdeutschen abweist. In der Verwertungskette zwischen Rassismusunterstellung, Empörung, Nazivorwurf und Shitstorm geriet der Fall Sartor schließlich in den Mahlstrom der Fernsehcomedy und wurde von den heiteren Satirikern der »heute-show« final als Skandalon geadelt. Wer in den Maschinenräumen öffentlich-rechtlicher Lustigkeit landet, ist erledigt. Ihm wird jeder Seriositäts-Gehalt abgesprochen. Fernsehsatire ist nichts anderes als espritbefreites Bloßstellungs-Entertainment, das sich auf Kosten jeweils dessen lustig macht, der eine Pointe abwirft.

Sodann war Ruhe. Nach wenigen Tagen Er- und Überhitzung fiel die Essener Tafel in Vergessenheit. Verbrannt, verkohlt, verbraucht. In der Erregokratie wollen täglich neue Säue durchs Dorf getrieben werden.

Was lehren die Beispiele Lindner und Sartor über den Zustand des öffentlichen Geistes und der Stil- und Debattenkultur in der Kampfzonenrepublik? Gleichermaßen lässt sich angesichts beider Fälle erkennen, dass die Auseinandersetzung über zwangsläufig entstehende Normkonflikte in einer multiethnischen Gesellschaft (die ohne Präzedenz-Erfahrung und ohne die nötige Zeit der Gewöhnung verhandelt werden müssen) fast automatisch unter dem Generalverdacht der Abwertung steht. Um die Rede vom Rassismus zu rechtfertigen, muss aber immer eine »Rasse«, wie auch das Abwertungsinteresse des Sprechers sowohl vorausgesetzt als auch unterstellt werden. Warum aber sollte schon Rassist sein, wer sich die Frage stellt, ob und wie die Integration von kulturfremden Menschen in eine säkularisierte christliche Gesellschaft gelingen kann? Weil man unterstellen kann, dass der, der so fragt, diese Integration gar nicht will? Weil man postwendend Verachtung des Fremden annehmen muss? Das kann genauso zutreffen, wie es nicht zutreffen kann. Wenn keinerlei Grenze gezogen, keinerlei Begriffsarbeit geleistet, wenn weder definiert noch präzise geschieden wird, gerät alles durcheinander und verschmilzt zu einer plausiblen Rationalität, die nicht weiter hinterfragt als gegeben angenommen wird. Misslich ist das schon deshalb, weil die Abwertung von kulturell Anderen tägliche Tatsache ist.

Niemand, der Abwertung aufgrund äußerer Merkmale nicht selbst erfahren hat, könnte nachfühlen, wie sich Abwertung anfühlt; und gewiss ist der Grat zwischen Wahrnehmung und Benachteiligung schmal, das ist er immer. Natürlich könnte niemand, der bei Trost ist, die offene und latente Abwertung Anderer infolge äußerer Merkmale leugnen, und niemand bei Trost kann in der Unterteilung von Menschen in Bürger erster und zweiter Klasse nicht eine Verletzung der menschlichen Würde sehen, die gegen das Grundgesetz ebenso verstößt wie gegen das Gesetz der Humanität.

Trotz allem ist »Rassismus« auf dem Schlachtfeld der Kampfzone ein höchst brisanter Begriff, weil – eben das lehren die Beispiele Lindner und Sartor – erstens gar nicht klar ist, wer wann genau Rassist ist. Und zweitens, weil mit dem Begriff Rassismus Identitäts- und Moralpolitik betrieben wird, ohne die Frage geklärt zu haben, ob man tatsächlich mit dem alten Nazibegriff der »Rasse« (als biologisch-genetische Tatsache) oder nicht viel eher mit dem angelsächsischen Verständnis von »race« (als kultureller sozialer Identität) verfahren sollte. Das ist ein feiner, aber wichtiger Unterschied, und die dringend nötige Differenzierung beginnt schon damit, dass Muslime keine Rasse, sondern eine Glaubensgemeinschaft sind (nötig allein deswegen, weil es Xenophoben um die Verteidigung ihrer eigenen Kultur und den Kampf gegen andere Kulturen und deren Wertsysteme geht). Die fremde Kultur wird abgelehnt, wenn sie einem zu nahekommt. Aus Furcht, mit dieser Haltung sogleich in die soziale Isolation zu geraten, schweigen Menschen solange, bis jemand ins Vakuum sticht. Das ist in den vergangenen fünf Jahren geschehen.

Schweigespirale

Ende der 1970er-Jahre beschrieb die Psychologin Elisabeth Noelle-Neumann ein aus ihrer Sicht neues Phänomen und nannte es: »Isolationsfurcht«. Menschen, lautete die Erklärung, verschweigen ihre wahre Meinung, wenn sie das Gefühl hätten, diese stehe im Widerspruch zur vermuteten Mehrheitsmeinung. Die mutmaßliche Mehrheitsmeinung, so die These der Schweigespirale, wird von den Trägern des öffentlichen Geistes transportiert: Massenmedien, Kulturbetrieb, Kirchen, Verbände, Parteien und dergleichen. Aus Noelle-Neumanns Sicht bedeutete dies: Wenn Gedanken oder Meinungen nicht mehr frei geäußert werden, weil das Gefühl vorherrscht, eine nicht korrekte oder »falsche« Meinungen nicht äußern zu können, werden sie ins innere Exil gedrängt. Was zum Beispiel, hätte man heute zu fragen, macht der gebildete, bislang unbescholtene deutsche Mittelschichtsbürger, der Zuwanderung nicht unbedingt als Bereicherung empfinden kann? Wird sein – wie auch immer gerechtfertigtes oder nicht berechtigtes – Unbehagen an für ihn fremdländischer Kultur mit der gleichen Ernsthaftigkeit ernst genommen, mit der seine Meinung von maßgeblichen Gruppen als falsch verurteilt wird? Ginge es nach Noelle-Neumanns Beobachtung, schweigt der Mittelschichtsbürger aus der Furcht, in die soziale Isolation zu geraten.

Die Schweigespirale ist seit jeher umstritten, weil das einst CDU-geneigte Anliegen, einen vermeintlich linksliberalen Medien-Mainstream zu Lasten der Wahrnehmung konservativer Positionen und Personen nachzuweisen, nur unter großer Not empirisch überzeugend war. Zur Härtung der Noelle-Neumann'schen These hatten Kommunikationswissenschaftler die Kameraeinstellungen im Bundestagswahlkampf 1976 zwischen Helmut Schmidt und Helmut Kohl zum Nachteil des letzteren gezählt. Das von »linksliberalen« Redakteuren gemachte Fernsehen, lautete der Vorwurf, habe das Meinungsklima für den Herausforderer verschlechtert. Die wahre – man dürfte in diesem Fall anfügen: konservative – Mehrheit aber schweige, weil sie annimmt, dass ihre Sicht mit der öffentlichen wie veröffentlichten Meinung nicht übereinstimmt.

Billigt man der Schweigespirale psychologische Plausibilität zu, lässt sie sich als Vorläuferin der Erregungsspirale verstehen und beweist heute, dass sie früher richtig war. Jeder Psychiater weiß, dass Verdrängung Neurosen bewirken kann: Was nicht gesagt wird, gleitet ins Vakuum. Platzt das Vakuum, erhält die schweigende Mehrheit ungewohnte und plötzliche Macht. Die bislang unterdrückten Meinungen schießen dann mit großer Wucht in den rückhaltlosen Raum des globalen WorldWideWeb-Stammtischs und sind nicht mehr zu kontrollieren. In der Erregokratie mit ihrem thymotischen Level scheint das der Fall zu sein. Die Verletzlichkeit einer von politischer Korrektheit rein gehaltenen Semantik, die auf fortgesetzte Hygiene angewiesen ist, nutzen Widerwelt-Politiker mit kalkulierten Verstößen zur Verunreinigung. Das Ziel der Vitalitätssteigerung durch Instinktpolitik kommt einem neuen Extremismus gleich, der sich wiederum selbst als »politisch korrekt« darstellt und dafür das Wörtchen »wahr« benutzt.

Ich resümiere. Die Schweigespirale ist die Voraussetzung der Erregungsspirale. Deren Erhitzung durch Katalysatoren politischer Korrektheit und moralisierender Selbstgerechtigkeit führt letztlich ins Gegenteil. Vor lauter Ereiferung und dem Bemühen, sich unbedingt auf der korrekten Seite zu positionieren und von der korrekten Norm abweichende Haltungen zu stigmatisieren, geraten Reflexion und Lernfähigkeit als Instrument der Lösungsfindung in den Hintergrund. Permanente Selbstüberwachung züchtet Skrupulosität. Dauerverdacht und systematische Verdächtigung lassen das Fundament der auf Redefreiheit und dem Grundrecht auf Meinungsäußerung basierenden Demokratie erodieren. Letztlich könnten moralisch autoritäre Korrektheit, Doppel- und Hypermoral demokratiezerstörend sein, wenn institutionalisiertes Misstrauen zwischen Bürgern, Religionen, Geschlechtern, Staat und Individuum nicht mehr versöhnbar ist.

Die Verweigerung einer Auseinandersetzung mit Stil und Verstand, die hohe Kunst des Streitens also, entweder Isolationsfurcht-Schweigen oder Wut-Blöken, bewirkt Sprachverlust und Sprechverrohung. So verfängt sich eine Gesellschaft in Negativitätsschleifen und hat große Probleme, sich positiv zu begreifen. Aus Angst vor Größenwahn verzwergt man sich prophylaktisch selbst. Das ist niedlich und unreif zugleich.

3
Patriotismus

Immer noch und immer wieder aufs Neue geht es um das Selbstwertgefühl, das die Deutschen sich selbst gestatten. Es geht unverdrossen um die Frage, ob das anthropologische Bedürfnis nach existentieller Zugehörigkeit zu einer höheren Einheit auch vom deutschen Vaterland erfüllt werden kann, soll und darf. Niemand anderes als die Deutschen selbst erlauben oder verbieten sich Vaterlandsliebe oder Deutschlandverachtung, und womöglich macht diese selbstverständliche, in Kreisen autoerotischer Nationallibido verhasste Demut die Deutschen für viele Nichtdeutsche sympathisch. Im Ausland versteht man den Furor der deutschen Selbstzerfleischung nicht sofort, mag das Kämpfen und Ringen mit den Geistern aus dem Rückraum meist aber sehr. Gespräche mit Israelis, Niederländern, Österreichern und Franzosen sind durchaus erkenntnisfördernd und machen einem die zarte Lächerlichkeit der deutschen Selbstüberhebung bewusst, »für alles Elend der Welt den Grundstein gelegt haben zu wollen« (Hermann Lübbe). Als einzigartige Übung in Demut ist die Operation der Deutschen am lebendigen Eigenleib ihrer Nation für alle anderen Nationen spannend zu beobachten: Wie sühnt eine nachkommende Gesellschaft das Unsühnbare der Vergangenheit? Und was geschieht, wenn das mühsam etablierte Gleichgewicht verloren zu gehen droht?

Vorahnungen eines bipolaren Kriegsgebiets gab es 2016 in Leipzig und 2018 in Chemnitz, als der rechtsextreme sowie im Juli 2017 beim G20-Gipfel in Hamburg, als der linksextreme

Mob wütete. Die Rechtsmobber suchten Kanaken und Ausländer, die Linksmobber Bullenfaschisten. Am Ende gab es hier Hitlergrüße, wurden Menschen ge- und verjagt, brannten dort Autos und Barrikaden, wurde vandalisiert und geplündert. Über Chemnitz lag die Vorahnung bürgerkriegsähnlicher Zustände, über Hamburg zog der reale Schlachtenqualm himmelwärts. Der Sinn anscheinend sinnloser Gewalt besteht ja in einer Entdifferenzierung, die mit der bürgerlichen Logik und den Codes der Selbstverständigung bricht. Als in der reichen Kaufmanns- und Handelsstadt Hamburg gelangweilte Kids des europäischen Bürgertums im Namen der ausgebeuteten Klasse Geschäfte des kleinen Mannes plünderten, missverstand man dies – offen oder klammheimlich – als rebellisch.

»Was ist los mit unserem Land?«

So fragte 1997 der hochrangige Festredner im Hotel Adlon und fuhr fort: »Der Verlust wirtschaftlicher Dynamik, die Erstarrung der Gesellschaft, eine unglaubliche mentale Depression – das sind die Stichworte der Krise. Sie bilden einen allgegenwärtigen Dreiklang, aber einen Dreiklang in Moll.« Das Substrat besagter Hotel-Festrede ist im kollektiven Gedächtnis abgespeichert und lautet in einem Satz: »Durch Deutschland muss ein Ruck gehen.«

Im April 1997 konnte sich der damalige Bundespräsident Roman Herzog keineswegs ausmalen, wohin die »unglaubliche mentale Depression« zwanzig Jahre später führen würde. Nach 1997 hat es keinesfalls im Herzog'schen Sinne geruckt, vielmehr ist die Republik in die Kampfzone entrückt. Von Dreiklang in Moll kann keine Rede mehr sein, es ist ein voluminöser Hybrid aus Trauerchoral und Marschmusik. Die Worte *deutsch* und *patriotisch* zu koppeln, ist nach wie vor eine höchst heikle Angelegenheit. Vor dem hochherrschaftlichen Gebäude der »Patriotischen Gesellschaft« in der Hamburger Innenstadt zum

Beispiel befällt den Flaneur fast automatisch der Gedanke an einen Stefan-George-Kreis zur Vorbereitung einer gepflegten Antimoderne; kein gut erzogener Deutscher bei Sinnen würde heute öffentlich bekennen, Patriotismus sei eine mit inbrünstiger Freude zu besingende Angelegenheit, die sich absolut mit jener Verfassung vereinbaren ließe, auf welche sich nach Ansicht selbst neomarxistischer Denker wie Jürgen Habermas und liberaler Politikwissenschaftler wie Dolf Sternberger die Bundesrepublik auf der Suche nach einem Selbstbegründungskonzept berufen sollte.

Das Selbstverhältnis der Deutschen zu sich und ihrem Land war und ist gestört. Noch immer ist der Begriff Patriotismus umflort von der Aura eines direkten Verhängniszusammenhangs zwischen 1939 und 2019. Noch immer ist Patriotismus Teil des Schuld-Narrativs mit der Botschaft: Es ist säkulare Sünde, sich selbst zu mögen, gar zu lieben, weil durch jeden Deutschen prinzipiell die unselige Geschichte Deutschlands spricht. Seit Ausbruch des Ersten Weltkriegs befand sich Deutschland als Reich und Republik fortgesetzt im Kampf zwischen Normalität und Auserwähltheit. Es war immer ein Land der Extreme und Exzesse. Höhenwahn, Niedertracht und Selbstgeißelung schmieden seit über 140 Jahren einen Mythos der Exklusivität. Von frühem National-Chauvinismus bis zu den unfassbaren Massenmorden des Dritten Reichs war das Pickelhauben- und SS-Runen-Deutschland eines der Herablassung und Hybris, des Herrenrassen-Militarismus und der Weltbeherrschungsattitüde. Spätestens nach 1938 starrte das aufgeklärte Europa fassungslos in die diabolische Fratze eines Landes aus seiner Mitte, das sich oberhalb christlicher Gebote verortete und sich außerhalb der humanistischen Zivilisation platzierte, um sich über alle anderen zu erheben. Der Ausnahmezustand war Normalzustand, und bis vor wenigen Jahren war der Normalzustand die Ausnahme. Von Kaiser Wilhelm zu Kaiser Franz – das war ein weiter Weg.

Der erste endete im Weltkrieg, der zweite in Korruption. Zweimal unglückliches Deutschland.

Die »Wir schaffen das«-Republik ist ein Land der mit hohem Aufwand an Erschrockenheit betriebenen Selbstliebeverhinderung. Viele Deutsche mögen (schätzen? lieben?) ihr Land auf eine mysteriöse Art der Verklemmung; als Bundesbürger steckt man seine Flagge geräuschlos auf. Bis auf bekennende Schrebergartenbesitzer und vulgäre Neonazis käme doch niemand auf die Idee, die Deutschlandfahne über die Dauer einer Fußball-WM hinaus an seinem Balkon wehen zu lassen oder sie dem Gartenzwerg in die geballte Faust zu stecken, was im Übrigen herrlicher Anlass für alle Kritiker wäre, in Fahnenschwenkerei und Hymnengesang die Kontinuität des Faschismus erkennen zu wollen (und jeder widerliche Angriff auf Asylbewerber nährt diesen Verdacht).

Laut einer jährlich durchgeführten Umfrage des BBC World Service war Deutschland in den Jahren 2008, 2009, 2010, 2011, 2013 das beliebteste Land der Welt. Im Jahr 2012 siegte Japan, Deutschland wurde Zweiter. 2014 wurde Deutschland in der Umfrage des Marktforschungsinstituts GfK als »angesehenste Nation der Welt« auf Platz 1 gestellt, 2016 zeichnete eine amerikanische Organisation Germany als »beliebtestes Land der Welt« aus; 2017 landete die Bundesrepublik bei der internationalen Umfrage der »Anholt GfK Nation-Brands« zum Image von siebzig Ländern auf Platz 1 (vor Frankreich, Großbritannien, Kanada und Japan). Wie konnte das passieren? Hat das Ausland etwas nicht begriffen? Oder eben gerade doch? Oder geht es bei solcherart Rankings nur um Investitionsklima, Rechtssicherheit und Disziplinfähigkeit? Oder um mehr: um Image und Fremdwahrnehmung?

Die Klage über den neuen Hegemon, als welcher sich die Deutschen in Europa angeblich aufführten, die Kritik bestimmter Politiker bestimmter Mittelmeerländer und deutscher Klientelparteien an Austeritätspolitik und Spardiktat der Bundesregierung, die scheinbare Angst der halben Welt vor der Beherrschung der ganzen durch die größte Volkswirtschaft Europas, kurzum: die Furcht vor neuer Weltherrschaft durch germanische Großartigkeit – all das scheinen abertausende Befragte in fünfundzwanzig Ländern über die vergangene Dekade hinweg keineswegs schlecht zu bewerten. Natürlich ist Lobhudelei unangebracht, Selbstüberschätzung ohnehin, und völlig unverständlich ist das Kanzlerinnen-Lamento über fehlende europäische Solidarität vor dem Hintergrund der vergangenen zwanzig Jahre: Wer sich jahrelang von Engagement freikauft und Italiener und Griechen bei der Bewältigung wachsender Migration an den Küsten Südeuropas allein lässt, darf sich über deren reserviertes Engagement bei der Bewältigung der deutschen Probleme heute nicht beschweren.

Alles zusammengenommen kann durch repräsentative Empirie abgesichert behauptet werden: Eine große Mehrheit der Weltbevölkerung beurteilt den Einfluss Deutschlands in der Welt überaus positiv – trotz ökonomischer Macht und der Tatsache, nach der beispiellosen Fremd- und Selbstzerstörung innerhalb eines halben Jahrhunderts wie ein Phönix aus der eigenen Asche aufs Neue musterschülerhafte Überlegenheit und Stärke für sich reklamieren zu können. Für manisch deutschlandkritische Bundesbürger werden die amourösen Streicheleinheiten aus dem Ausland unerträglich sein, kontrastieren sie doch die Lesart einer aufpasserisch imprägnierten Publizistik, das gesamte Sonnensystem leide unter der frivolen Arroganz der Deutschen und ihrem unveränderten Furor teutonicus.

Einstellungen, Meinungen und Wünsche bezüglich der Rolle Deutschlands in der Welt scheinen nach wie vor unvereinbar. Fordert Bundespräsident Joachim Gauck mehr Verantwortung in der Welt, wird er von den einen als »widerlicher Kriegshetzer« gescholten, von den anderen für seinen Realismus gelobt. Für manche ist die handelsübliche Selbstzerfleischung deutsche Kernkompetenz, für andere der Reflex eines eigentümlichen Selbsthasses, der die Gesellschaft, in der sie leben, einschließt (eine Art Gewohnheitsrecht unterschwelliger Selbstverachtung, bequem und wohlfeil). Wenn es sie überhaupt gibt, besteht die Identität der Bundesdeutschen in der Zerrissenheit. Die »Macht in der Mitte« (Herfried Münkler) weiß nicht, auf welche Weise sie ihre Macht ausüben soll.

2014 wurde die deutsche Nationalmannschaft bekanntlich Fußballweltmeisterin, und während in allen anderen Ländern der Welt die Bürger, Blogger und Kommentatoren höchst ausgelassen gejubelt und mit selbstverständlichem Stolz Flaggen geschwenkt und in hymnischen Gesängen gebadet hätten, konnten hierzulande Bedenkenträger, Berufskritiker, Dauernörgler und schlecht gelaunte Pessimisten zu viel Schwarzrotgold schlichtweg nicht ertragen. Man könnte sie hundertmal darauf hinweisen, dass »schwarz-rot-gold« als Symbol der Republik (also Einheit in Freiheit und Demokratie) die Reichsbanner der Republikaner zierten, die der SA bis 1933 auf den Straßen die Stirn boten (– Goebbels hasste und beschimpfte die »Dreifarb Schwarz-Rot-Gelb«). Womöglich würden die gefälligen Kassandras in der Gnade ihrer späten Geburt auch Heinrich Heine nicht überzeugen, der 1831 aus Paris bemerkte: »Pflanzt die schwarz-rot-goldene Fahne auf die Höhe des deutschen Gedankens, macht sie zur Standarte des freien Menschentums, und ich will mein bestes Herzblut für sie hingeben.«

Eine allzu sichtbare Bekundung der Verbundenheit mit der eigenen Nation wäre zivilmoralisch in hohem Maße rechtfertigungsnötig, jede Form der verklemmten Liebe zur eigenen Nation muss ein ins Private gekehrtes Exerzitium bleiben, weil – wehret den Anfängen! – patriotische Bekenntnisse womöglich rasch und abermals im Exzess ausarten könnten. Es ist bekanntlich ein schmaler Grat von Kraft zu Kraftmeierei, vom Inferioritätskomplex zum Superioritätsrausch. Just an diesem Punkt aber schlägt die Selbstverzwergung in ihr Gegenteil um und signalisiert jedermann im In- und Ausland: Wir sind schon wieder besonders! Wir sondern uns ab und machen nicht, was alle machen. Wir singen verschämt, unsere Mundwinkel sind hängend, wir freuen uns gedämpft. Wir sind nicht wie alle anderen, die ein Stoßgebet zum Himmel schicken, wenn der Eid aufs Vaterland gesprochen wird. Und hier wird es problematisch.

Zwischen Patriotismus und Nationalismus gibt es einen so feinsinnigen wie wichtigen Unterschied – wer ihn nicht sieht oder nicht sehen will, wird vieles bewusst oder unbewusst missverstehen. Der Grat zwischen beiden ist schmal, und genau diese Schmalheit ist von entscheidender Größe. Von außerordentlicher Klugheit und Weisheit getragen ist und bleibt diesbezüglich das Bonmot des 1914 im russischen Kaiserreich geborenen französischen Schriftstellers und Diplomaten Roman Gary: Patriotismus sei die Liebe zu den Seinen, Nationalismus der Hass auf die anderen.

In seiner historischen Genese lässt sich Patriotismus verstehen als Freiheitsstolz und Republikbewusstsein des Bürgers, Nationalismus hingehen als negative Radikalisierung der Zugehörigkeit in Form der Abwertung anderer Staaten oder Verbände. Ursprünglich unpolitisch, verwies die Nation immer auf den geografisch verorteten Herkunfts- und Lebensraum. Kultur- und sprachgeschichtlich zielt »Natio« auf die Gruppe von Individuen, die eine durch die Geburt determinierte Herkunft haben und sich somit gegen andere Gruppen anderer Geburtsherkunft abgrenzen. »Natio« (von nasci, geboren werden) bezog sich im Mittelalter auf eine kleine, regional bestimmte Landsmannschaft. Seit Jahrhunderten waren *Nationes* in ihrer ursprünglichen

Bedeutung soziale Gruppen von Geistlichen und Bischöfen, die aus einer Region stammten und innerhalb der Versammlung eines Konzils eine »Nation«, einen Verbund, bildeten.

Mit der Geburt der Nationalstaaten in der zweiten Hälfte des 18. Jahrhunderts erhielt die Vorstellung der Nation eine deutlich politische Komponente. »Nation wurde zu einer Beschwörungsformel, die dem Macht- und Beteiligungsanspruch der aufsteigenden bürgerlichen Schichten Ausdruck verlieh« (der Ideengeschichtler Hans Vorländer). Nach dem Zerfall der feudalistischen Strukturen brauchten die sich konstituierenden Demokratien klare Kriterien der Zugehörigkeit. Die Aufteilung Europas in territorial definierte Staaten, die ihrerseits wieder eine »Nation« repräsentieren, ist kaum zweihundert Jahre alt. Der Begriff der Nation als abstammungsbedingte Zusammengehörigkeit wurde erst im 19. Jahrhundert selbstverständlich.

Patriotismus hingegen, auf das lateinische *Patria*, Vaterland, zurückgehend, bezeichnet die Verbundenheit des Bürgers mit seiner Stadt: Sie verlieh ihm Rechte, gab ihm Schutz, begriff ihn als frei und gleich. Patriotismus war der Dank des Bürgers für Privilegien, Wohlstand und Reichtum durch Kunst, Kultur und Handel und für jenes Selbstbewusstsein, das ihm die Stadt dadurch ermöglichte. Auf ideengeschichtlicher Folie betrachtet, ist Patriotismus die republikanische Tradition der Verbundenheit zur eigenen Stadt.

Patriotische Gesinnung beförderte den Gedanken an Demokratie und Republik und schuf eine Basis der Loyalität freier Bürger (in Deutschland war Patriotismus das Schmiermittel der Befreiungskriege gegen die napoleonische Fremdbeherrschung Anfang des 19. Jahrhunderts). Ohne Gesinnung der Verbundenheit, ohne Loyalität des Bürgers, ohne Wille des Individuums zur Verantwortung für die Gemeinschaft kann eine Gesellschaft zwar funktionieren, aber keine Zusammengehörigkeits-Idee entwickeln. Jene, die der Entwicklung Deutschlands in der

Kampfzone rat- und hilflos gegenüberstehen, überrascht und verblüfft vom Loyalitätsverlust vieler in die Widerwelt ziehender Mitbürger, haben vergessen oder verdrängt, dass man diese Verbundenheit und Verbindlichkeit für jedes Gemeinwesen zwar voraussetzen muss, aber nicht voraussetzen kann. Sie haben vergessen oder verdrängt, dass man an der patriotisch-republikanischen Gesinnung des Bürgers arbeiten muss.

Vielleicht – weil wir unser Gemeinwesen nicht notwendig als Vaterland betrachten müssen (schon weil es Mutter Erde ist, auf der wir leben und das Weibliche kluger Nachhaltigkeit viel eher entspricht) – könnte man jene Art von Verbundenheit und Quasi-Normalität *reflexiven Patriotismus* nennen: eine Art Republikanismus, der die Spiegelung der eigenen Geschichte mit dem Nachdenken über künftige Solidarität gleichsetzt, um sozialen Frieden zu schaffen. Zumal ein sehr deutsches Verständnis von Patriotismus sich gerade dadurch auszeichnete, dass der reflexive Patriot durch beständige Arbeit am Erbe seiner Geschichte, durch Erinnerung und Aufklärung, Unterricht und Gedenktagskultur, ein positives Verhältnis zu eben jenem Staat aufbaut, der mit einer noch nie dagewesenen Wachsamkeit den Diskurs über Täter- wie Opferidentität rituell und kulturell am Leben hält. Die Okkupation der Begriffe Patriotismus und Loyalität durch die Alten wie Neuen Rechten, somit in unselige Nachbarschaft gerückt mit völkischem Denken, stigmatisieren und vergiften das legitime Anliegen patriotischer Loyalität und Verantwortungsethik. NPD oder AfD, Bürgerwehr oder Identitäre Bewegungen verleiben sich Patriotismus fälschlicherweise als etwas essentiell Deutsches ein, als Substanz, die deutsch sein soll, eine nationale Identität. Sie entwenden die Begriffe somit jenen, die, wie Ende des Jahres 2018 der grüne Cem Özdemir, in der deutschen Fahne das »Symbol für das beste Deutschland sehen, das wir je hatten« und jenen, die, wie ich, diese Republik für so vieles schätzen, die ihrem Land dankbar sind für das, was es ihnen ermöglicht: Recht, Freiheit, Ausbildung, Arbeit und Selbstverwirklichung.

Die Deutschen sind gebrannte Kinder und aus Schmerz klug geworden: Eben *weil* sich Deutschland engagiert, bleibt es berechenbar; eben *weil* es sich der Vernunft, der Menschenrechte, der Friedensschaffung und -sicherung unterstellt, bindet es sich in internationale Ordnungen ein. Ein reflexiver Patriotismus denkt die Entstehung der Republik aus den moralischen Ruinen des Dritten Reichs mit und setzt die Res publica, die Sache, die uns alle angeht, an vorderste Front. Er zielt auf Teilhabe und Teilnahme aller Bürger der Republik und favorisiert eine Leitkultur als Normen-Vorrat, die kein Oktroy deutscher Ge- und Verbote aus dem Vorschriftenkatalog des wilhelminisch-preußischen Staatsrats ist. Leitkultur versteht sich als offener dynamischer Prozess von leitkulturellen Wertvorstellungen, die sich über die Jahrzehnte herausgebildet und bewährt haben: Tarifautonomie, Sozialpartnerschaft, das duale Ausbildungssystem, der öffentlich-rechtliche Rundfunk mit Grundversorgungsanspruch an Bildung und Information, der Föderalismus, das umlagefinanzierte Sozialsystem, Rechtssicherheit, Gleichstellung von Mann und Frau. Inhaltlich gesehen dürfte auch dieser Tage eine große Mehrheit der Deutschen zustimmen, legte man als Normengefüge der Republik nach wie vor den antitotalitären Konsens zugrunde, der die Lehre aus dem Bruch mit Zivilisation und Menschenwürde im Dritten Reich in Verfassung und Grundgesetz verbrieft. Dessen zentrale Werte sind die unantastbare Würde des Menschen, die Würde des Eigentums, die Freiheit der rechtlich Gleichen, Solidarität und Pluralismus, gegenseitiger Respekt, Vor- und Fürsorge, fairer Wettbewerb und unternehmerische Freiheit. *Das* ist republikanische Leitkultur. In diesen Wertvorstellungen offenbaren sich jene kulturelle und soziale Normen, die die Deutschen über siebzig Jahre hinweg – als

Lehre aus der Weltkriegskatastrophe – stets aufs Neue beglaubigt haben, mal in heftigen Auseinandersetzungen, mal im Konsens, fast immer aber in ziviler Verantwortung, die zur Staatsräson geführt hat: Nie wieder Krieg, nie wieder Auschwitz, nie wieder politisch motivierte Tote auf deutschem Boden (was mit Ausnahme der Mörderei von RAF-Terroristen und NSU-Idioten und den in jedem Einzelfall schändlichen Taten rechtsextremer Gewalttäter dennoch fast durchgängig gelungen ist).

Leitkultur als dynamischer kultureller Prozess reflektiert Veränderungen ebenso wie die Möglichkeit, dass jeder, der sich auf dem Rechtsgebiet der Bundesrepublik aufhält, sich in diesen imaginären Gesellschaftsvertrag einschreiben und heimisch werden kann. Heimat wäre dann nicht mehr ethnisch, sondern kulturell und sozial definiert. So verstanden könnte man unter Heimat das geistige Obdach jener Wert- und Normvorstellungen einer Gesellschaft begreifen, die durch gemeinsame Gewohnheiten formuliert und stets aufs Neue bestätigt werden. Teilhabe an einem gemeinsamen Projekt ruft immer auch selbstverpflichtende Verantwortung im Einzelnen hervor; Verantwortung stärkt die soziale Gesinnung und motiviert zur Loyalität für das Gemeinwohl. Das Hier wird zu einem Wir durch gesellschaftliche Selbsterfahrung und alltägliche Praxis. Die Zugehörigkeit zu einem Verbund hängt vom Willen, vom aufgeklärten Wissen und klaren Bekenntnis ab, nicht aber von Herkunft und Abstammung. Gemeinsam gelebter Alltag wäre gelebte Leitkultur.

Meines Erachtens ist die Idee, dass jede freie und freiheitliche Regierungsform einer starken Identifikation von Seiten ihrer Bürger bedarf, auch heute von unerhörter Wichtigkeit. Gemeinwohl und Gesellschaft funktionieren nur, wenn Regierte wie Regierende gleichermaßen eine bejahende Beziehung zu dem Gemeinwesen ausprägen, in das sie eingewoben sind. Ohne affirmative Bestätigung seiner Bürger kann kein Land dauerhafte und beständige Legitimation generieren. »Dieses Solidaritätsgefühl«, meint der kanadische Philosoph Charles Taylor zu Recht, »ist Bestandteil der ursprünglichen Bedeutung von ›Patriotismus‹.« Werden Zugehörigkeitssehnsüchte dauerhaft unterdrückt, verdrängt und verachtet, entsteht ein Vakuum. Unerfüllte Bedürfnisse wuchern und brechen sich Bahn – Radikalität gedeiht ja am besten im Untergrund.

Das Narrativ der Schuld lässt den Einzelnen im Spannungsfeld von Verschuldung und Erlösung, von Verstrickung und Verantwortung zurück – immer schon und immer noch. Unablässig in einer Gefahrenzone lebend, tritt aus den Tiefenschichten der Urgeschichtlichkeit noch eine ganz andere Macht an das ICH heran, die deshalb Macht hat, weil ihre Macht stets aufs Neue beglaubigt wird, als zwinge etwas den Menschen zu einem unerklärlichen Gehorsam: der Mythos des Opfers.

V

In der Unterwelt

Opfer. Das vierte Narrativ
(Mythologischer Resonanzraum)

1
Opfer-Konstruktionen

Die faszinierende Irrationalität der Kampfzone manifestiert sich in der ideologischen Konstruktion diverser Opfermythen. Das Opfer ist der Held der Erregokratie, weil es verschiedene Projektionsmöglichkeiten auf sich vereint: Erlösungssehnsucht, Empathie, Mitgefühl, Schutzimpuls, Helfermoral, Retterwille. Der Opferstatus ist ein immenses soziales wie politisches Pfund. Einerseits kann sich jeder zum Opfer erklären, andererseits wird er dadurch von der ihn beschützenden Macht abhängig.

Es geht hier nicht um die faktisch erlittene psychische oder physische Gewalt, die einzelnen Personen zugefügt wurde, sondern um die Reflektion über das *abstrakte Opfer*. Um das Opfer als erklärtes Opfer der Umstände eines Lebens, das es zu leben gezwungen ist, dessen Umstände es nicht wählen kann, durch die es sich Ereignissen und Mächten hilf- und schutzlos ausgesetzt wähnt. In der Kampfzone der Gegenwart werden Opferstatus und Opferberechtigung aufs Neue befragt: Wer ist der Verlierer in der Siegerkultur? Als Antwort werden die Narrative Aufstieg, Angst und Schuld auf unterschiedliche Weise zu unterschiedlichen Angeboten für einen Opfermythos abgemischt. Es steckt mehr als Ironie ein gewisser Irrsinn darin, dass rechte wie linke Gruppen, Bewegungen und Parteien gleichermaßen und gemeinsam ein simples Freund-Feind-Schema etablieren, das im Opfer-Täter-Modus insofern permanente Opfer produziert, als es jeden zum potenziellen Opfer des anderen macht. Über Empörung in die Erregungsspirale eingetreten, hat das Opfer in der Politik der Emotionen nicht nur immer und absolut Recht. Es scheint sogar eine Pflicht politischer Sittsamkeit zu sein, die vermeintliche Schwäche des Opfers für sich in Anspruch zu nehmen.

Dieser Tage ist es verdächtig, in irgendeiner Weise privilegiert zu sein. Eliten sind asozial, Erfolg steht unter dem Vorbehalt möglichen Betruges, Luxus gilt als geradezu gewalttätig, weil Status-Unterschiede sichtbar und Herabstufungen verfestigt werden. Natürlich sind in Bezug zu den Reichen oder Superreichen fast alle anderen arm. Die falsche Kausalität zwischen wachsendem Reichtum und relativer Armut ist der Pferdefuß jeder sozialpolitischen Debatte, weil diese konstruierte Kausalität weder kausal noch logisch ist. Kein Mensch ist deswegen arm, *weil* der Reiche reich ist. Und kein Armer ist weniger arm, wenn ein Reicher weniger reich ist. Reiche, lehrt die empirische Wirtschaftspsychologie, werden deswegen reicher, weil sie risikoreicher agieren (auch wenn manche Reichgewordene nie agieren, weil ihnen ohne eigenes Zutun ein Erbe in den Schoß gefallen ist).

Genese und Genealogie von Wohlstand und Unwohlstand haben gegen Angstimpuls und Opfermythologie kaum eine Chance. Falsche Kausalitäten sind verheerend, wenn sie nicht dekonstruiert werden. Über 90 Prozent der Deutschen aber glauben, eruierte die Organisation Oxfam vor zwei Jahren, dass absolute Armut gleichgeblieben oder angestiegen sei. Das Mantra wachsender Armut ist so falsch wie ihre Begründung: Weltweit werden die Armen nicht nur nicht ärmer, weil die Reichen reicher werden, sondern partizipieren mehr Menschen als je zuvor an wachsendem Wohlstand. Die absolute Armut derer, die mit 1,90 Dollar am Tag leben müssen, ist, bezogen auf die Weltbevölkerung, stark gesunken: 1990 waren es noch 36 Prozent (1,8 Milliarden Menschen), heute sind es weniger als 10 Prozent (736 Millionen Menschen) – trotz Zunahme der Weltbevölkerung auf 7,5 Milliarden Menschen. Zahlen schwedischer Ökonomen bestätigen den Befund: Die globale Einkommensungleichheit ist demnach ebenso signifikant verringert wie auch zwischen den Ländern (während sie *innerhalb* einzelner Länder – besonders im kommunistenkapitalistischen China oder in Brasilien – stark gestiegen ist). Der die weltweite Ungleichheit messende »Gini«-Koeffizient ist von 65 Punkten im Jahr 2000 auf 50 Punkte im vergangenen Jahr zurückgegangen. Wenn international gesehen die Ungleichheit stark abnimmt, hat die Globalisierung folglich einen positiven Effekt für die meisten Menschen auf der Welt. Es ist durch die Geschichte sowohl belegbar als auch in der Geschichte selbst belegt, dass kapitalistische Systeme auf lange Sicht zu mehr Prosperität für immer mehr Menschen geführt haben – freilich um den Preis ebenso entstehender Armut, Leid, Nachteil bei anderen Menschen, die nicht in gleichem Maße profitierten, die gar nicht profitierten, die ihre Jobs verloren, ihre Existenzgrundlage, ihre Würde, deren Um- und Lebenswelten sogar nachhaltig verschlechtert wurden, die, kurzum, von freiem Handel nichts weiter hatten als fortschreitenden Verlust. »Wer sich aber ernsthaft mit der Geschichte des Kapitalismus befasst und überdies etwas Bescheid weiß über das Leben in den weiter zurückliegenden, nicht oder kaum kapitalistischen Jahrhunderten«, schreibt der Historiker Jürgen Kocka, »kann gar nicht anders als von den immensen Fortschritten beeindruckt zu sein, die in großen Teilen der Welt vor allem für die vielen Menschen, die nicht einer gut gestellten Oberschicht angehören, in Bezug auf materielle Lebensverhältnisse und Überwindung der Not, gewonnene Lebenszeit und Gesundheit, Wahlmöglichkeiten und Freiheit stattgefunden haben.«

Die These, im Kapitalismus zähle nur Herkunft und nicht Leistung, ist ja offensichtlich falsch. Im Gegenteil müsste es heißen: Gerade im Kapitalismus ist Herkunft egal und Leistung der entscheidende Maßstab. Auf dem Markt haben – theoretisch gesprochen – alle die gleiche Chance auf gleichen Erfolg (und Kinder von Bauernhöfen und aus Arbeiterhaushalten haben es nachweislich zu Vorständen, CEOs oder Millionären gebracht). Sinn des Kapitalismus ist dessen Versprechen, jeder könne durch reizvolle Ideen Geld machen, durch Arbeit aufsteigen und zu Wohlstand kommen. Gewiss mag das ein sehr amerikanisches Vom-Tellerwäscher-zum-Millionär-Credo sein, aber im Grundsatz ist und bleibt es richtig, dass der Tellerwäscher mit entsprechendem Einsatz, mit Innovation, Fleiß und Disziplin auf- und gar in höchste Höhen steigen kann.

Ein Subnarrativ des Opfermythos unterstellt, dass Arme eine niedrigere Lebenserwartung als Reiche hätten. Nach medizinsoziologischen Forschungen hängt die Lebenserwartung des Menschen aber nicht an Armut oder Reichtum als solcher oder solchem, sondern am Ausmaß der Entscheidungsfähigkeit in Bezug auf die Lebensumstände (so der Soziologe Michael Marmot). Der Mensch ist desto länger gesund, je weniger Stress er durch das Gefühl hat, nicht beeinflussbaren Umständen ausgeliefert zu sein. Es geht also vordringlich um Selbstbestimmung, nicht um absolute Armut. Im Klartext: Armut macht deswegen krank, weil die Chancen auf Selbstbestimmung minimiert sind. Wer keine Kontrolle über sich und die Umstände seines Lebens hat, wird den Studien zufolge öfter und schwerer krank.

Wäre es dann also nicht weit gerechter, die Chancen jedes Menschen zu Selbstbestimmung, Biografiegestaltung und Eigenzeit zu gewähren? Das ist ein vorweggenommener Hinweis auf einen Liberalismus ganz anderer Art, der im letzten Kapitel ein großes Ziel formuliert: die Befähigung zur Selbstbefähigung eines mündigen, selbst verantwortlichen Individuums unabhängig seiner Herkunft.

Die Stärke eines guten Staates bemisst sich immer am Wohl seiner Schwachen – so haben es sich die Schweizer in der Präambel ihrer Verfassung verordnet, und das ist beeindruckend weise. In einer Leistungsgesellschaft muss und kann es doch nur darum gehen, Armut bereits an der Wurzel zu packen und erst gar nicht entstehen zu lassen sowie andererseits darauf zu achten, dass Reichtum sozialverträglich zustande kommt, wofür der Staat genügend Steuerprüfer und -eintreiber zur Verfügung zu stellen hätte. Leistung muss sich lohnen – für alle gleichermaßen: für den Menschen im Niedriglohnsektor ebenso wie für den Mittelständler und den Unternehmer. Hier setzt die Idee der Freiheit an. Sie versteht Freiheit als ethischen Imperativ, die Talente *jedes* Menschen von frühauf zu fördern (worauf im letzten Kapital mit großer Leidenschaft abgehoben wird). Die Würde des Menschen (also *jedes* Menschen) besteht auch und vor allem darin, das eigene Leben eigenverantwortlich und frei gestalten zu können, mit dem garantierten Anspruch, im Falle eines Scheiterns in ein vom Staat geknüpftes Netz zu fallen.

Man kann dieses Verständnis von Freiheit ablehnen, gewiss. Aus marktradikaler Sicht deswegen, weil Kompromisse gemacht werden und der Staat in Marktprozesse und Privatleben interveniert. Dann regelt nicht mehr allein der Markt, was Leistung ist und sein soll, und dann zwingt der Staat jeden Bürger – auch gegen dessen Willen – zur Einschränkung absoluter Freiheit. Aus Sicht der Kritiker marktwirtschaftlicher Ökonomie lässt sich diese Idee der Freiheit ebenso ablehnen, weil sie jeden Menschen zu einem rationalen Akteur machen will, prinzipiell auf Selbstgestaltung in Selbstverantwortung setzt und, so lautet das Mantra vom Opfer neoliberaler Zersetzung, die meisten Menschen in die Selbstausbeutung (und also Unfreiheit) treibt.

In beiden Fällen expliziter Kritik wird es schwierig mit der Freiheit, und man hätte zu erklären, wann man sie auf welche Weise und durch wen einschränken will. Oder aber es müsste klar gesagt werden, dass es um Freiheit gar nicht mehr geht, weil die Menschen für ein Leben in Freiheit zu schwach, zu dumm oder zu verhindert seien, was der Anmaßung gleichkäme, wissen zu wollen, was gut und richtig für den Menschen ist (da ja doch jede und jeder Einzelne ihre und seine eigene Vorstellung dessen hat, was gut und richtig für sie oder ihn ist).

Wer reguliert besser: das Gesetz oder der Druck des Markts? Soll man per Gesetz zwingen oder die Akteure durch Selbstverpflichtung zur Verhaltensänderung anreizen? So verlaufen die Frontlinien und ihre Ideologien, die offen oder unterschwellig konfliktiv als Opfermythologien auch die Kampfzone durchziehen.

Die Fiktion von der Gleichheit des Menschen hat sich über die Jahrzehnte hinweg zu einer Gleichheit der Lebensumstände verselbständigt. Da politische wie rechtliche Gleichheit grundgesetzlich wie grundsätzlich garantiert ist, hätte man also von *Egalität* zu sprechen: vom bewussten Bestreben, lebensweltliche Unterschiede einzuebnen und ungleiche Verhältnisse gleich zu *machen*. Die gern verweigerte Unterscheidung von Gleichheit und Egalität führt oft zu abenteuerlichen Klischees des schutzbedürftigen »kleinen Mannes«. Wer permanent vom erniedrigten »kleinen Mann« spricht, erniedrigt ihn ja nicht nur aufs Neue, sondern viktimisiert ihn dauerhaft. Der Grad der Viktimisierung zeigt dann den gefühlten Abstand zu denen an, die man für erfolgreicher, glücklicher und bessergestellt hält. Sie sind es womöglich auch, und sie sind es womöglich auch zu Recht. Immer steht ja jemand höher als man selbst, wenn man sich in direkte Konkurrenz begibt, bis auf den superreichsten Superreichen, über dem irgendwann nur noch – als Rache des Systems – der kleine Finanzbeamte steht.

Der Primat der Politik als Anspruch steigender Schutzleistungen (Arbeitnehmerschutz, Verbraucherschutz, Gesundheitsschutz), die Vorsorgeverordnungen mit Verboten und Vorschriften, mal in freundlicher Ermahnung, mal in kaltem Vollzugsdeutsch, paternalisiert den Bürger mit dem so reizvollen wie fahrlässigen Versprechen, ihn in nahezu kompletter Sicherheit und deren Kontrolle zu wiegen. Was, wenn er sich darauf verlässt? Wie groß ist seine Enttäuschung, wenn die Versicherung nicht greift? Was, wenn das Leben im digitalen Panoptikum einer nahezu totalen Sichtbarkeit zu Kontrollverlustgefühlen führt, weil der Einzelne das Gefühl bekommt, sich fügen zu müssen, nichts mehr ausrichten zu können, keine Gestaltungsmöglichkeit mehr zu haben?

Die Kritik an der Ausweitung der Opferschutzzone ist in keiner Weise als Plädoyer misszuverstehen, jeder solle sich bitteschön ganz und gar den ausgleichenden Mechanismen des herrlichen Marktes ausliefern. Es sucht nur zu erklären, wie Opfermythen sozial und kulturell konstruiert werden, warum sie so gut wie immer Erfolg haben und inwiefern das größte Mandat des Menschen irgendwann zur Disposition gestellt sein wird: seine Freiheit. Wenn dem Einzelnen immer weniger zugetraut wird, traut sich der Einzelne selbst nichts mehr zu. Und dann?

Es geht in Zeiten der Kampfzone vor allem um Ideen und Wege, die gemeinschaftliche Integration radikalisierter Individualisten in einer völlig disparaten Lebenswelt zu leisten. In wachsender Flüchtigkeit werden feste, dauerhafte, tiefe Beziehungen immer schlechter möglich. Das ICH vereinsamt. Es wird anfällig für einen Opfermythos.

Die Opfermythen der Kampfzone speisen sich nicht nur aus versteckt religiösen, sondern auch aus offenen sozialen Motiven. Gehen wir nach wie vor davon aus, dass die Narrative von Aufstieg, Angst und Schuld auf das Individuum einwirken, könnte die Konstruktion des Opfers die Reaktion auf eine Praxis sein, die, wie der Literaturwissenschaftler Daniele Giglioli notiert hat, »konstitutiv als schuldhaft erlebt wird«. Die Praxis des Lebens an sich ist schuldhaft. Mehr noch: Das Leben als solches ist schuld am schlechten Leben des Einzelnen. Das Opfer inszeniert sich (oder wird inszeniert) als Verlierer einer Gewinnerkultur – es gewinnen ja immer die anderen. Das narzisstische ICH muss sich zwangsläufig als Verlierer sehen, weil es am Gewinnen gehindert wird. Es erkennt sich als Opfer fremdbestimmender Großmächte (Freihandel, Massenmigration, Big Data), weil die hochgezüchteten Ansprüche an eine ständige Steigerung und Ausweitung der Leistungen nicht erfüllt werden (und womöglich unerfüllbar sind).

Der Einbruch des Selbstwertgefühls kann als verletzend empfunden werden, und mit der moralischen Erhabenheit, verletzte Gefühle als politisches Kapital einzuspeisen, erhält jedes Opfer auf der Grundlage des Schuld- und Angstnarrativs wertvolle Aufmerksamkeit und soziale Geltung. Opferschutz steht an oberster Stelle einer Viktimisierungspolitik, die sich an der Größe der sozialen Gruppierung bemisst: je kleiner, desto schutzbedürftiger. Überspitzt gesagt ist jedes für sich so einzigartige wie einsame Individuum eine schützenswerte Minderheit, die im Mahlstrom der Geschichte zum Opfer von wem und was auch immer werden kann. Das subjektive Gefühl des eigenen Opferstatus ist selbstbegründend. Niemand kann das Gefühl der Benachteiligung infrage stellen. Opfer ist bereits, wessen Selbstwerteinschätzung leidet, wessen Selbstwirksamkeits-Gefühl gestört ist. Wer sich bedroht, verletzt, verhöhnt, beleidigt, unterlegen, ignoriert, austauschbar und ungebraucht fühlt, ist immer auf der richtigen Seite. Allenthalben tauchen Erniedrigte und Gedemütigte auf; exkulpiert vom Verhängnis des Schicksals, à priori freigesprochen von individuellem Verhalten welcher Art auch immer, denn immer sind es repressive oder Gewalt ausübende Strukturen, die das ICH zum Opfer machen.

Es mag bedauerlich und infantil sein, aber die Erregungsgesellschaft hat permanent mit Ausschluss und Einschluss zu tun.

Auf dem scheinbaren Höhepunkt der technischen und ökonomischen Rationalität führt die Mobilisierung der Instinkte in die Niederung der Affekte. Die Emotionalisierung des Politischen wird emotionale Propaganda – die moralische Aufwandsentschädigung für erlittene Ängste. Werden Instinkte mobilisiert und über Erregungsspiralen transportiert, hat der Verstand ausgedient. Das angstgetriebene Individuum ist permanent bereit, gekränkt zu sein. Opfermythologen klopfen das Weltgeschehen darauf ab, wann, wodurch und inwieweit wer gekränkt sein könnte, und gewiss wird sich immer irgendjemand gekränkt, verletzt, benachteiligt fühlen. Steigert sich das Gefühl, ein Opfer zu sein, zur Gewissheit, kann es zu Rachlust kommen. Aus dem radikalisierten Verständnis des Opfermythos wird schließlich das höhere Recht auf Gewalt abgeleitet. »Wahrscheinlich ist die Anziehungskraft terroristischer Regime im 20. Jahrhundert nicht zuletzt dadurch zu erklären, dass sie allesamt den Gedemütigten versprachen, ihre Anerkennung gewaltsam durchzusetzen, als Volksgemeinschaft, als klassenlose Gesellschaft, als Umma der Gläubigen. Sie lösen die Verheißung jedes Mal dadurch ein, dass sie allen gleichermaßen die Anerkennung verweigern« (Hans Magnus Enzensberger).

Wer ist Opfer welchen Täters? Seit jeher ist das die Ausgangsfrage entstehender Revolten. Und immer schon schafft sie Machtverhältnisse auf der Basis gefühlter Benachteiligungen und empfundenen Unrechts: Der Einheimische als Opfer des Fremden. Der Fremde als Opfer des Einheimischen. Der Arbeiter als Opfer des Ausbeuters. Der kleine Mann als Opfer des großen. Der Arme als Opfer des Reichen. Der Knecht als Opfer des Herrn.

Wenn Gesellschaften sich jede Generation (genau genommen: jeden Tag) aufs Neue reproduzieren, werden stets auch neue (und meist immer wieder die gleichen) Opfermythen reproduziert. Es bleibt ein Faszinosum, dass die gesellschaftliche

Wirklichkeit in aufgeklärten Staaten auf der ständigen Mythologisierung von Opfern basiert. Wenn keine Kriterien mehr verbindlich sind, wachsen Verdacht und Unterstellung. Ein idealer Humus für ideologische Scharmützel. Und ein hervorragender Nährboden für Hyper- und Doppelmoral.

Das ist nicht ohne Gefahr. Der Anfälligkeitsgrad einer Demokratie für ihre Entartung hängt auch mit der Mythisierbarkeit des Menschen als Opfer zusammen. Warum? Weil sie Revolte, Kampf und letztlich womöglich den Krieg rechtfertigt und nach Tätern sucht (und immer Sündenböcke findet). Dem gefühlten Verlust an Lebensqualität, Sozialstatus und Selbstwert hat es Menschenfängern schon immer leichtgemacht, ihre Netze zu füllen. Man macht Menschen zu Opfern, indem man ihnen sagt, sie seien welche.

2
Weltbild-Kampf

Jahrzehntelang im Erziehungsbereich der Narrative geschult, wird heute leichthin vorausgesetzt, jeder wisse, was »rechts« und was »links« sei. Beides, rechts wie links, sind abgeschlossene Erzählungen über ein in sich geschlossenes Weltbild. Beide sind weder ineinander noch in eine sich permanent wandelnde Wirklichkeit übersetzbar. Je dogmatischer ihre Identität behauptet wird, desto unfähiger sind sie zur Dialektik. Und je extremer beide Positionen sind, desto mehr gleichen sie sich an. Ideologie ist immer dann geben, wenn sich die Wahrnehmung der Wirklichkeit auf eine intellektuelle Monade beschränkt, aus der die ganze Welt entworfen wird. Die erfahrbare Realität wird dann der Theorie über die Realität untergeordnet.

Explizit rechte wie explizit linke Politik begreifen das Individuum in erster Linie als Opfer je spezifischer Umstände. Beide politischen Milieus erklären den ausgelieferten Menschen zu ihrem Schutzbedürftigen. Die Rechte wie die Linke (beide als Gattungsbegriff verstanden) bieten Mythologisierungsprogramme zur Opferkonstruktion und dann zu zurückgewonnener Stärke an.

Um die Unterschiede kurz anzuleuchten: *Die Rechte* verspricht eine Geborgenheitsgemeinschaft, ein WIR in historischer Kontinuität. Sie bietet überzeitliche Wert-Identitäten an, die den Menschen vor der Macht der Geschichte – die aus Sicht des authentischen Konservativen zu jeder Minute ein Zeugungsakt Gottes sei – demütig sein lassen. *Die Linke* operiert ebenso mit der Fiktion der überdauernden Geschichte, aber der eigenen: die große, alttestamentlich getönte Befreiungserzählung vom Aufstand der Unterdrückten, der Israeliten aus dem Joch Ägyptens, die irgendwann zur Umkehrung der Verhältnisse von Herr und Knecht führt und den bisherigen Knecht dann Herr sein lässt, auf dass alle Menschen gleichermaßen Herr sind (was bekanntlich noch nie funktioniert hat, weil sich immer einer als Knecht fühlt oder die mit Gewalt und Freiheitsberaubung zwangsbeglückende Gleichheit nicht als Fortschritt der Menschheit erkennen kann).

Die Rechte poltert heute ja gegen das an, was auch die Linke permanent kritisiert: Ausbeutung, Selbstausbeutung, Erschöpfung und Optimierung des Individuums. In rechter Wahrnehmung führt der Fortschritt zur Vereinsamung des Menschen, der gewaltsam aus seiner vorgegebenen Gemeinschaft gezerrt wird; durch politisch gewollte Heterogenität werde er seiner vorgängigen Zugehörigkeit beraubt. Zum Schutz bietet die Rechte bewährte Institutionen an, die das geschwächte Individuum auffangen sollen: Familie, Nation, Staat. Die Rechte will eine naturgemäße Gemeinschaft der Gleichen als Identität des Homogenen.

In linker Wahrnehmung führt der falsche Fortschritt zur ständigen Benachteiligung des geschwächten Individuums, das im Zuge des Wachstums immer stärker abgehängt und isoliert ist. Die Linke bietet ebenso bewährte Institutionen an: Partei, Gewerkschaft, Staat. Sie will eine organisierte Gesellschaft der Gleichgemachten und nennt das Progress durch Solidarität.

In der Kampfzone beziehen sich rechte wie linke Politikentwürfe in bemerkenswerter Ironie auf das gleiche Individuum. Beide agieren im Namen, zum Wohle und Schutz des »sozial Schwachen« (und erklären den Menschen somit als schwach in einer Kultur, die es allzeit auf Stärke, Kraft und Überlegenheit anlegt). Ein politischer Opfermarkt ist in Gang gekommen: Der deutsche kleine Mann soll gegen den ausländischen Mann geschützt werden (rechts), der schutzbedürftige kleine Mann gegen den Ausbeuter und die Konzerne (links). In Machtoptionen denkendes Führungspersonal leitet aus der Opferideologie das Recht auf Ressentiment und Revolte (rechts) sowie die Notwendigkeit der Revolution (links) ab.

Gleichermaßen aufgerufen wird die Verteidigungs- als Kampfgemeinschaft. Wo die Rechten ethnische Grenzen ziehen, ziehen die Linken klassenspezifische. Beide Grenzziehungen teilen und spalten, beide sind nationalistisch: im Falle der Rechten positiv, im Falle der Linken negativ. Die Rechte sieht in der Nation die soziale Homogenität beglaubigt und über die nationale Kultur von einer Ewigkeit in die nächste übersetzt. Die Linke bezieht sich permanent auf die Nation, um der Nation genau vorzuhalten, dass sie sich permanent auf sich beziehe.

Die Rechte verdrängt, dass die Nation in grandioser Selbstüberschätzung kein philanthropisch geneigter Friedensgarant ist; die Linke vergisst, dass alle bisherigen sozialen Errungenschaften immer innerhalb des Nationalstaats erkämpft wurden. Die Aufwertung des Volks von rechts erkennt im Volk nicht die diversifizierte Gesellschaft, sondern die Gemeinschaft des Volkskörpers, dessen Gesundheit durch Einwanderung unterdrückt werde. Die Aufwertung des Volks von links sieht im Volk nach wie vor das revolutionäre Subjekt der benachteiligten Klasse, die gegen ihre permanente Unterdrückung in den Kampf zieht.

Wie die Rechten arbeiten die Linken mit Protektionismus und Exklusion: erklären Deutschland gleichermaßen zum Sonderfall und erheben es somit aufs Neue über alle anderen, statt die Republik endlich als normalisiertes Glied in die Staatengemeinschaft einzugemeinden.

Wenn rechts wie links um das gleiche Opfer konkurrieren, besteht der Unterschied letztlich in der Ansprache. Grob gesagt: Rechts spricht emotional, links intellektuell an. Der politische

Leib-Seele-Dualismus verfestigt sich als Klischee: Der Konservative fühlt, der Linke denkt.

Die Rechte besorgt das Geschäft der Amygdala. Die evolutionsbiologisch älteste Hirnregion operiert mit dem Emotiven, mit intuitivem Überlebenstrieb, kurz: mit Kontrollverlustangst. Kontrolle, Steuerung und Überzeitlichkeit stehen im Zentrum des rechten Denkens – wahlweise durch Gott (das konservativ-klerikale Moment) oder durch Nation und Militär (das säkular-politische Moment). Bei aller Vorsicht vor Pauschalierung würde man in der Kohärenzleistung des Konservatismus (also dem sinnstiftenden Einklang von Selbst und Welt durch den Bezug in einen transzendenten Raum – Gott, Nation, Ehe, Familie, Tradition), einen wichtigen Grund für den Glauben an die eigene Begünstigung finden.

Die Linke arbeitet mit intellektualisierter, in der Wolle gefärbter Ideologie. Ihre geschichtsphilosophischen Ideen sind akademisch: die in der Zukunft erkämpfte Vollendung der besten aller Welten durch die sozialistische Revolution. Jene, die sich für progressiv halten, schauen stets auf das Unerreichte. Immer gibt es Unerreichbares und also stets aufs Neue Unerreichtes. Das Unerreichte ist ein infiniter Progress, wohingegen der Konservative das einst Erreichte gegen die progressive Aufkündigung bewahren will. Die linke Utopie einer besseren Gesellschaft ist nie erreicht und bleibt immer Verheißung. Wäre die beste Welt erreicht, gäbe es keine Notwendigkeit für eine Utopie mehr. Ungeschickterweise wäre dann aber auch die Linke als Schutzmacht überflüssig.

Der Anspruch der Linken auf Universalität hingegen ist ein Widerspruch in sich, weil Universalität dort aufhört, wo ihre weltanschaulich vorausgesetzte Homogenität verletzt wird: zum Beispiel durch Rechte, Faschisten, Kapitalisten, Neoliberale und Libertarianer. Von links betrachtet ist Universalität immer linke Universalität. Sie spart das Rechte aus. Es ist nur der linke (also der halbe) Mensch, der den Voraussetzungen der Linken entspricht. Die Ideologie des besseren Menschen hört auf, wo der rechtsnationale auftaucht.

Immer noch wird so geredet, als seien Linke und Rechte verschiebbare Gefreite in geeinten Divisionen, die im Kampf gegeneinander auf dem Heiligen Schlachtfeld stehen. Das ist Unfug. Linke hier, Rechte dort – das ist ein Anachronismus an Identitäts-Profilierung, der vorgestrig, bedauerlicherweise aber allzu gegenwärtig ist. Der Einzelne wird zur Ausschließlichkeit einer unzweideutigen Positionierung gedrängt: entweder – oder. Mit oder gegen uns. Die Schlichtheit des Rechts-links-Schemas ist niederschmetternd. Es verletzt die Integrität des Intellekts und ist von bedrückender Geistesarmut. Der Pluralismus der Postmoderne ab den 1980er-Jahren mit seinen unvereinbaren Lebenswelten war bereits über das primitive Navigations-Schema hinweggegangen, in der Erregokratie aber kehrt es als Variation einer wiedererstarkten Freund-Feind-Ordnung zurück.

Wer mit den Begriffen »rechts« und »links« agiert, gibt von vornherein zu, dass er die unübersichtliche Wirklichkeit auf einen bekömmlichen Gegensatz reduzieren möchte. Er kapituliert vor der Komplexität der Lebenswelten. Rechts und links sind weit mehr als nur Reflexe auf eine veränderte Wirklichkeitswahrnehmung. Sie sind Weltanschauungsmodelle mit Monopolanspruch, die zu einer Einheit nicht mehr beitragen wollen, sondern Schaden anrichten.

Deshalb geht es – jenseits hervorragend geleisteter Einordnungsarbeit durch die Politikwissenschaft – in einem kurzen Exkurs um die Wirkungskreise des Begriffspaars. Die spitzzüngige Philippika gegen rechts wie links gleichermaßen scheint mir – um beider Denkfiguren und Lebenslügen zu verstehen – an dieser Stelle der Kampfzonen-Erörterung unentbehrlich.

Deutschland hat seit der Romantik ein neurotisches Verhältnis zu »rechts«. Die Deutschen in ihrer historischen Gewordenheit waren und sind gleichermaßen hingezogen wie abgestoßen von rechtem Denken, das zu Geborgenheit wie Größenwahn führen kann. Noch ist keineswegs abschließend geklärt, wann genau jemand oder etwas rechts ist, inwiefern sich also wert- und strukturkonservativ von rechts, rechts von rechtspopulistisch, rechtspopulistisch schließlich von rechtsextrem unterscheidet und all das den Firnis zum Faschistischen überschreitet.

In der Erregokratie verfängt das Stigma »rechts« sofort; das hochemotionale Branding setzt bereits das Urteil fest. Die Rechte (als Summe rechter Denkfiguren verstanden) glaubt an Rettung, Erlösung, Schöpfung. Also ist rechtes Denken eine Spekulationsübung fürs Futur, weil die Verheißung als kommende Wahrheit interpretiert wird – gemäß dem biblischen Sendungspathos: »Ich aber sage euch, es wird der Tag des Untergangs durch den Antichristen kommen« zum Beispiel, auf den der neue Tag des Messias folgt und dann das himmlische Jerusalem auf Erden anbricht. Im rechten Erlösungsglauben steckt reichlich Apokalyptik, nur ist der Retter und Erlöser nicht der gesalbte Gottessohn, sondern erfahrungsgemäß der Nationalist oder Autokrat. Die Rückwärtsgewandtheit des Rechten zeigt sich in der Beharrung auf der bipolaren (manchmal biblischen) Ordnung in einer multipolaren Welt: Mann/Frau, Penis/Vagina, Familie/Patchwork, Kapitalismus/Sozialismus, Kulturnation/Multikulturwelt. In Verteufelung der späten Moderne und ihrer mindestens über fünfzig kulturell codierten Geschlechter, ihres Genderismus, ihrer die Gemeinschaft zerstörenden Technologien, den Grenz-, Kontroll- und Ordnungsverlusten durch ungesteuerten Verkehr und wilde Wanderung etwa wird die verschwindende, im Verlust befindliche Übersichtlichkeit beschworen. Mit dem Fernglas steht der

Rechte auf den Gipfeln der Alpen und erspäht die Ewigkeit. Er bindet die Erlösungserwartung an die wehrhafte Nation. Dafür berufen sich Rechtsideologen auf eine kulturelle Identität, ohne zu überreißen, dass dieselbe ein Widerspruch in sich ist, da Kultur geradezu selbstbegründend nicht-identisch und keineswegs national, sondern immer nationenübergreifend ist.

Das Nationale, scheint es, ist als eine in seine historischen Rückräume greifende Angelegenheit immer eine Erinnerungsleistung, immer eine Vergewisserung durch die Überlieferung. Die ritualisierte Wiedererinnerung an das zusammenschweißende Ereignis, im Falle der Deutschen womöglich der Freiheitskampf des Lützower Korps gegen die napoleonische Fremdbeherrschung 1815, das Fest der Freiheit auf dem Hambacher Schloss 1832, die Revolution des Vormärz und der Sieg über den »Zivilisationsfeind« Frankreich anno 1871. Konservative Denker haben im gemeinsamen Erlebnis der Opfergemeinschaft den mythologischen Humus der Nation entdeckt, vor und während des Ersten und – auf etwas andere Art – vor und während des Zweiten Weltkriegs.

Kaum verwunderlich rechnet die Rechte mit Entitäten: Identität, Volk, Gott. Identität etwa suggeriert eine gegebene Essenz und setzt eine feste Substanz voraus, als seien die Deutschen als gottgegebenes Volk vom Himmel gefallen. Je extremer die Rechte, desto fester die Überzeugung, der Wert des Menschen hänge von der Zugehörigkeit zu einer Ethnie ab. Die geistige Bezugsgröße von Nationalisten ist so gut wie immer das »eigene Volk«: die eigentliche, echte, wahre Landsmannschaft. Sie argumentieren blutsgenetisch und terrestrisch. Sie brauchen Homogenität und den Antagonismus: das Wir-Volk gegen die Die-Welt; die bodenständige Gemeinschaft mit »Volks«-Recht gegen die Gesellschaft der Welt. Erst durch diese Überhöhung des Volks zum politischen Identitätsträger wäre im Übrigen von »Rechtspopulismus« zu sprechen gerechtfertigt.

Aber wer oder was soll dieses Volk sein? Wer und wie viel wovon machen ein Volk? Das Volk in Gestalt der Bevölkerung ist doch vor allem eines nicht: eine homogene soziale Einheit. Also redet der, der von Volk spricht, von einer fiktiven Teilgröße, dessen genauen Umfang er nicht kennt. Ein klarer Fall mangelhafter Mengenlehre.

Homogenität und Abschaffung von Differenz sind zumindest vorderhand das Gegenteil der Demokratie, die ja gerade auf Differenz und den Ausgleich gegensätzlicher Interessen angelegt ist. Im Falle rechten Ordnungsdenkens liegt letztlich eine utilitaristische Rationalität zugrunde: Welches Fremde bringt dem Eigenen den größten Nutzen? Das Kosten-Nutzen-Kalkül fragt schärfer danach, wann wodurch dieser und jener fremde Mensch der eigenen Heimatscholle wie viel bringt und wie viel seine Einbettung in die eigene Geborgenheit kostet.

Vor vierzig Jahren waren es linke Kosmopoliten, die gegen Verklemmung, Spießertum, Verlogenheit, gegen Mittäterschaft und Mitläufertum ihrer Eltern und für die Selbstverwirklichung des Individuums auf die Straßen gingen. Heute setzen Nationalisten und Nationalchauvinisten der linken Theorie eines gerechten Lebens die Realität eines gerechten Seins entgegen: Gerecht ist das Recht des Stärkeren, gerecht ist die Priorität des Angestammten. Das ist der Paradigmenwechsel, den wir seit Kurzem erleben: Der Rausch der kollektivistischen Selbstaffirmation findet heute auf der Neuen Rechten statt. Sie bemüht romantische Motive der Augenblicksverachtung, beschworen wird die Überzeitlichkeit, die Überdauer des wahren (bereits geklärten) Seins. Auf dem frisch gestreuten Humus einer Wahrhaftigkeit, wie man es lange nicht mehr gehört hat, zettelt die Rechte eine Revolte an. Dieser Kampf ist kein Angriffskampf gegen ein Regime der Unterdrückung, sondern ein Verteidigungskampf. Ein Rückeroberungskampf. Die rechte Revolte ist insofern reaktionär, als sie einen alten, vorherigen Zustand gegen die Zumutungen einer falschen Veränderung retten und die Hoheit über das verlorene Terrain wiedergewinnen will. Der Rückschritt in den Tiefenraum der eigenen Vergangenheit zeigt sich bei fast allen Ländern, die auf der Suche nach verlässlichen Bestimmungen ihrer Identität sind und amtliche Selbstmythologisierung betreiben. Das Gefühl subjektiver Schwäche wird kompensiert durch den Appell an Geschlossenheit als Beschwörung vermeintlicher Stärke.

Für die Neue Rechte ist das Rechte keine Befindlichkeit, keine im Stillen vollzogene Aversion mehr, sondern drängende Notwendigkeit für die jetzt zu rettende Zukunft. Das Neue Rechte hebt sich vom bisherigen Konservatismus als gefühlsduseliger, aber zahmer Bürgerlichkeit ab, die im inneren Exil ausharrte. Jetzt geht es nicht mehr um Anstand, Zucht, Ordnung und irgendeine bildungsbeflissene Wellness in einer Welt ohne Autorität und Ordnung. Der konservative Eskapismus einer Art Weltflucht in die Imagination wird nur noch als Kapitulation gegenüber den Zersetzungen durch Individualismus, Technik und Migration aufgefasst, ja als Zerfall der Autoritäten durch den »falschen« Progress. Noch fordert der AfD-Chef Gauland nur eine »friedliche Revolution«, um das bisherige politische System aus den Angeln zu heben, im Eigentlichen spricht die politische Rechte den gewählten Repräsentanten aber bereits die Legitimation der Repräsentation ab. Sie hält die repräsentative Demokratie für eine Mogelpackung, deren Ziel allein es sei, das *eigentliche* Volk am langen Arm verhungern zu lassen. Im Unterschied zur einst bierseligen Ressentiments-Raserei gottesfürchtiger Christsozialer denkt und handelt die Rechte heute strategisch höchst effektiv. In geschlossenen Reihen sind ihre Formationen beinahe asketisch. Ihre Protagonisten verknüpfen Psychologie und Politik, die Ansprache an den Einzelnen mit dem Anschein gut gekleideter Bürgerlichkeit. Das Machtinteresse ist auf effektive Weise durchkomponiert. Mit Dialektik ist da nicht mehr viel zu holen – rechtes Denken verlangt Eindeutigkeit. Das geradezu religiös umflorte Recht einer rechten Hypermoral erhebt sich im schlechtesten Fall über den Rechtsstaat.

Der Aufstieg der Thymotiker hat es mit sich gebracht, dass heute die Alternative zum Bestehenden von der Rechten entworfen wird – und die Linken als reaktionäre Gestrige dastehen, die den Schuss der anstehenden Jagd nicht gehört haben. Die jungen, kraftvollen, im Sinne der Vitalitätssteigerung agierenden Politiker in vielen europäischen Staaten sind vermehrt in den neuen Bewegungen rechts der Mitte ausfindig zu machen. Sie brechen mit der Hegemonie der lange Zeit prädominanten linksliberalen Werteordnung zumindest des »Westens«, der angeblich larmoyant und aggressiv zugleich den Niedergang des angeblich besten moralischen Systems hinnimmt und paralysiert die Pfründe seiner vermeintlich überlegenen Moral abhandenkommen sieht. Die Thymotiker der Widerwelt beenden die Träume einer universellen Menschengleichheit und organisieren stattdessen den Rückzug in die protektionierte Eigenheit. Die Rechte hat es dieser Tage leichter, Schuld in doppelter Ausfertigung zu adressieren: an den globalisierten Freihandel wie an die globale Massenmigration.

Eine denkwürdige Lesart der rechten Revolte ist das einst linke Pathos der Befreiung von der Unterdrückung nicht durch das Kapital oder die Obrigkeit, sondern durch die Fremdherrschaft der Invasoren und die Unterwanderung durch Einwanderung. Und dann wird es immer wilder, nichts ist mehr sicher, nichts schließt sich mehr aus: Seit kurzem gibt es rechte Feministinnen, notabene: Moderne, emanzipierte, berufstätige Frauen, die für die AfD im Bundestag sitzen. Es gibt rechte Christen, rechte Gewerkschafter und neuerdings Juden in der AfD.

Geradezu tragisch ist, dass der Aufstieg der rechtsideologischen Widerwelt auch im intellektuellen Versagen der Linken begründet liegt.

Linksideologie

Es gehört zur großen Ironie der jüngeren Geschichte, dass ausgerechnet die kapitalismuskritische bis antikapitalistische Linke keinen ökonomisch tragfähigen Gegenentwurf zu jenem Kapitalismus anzubieten hat, der sich in den Finanzmarktexzessen ab 2008 erhebliche Blessuren geholt hat. Er hat sich auch dieses Mal nicht selbst abgeschafft, der in der Linken unverdrossen euphorisch gefeierte Marx irrt nach wie vor.

Die Linke hat ihre historische Stunde nicht erkannt oder verpennt. Massenhaft wurden einfache Bürger, die in Gutgläubigkeit, Gier und aus freien Stücken am Aktien- und Spekulationsverkehr einer Gewinnerkultur teilhaben wollten, betrogen und in den Ruin gestürzt. Das System aus Lüge und Vorteilsmaximierung führte die hehre Idee der sozialen Marktwirtschaft ad absurdum, indem sie einen neuen Markt erfand: den toxischen Sumpf mit seinen faulen Verschuldungskrediten, Kreditausfallversicherungsversicherungen und virtuellen Hypotheken-Paketen. Verblüffenderweise profitierten von diesem Desaster langfristig nicht linke Parteien, sondern rechte Bewegungen. Marine Le Pen, Viktor Orbán und Donald Trump sind Geschöpfe jener Krise, die seit zehn Jahren das Schlechteste eines außer Kontrolle geratenen Systems zutage förderte – es war, ist und bleibt ein Faszinosum, dass den Zeiten hoher Prosperität – man blickt zurück in die 1920er- wie die 2000er-Jahre – eher rechts- als linksideologische Widerstandsbewegungen entwachsen. Tragisch genug, hat die Linke kein Konzept für die Zugehörigkeit des Individuums zum Gemeinwesen, weil sie selbst exkludierend ist. Die Linke war immer eine akademische Anmaßung; der Sozialismus versteht sich bekanntlich als Wissenschaft: Problemanalyse, Lösungskonstruktion. Gedankengebäude, Überbau.

Lasalleverbunden und bebeltreu bis in den Tod rufen die Genossinnen und Genossen die porösen Parolen und singen »Wann wir schreiten Seit an Seit« aus der Spätkaiserzeit, als wär's ein jugendlicher Wandertag auf Mutters schöner Erde. Aber der von Melancholie umflorte Verweis auf die große Tradition löst ja kein einziges Problem. Schon immer verbirgt sich ablehnender und keineswegs progressiver Geist im linken Liedgut, das fulminante Wider des als Sozialkritik missverstandenen Widerstands: damals gegen Industrialisierung, später gegen technologischen Fortschritt, immer gegen freien Unternehmergeist (wenn dessen Profite nicht explizit dem von links vertretenen Proletariat zugutekommen). Schließlich verweisen die Linken gern und ungefragt darauf, dass sie im heldenhaften Kampf ums Dasein selbst immer Opfer (wahlweise faschistischer oder kapitalistischer) Überwältigung waren. Die Linke reklamiert einen historisch verbürgten Vorschusskredit für sich und setzt ihn gerne ein: Sie hat die historische Schuld der Deutschen nicht zu verantworten, im Gegenteil. Leichthin beschwören sie den ideologischen Wellnessfaktor herauf, der im kostengünstigen Bekenntnis besteht: Links ist immer gut, weil rechts immer schlecht ist.

Links ist ein Credo, das vor jeder Sache und über jedem Sachverhalt steht: ein geschlossenes Weltbild, das in erstaunlicher Selbstreferentialität permanent Bestätigung braucht, um bestehen zu können. Die Linke ruft immer erst einmal den linken Traditionsbestand auf, um die eigene Identität durch den Kampf gegen jene zu schärfen, die den »falschen« (weil rechten) Traditionsbestand wiederum für deren Identität aufrufen. Und so fort. Der Linke spricht gern all jenen Humanität ab, die nicht links sind, als wären Humanitas und Links selbstverständliche Synonyme (wer Humanität links verortet, hat allerdings weder die Bibel im Nachtschränkchen der CDU/CSU gelesen noch ausreichend tief ins Glas der jüngeren Geschichte geschaut).

Die linke Sache ist Anfang des dritten Jahrtausends durchaus vertrackt. Einerseits ist die Linke als leninistisch-marxistische Klassenkampf-Diktatur mit großer Freude an Freiheitsberaubung historisch diskreditiert, andererseits hat sie sich in gewisser Weise überlebt. In den realsozialistischen Reservaten planwirtschaftlicher Mangelverwaltung war der Kommunismus Ende der 1980er-Jahre an sich selbst verendet; die DDR war vor ihrem friedlichen Untergang, wie wir seit einiger Zeit wissen, langst pleite. Im Namen des revolutionären Sozialismus wurden bekanntlich Abermillionen Menschen ermordet oder ihrer Freiheit beraubt (Mao, Stalin, Pol Pot, Fidel Castro), was die Gloriole der Linken, Garantin allgemeiner Menschenliebe zu sein, durchaus verblassen lässt. Wem der Hinweis auf den diktatorischen Kommunismus zu altbacken ist, möge aufs aktuelle Venezuela blicken. Das Land mit der letzten sozialistischen Revolution und den größten Erdölreserven der Welt versinkt in Chaos, Elend und führt den pathetisch besungenen »Sozialismus des 21. Jahrhunderts« endgültig ad absurdum: Hunger, Hyperinflation, staatliche Preiskontrollen, katastrophale Gesundheitsversorgung, Menschenrechtsverletzungen, Flucht ins Ausland. Die Melange aus ökonomischem Dilettantismus und militaristischer Autokratie linksregierter Reservate kennt die Welt seit fünfzig Jahren. (Kommunistische Regime bestehen erfahrungsgemäß aus Mördern, Menschenrechtsverletzern, Bankrotteuren und Unterdrückern in einem System neurotischer Totalüberwachung, ohne jedes Vertrauen in die Evolutionskraft und Freiheit des Einzelnen.)

Zweifelsohne hat linke Politik historische Verdienste hinsichtlich Solidarität und Arbeitsrecht, Chancengleichheit, Gleichberechtigung und eine menschenfreundlichere Arbeitswelt. Ohne linke

Politik wären vermutlich weder Frauen der patriarchalen Obhut des Mannes entkommen und beruflich aufgestiegen noch hätten Arbeiterkinder – die kein bisschen weniger klug als Bürgertumskinder sind – studieren können. Andererseits hat sich die Linke in Gestalt der deutschen Sozialdemokratie durch ihre politischen Erfolge von der Bildungsexpansion über Mindestlohn bis Homo-Ehe in erstaunlichem Maße in die Bedeutungslosigkeit gesiegt. Sie hat die Identitätspolitik für die Benachteiligten und durch repressive Macht Unterdrückten gesellschaftlicher Randgruppen im öffentlichen Bewusstsein als absoluten moralischen Standard gesetzt. Der Linke tritt ja immer dort beherzt auf, wo er Unterdrückung vermutet, um, wenn nötig, die Unterdrücker gewaltsam zu unterdrücken – nach dem friedliebenden Motto der Anarchisten: Zerstört, was euch zerstört!

War der Kampf der Arbeiterklasse gegen die Ausbeuter der Nukleus der ersten und alten Linken, sind seit den 1970er-Jahren Antidiskriminierung und Minderheitenschutz die Kampfbegriffe der Neuen Linken. Kleinlaut, wie sie geworden ist, hat die Linke das ihr historisch zugeeignete Opfer links liegen lassen: den Arbeiter, der um die Ordnung seiner bisherigen Lebenswelt fürchtet. Wie auch will man den erklärten Schutz der Malocher beim Abbau von Braunkohle mit der Idee ökologischer Nachhaltigkeit versöhnen, wenn im Hambacher Forst der Wald für den Kohleabbau gerodet werden soll? Wie will man erklären, dass linkem Egalitarismus geschlechtsneutrale Pissoirs und die Gleichberechtigung des Transgender wichtiger sind als Schutz und Rettung der Industrieproletarier vor Maschinen und Robotern, die in Kürze den Großteil der Produktivitätsarbeit verrichten und den Arbeiter überflüssig machen werden?

Der kleine Mann fühlt sich verraten – nicht gesehen, nicht mehr gehört, nicht mehr verstanden, nicht mehr vertreten. In der Globalisierung mit ihren permanenten Wanderungsbewegungen weiß die Linke nicht mehr, wer denn nun der sozial

Schwächste unter den sozial Schwachen ist, die sie vertreten will: der kleine deutsche Mann oder der arabische Flüchtling, der zwangsläufig in Konkurrenz zum kleinen Mann tritt? Auf hellsichtige Weise hat den Aufstieg der Rechten durch den Niedergang der Linken der französische Soziologe Didier Eribon mit Blick auf die eigene Familie in seinem populärsoziologischen Meisterwerk »Rückkehr nach Reims« beschrieben: Eribons kommunistische Arbeiter-Eltern sind übergelaufen zum rechtsextremen Front National, weil die Linke ihre klassische Klientel zugunsten der Aufwertung von Minderheiten und Randthemen wie Klimaschutz und Homo-Ehe vernachlässigt hat.

Die Welt von gestern war lange das Zeitalter der Linken. Die Ära der Sozialdemokratisierung. Die Epoche der Hand- und Körperarbeit, der Maloche. In Zeiten virtueller Globalität wird es ihr nicht mehr gedankt, das mag so bitter sein wie der freie Fall demütigend ist. Die Linke (also all jene, die sich auch jenseits linker Parteien links fühlen) ist auf womöglich liebenswerte Weise so anachronistisch geworden, dass die große Mehrheit der Wähler ihr weder vertraut noch zutraut, den Paradigmenwechsel in die digitale Epoche angemessen zu gestalten. Der Wissensarbeiter ist kein Arbeiter im proletarischen Sinne mehr, der sich über Körperarbeit definiert. Der Co-Working-Space ist keine Kohlegrube mehr, der Dachdecker aber ein Kleinunternehmer. Die Linke hat verpasst, ein Konzept für digitalisierte Ökonomie zu entwerfen, für die Förderung von Gründungen und Start-ups, die in ihren Hubs nach besten Lösungen für ökologische und soziale Probleme der Gegenwart suchen. Sie hat verpasst, Selbstständige und Mittelständler, die im täglichen Konkurrenzkampf mit der Welt stehen, nachhaltig zu fördern. Sie hat verpasst, Flexibilität und Flexibilisierung positiv zu rahmen, und sie hat nie verstanden, dass das kapitalistische System nicht durch sich selbst zugrunde geht, weil es viel zu clever ist: ein System beständiger Metamorphosen, das aus seinen Fehlern lernt, sich seine Defekte einverleibt und die eigenen Dysfunktionalitäten produktiv macht. Für einen Sozialismus ist die strukturelle Überlegenheit des Kapitalismus zum Verzweifeln – mitnichten sind das zwei Kombattanten auf Augenhöhe. Der Sozialismus braucht zur Voraussetzung notwendig den Kapitalismus, um ihn dann bekämpfen zu können – intrinsisch ist er nicht.

Das Linke, weil es also per se nicht schöpferisch, sondern kämpferisch ist, ist immer reaktiv: Es greift nur dort, wo man Gegensätze aufmachen und Kriegs- und Opferverhältnisse konstruieren kann. Der Sozialismus, hat der Sozialphilosoph Axel Honneth sinngemäß formuliert, sei eine intellektuelle Herausforderung, die den Kapitalismus ständig begleitet, aber keine eigene Konzeption mehr bietet. Ein Korrekturprogramm, das immer zu spät kommt.

Die Arbeiterklasse als revolutionäres Subjekt hat geschichtsphilosophisch ausgedient – die identitäre Arbeiterschaft gibt es nicht mehr. Facharbeiter deutscher Industrieunternehmen verdienen heute zuweilen mehr als selbstständige Klein-Unternehmer, dazu kommen Schicht- und Nachtzuschläge und Prämien, die manchen Arbeiter an die statistische Grenze des Reichtums führt. Mit Abnahme der fremdbestimmenden Körperarbeit durch Robotik, Automation und Künstlicher Intelligenz wird es die proletarische Klasse bald nur noch als internationales Dienstleistungsproletariat geben. Der Roboter ist beides zugleich: Herr und Knecht. Für die Niederlage des Kapitalismus wird er nicht sorgen. Der »Kognitive Kapitalismus« fordert eine andere Ausstattung des Humankapitals: Auffassungsgabe, Programmierkompetenz und Netzwerk-Intelligenz. Kognition ist nicht notwendig an Sozialmilieus geknüpft.

Das linke Juste Milieu ist von einem denkwürdigen Selbstwiderspruch durchzogen: Man profitiert von dem System, das man abzulehnen vorgibt. Linke Haltungen werden ja gerne von denen gepredigt, die womöglich mal Marxisten oder Neomarxisten waren, heute aber auf den gesellschaftlichen Schaltstellen des öffentlichen Geistes und den Logenplätzen der verschriftlichten Kommunikation und jener Traditionalität sitzen, durch die bisher Verständigung hergestellt wurde: auf Universitätslehrstühlen, in Redaktionsstuben und Theater-Intendanzen. Dramatiker, Schriftsteller, Buchautoren und Schulleiter sind gern links oder linksliberal, Journalisten naturgemäß gesellschafts- und sozialkritisch, viele Aktivisten operieren nicht selten auf der Basis einer Antifa-Sozialisation. Dieser »linke«, wie selbstverständlich formatierte Geist (ein Geist fundamentaler Sozial- und Gesellschaftskritik, des Universalismus und des Egalitarismus) trifft nun auf die Umwertungen der Widerwelt.

Was ist aus den linken Utopien geworden? Öko ist heute das Logo des Wohlstands-Spießertums, Bio das Siegel des wohlhabenden Moral-Bürgertums, und wenn's ganz hart wird, druckt sich der Wohlstandsweltrevolutionär im gentrifizierten Großstadtviertel ein Che-Guevara-Konterfei aufs T-Shirt und liked auf Facebook eine Demo gegen Nazis. Brav dreht man die Gebetsmühle der »neoliberalen Haltlosigkeit«. Neoliberal ist ja das Signalwort, das das Narrativ der Opfermythologie in linker Variation mit einem Fingerschnippen aufruft und ein sinnentleertes, verselbstständigtes Schlagwort fraglos plausibel erscheinen lässt, ohne dass man auch nur im Ansatz sagen könnte, was genau »neoliberal« bedeutet und vor allem: wann exakt und inwiefern konkret ein Verhältnis »neoliberal« ist.

Beklagt wird jedenfalls stante pede der Mangel an Solidarität, obwohl gerade jene, die Solidarität predigen, sich meist selbst zerlegen. Wesenszug der Linken war und ist ihre Spaltung. In schöner Regelmäßigkeit splittert sie sich in Fragmente auf, weil sie, im Gegensatz zur Rechten, Geschlossenheit nicht kann, nicht kennt, nicht will. In diesem Geist ist im Sommer 2018 auch die Sammlungsbewegung »Aufstehen« von Sahra Wagenknecht und Oskar Lafontaine entstanden, die Linksdenkende zu vereinen antritt, aber schon zu Beginn des Marsches die Sporen sozialistischer Spaltpilze auswirft.

Bourgeoisierte Salonsozialisten kommen gern aus wohlhabenden Haushalten und verfertigen vom Hochstand ihres Vermögens aus gekauften oder geerbten Gründerzeit-Wohnungen in wohlsituierten, von ihnen selbst gentrifizierten Großstadtvierteln fulminante Anklagen gegen die Ungerechtigkeit jenes ökonomischen Systems, dessen Errungenschaften sie selbstverständlich in Anspruch nehmen. Auf Apple-iPads oder Air-Books lässt sich die Revolution gegen weltbeherrschende Konzerne bequem formulieren, über Amazon werden kapitalismuskritische Bücher von ausgebeuteten Boten bequem nach Hause gebracht und über Facebook kann man idealerweise zu Demos gegen Milliardenkonzerne aufrufen.

Die Linke hat, kurzum, keine glaubwürdige Selbst-Erzählung mehr. Je höher der allgemeine Wohlstand (der heute so hoch ist wie nie zuvor) und je zufriedener die Menschen mit ihrem Leben (über 70 Prozent der Deutschen), desto dünner sind die gesuchten Haare in der Suppe. Und je besser es den meisten Leuten geht, desto kleiner, aber bedeutender werden die Unterschiede, desto eher entsteht ein Gefühl systemischer Benachteiligung, weil das stets beschworene Ideal der Menschengleichheit offenbar auf grundsätzliche Weise erfüllt zu sein scheint. Desto größer ist das Empfinden von Ungleichheit und Ungerechtigkeit. »Mit der formalen Gleichheit und Freiheit der Bürger wachsen auch dessen Ansprüche«, notierte Hans-Magnus Enzensberger, »wenn sie nicht erfüllt werden, kann sich schließlich so gut wie jeder gedemütigt fühlen. Das Verlangen nach Anerkennung ist unersättlich.« Die Enttäuschbarkeit der Menschen hat mit jedem Fortschritt zugenommen. Mit dem Philosophen Odo Marquard gesagt: »Je mehr Negatives aus der Wirklichkeit verschwindet, desto ärgerlicher wird – gerade weil es sich vermindert – das Negative, das übrigbleibt.«

Der Bürger als gattungsgeschlechtliches Neutrum hat ein feineres Sensorium für die Ironie der Gerechtigkeit, als linke Politik sich vorzustellen vermag.

3
Gerechtigkeits-Dilemmata

Fassen wir zusammen: Das isolierte (manchmal vereinsamte), jedenfalls verunsicherte ICH, das sich seiner Sicherheiten beraubt fühlt und – vom Thron der Selbstermächtigung gestürzt – aber nach wie vor nach Aufmerksamkeit und Selbstwirksamkeit verlangt, ist schnell und leicht zum Opfer zu machen. Es fühlt sich entwertet, missachtet, ungebraucht, nicht gesehen, nicht gehört, nicht geachtet (Aufruhr hat immer mit einem Schrei nach Achtung zu tun).

Rechte und linke Opfermythen erzählen ihre je eigene Geschichte von der Auslieferung des Einzelnen an die ihn fremdbestimmenden Umstände, insofern lässt sich die Rettung des Menschen als Akt höherer Gerechtigkeit inszenieren: durch berufene Schutzmächte und ihre Fraktionen, Truppen und Verbände. Ein fast heilsgeschichtlicher Anspruch, zwar ohne theologischen Bezug, aber mit religiösem Flor.

Ich sprach eingangs von der existentiellen Entfremdung zwischen Politik und Bürger, zwischen ICH und Repräsentant. Es geht mir noch immer um nichts anderes als darum, die Genese der Kampfzone, die Steigerung des thymotischen Levels, die Attraktivität der Widerwelt zu verstehen.

Hier schließt sich der Kreis: Der Bürger ist das Opfer seiner Ansprüche, die er an den Politiker heranträgt; darüber hinaus wird er in der systematischen Viktimisierung nicht nur seines Selbstwerts beraubt, sondern gerät in ein Abhängigkeitsverhältnis, das für ihn nur Enttäuschungen bereit halten kann. Der zivilisatorische Rückschritt, der dieser Tage offenbar wird, besteht in der Rückkehr der Ideologien: der Opfer-Konstruktion und des Freund-Feind-Schemas. Beide tragen wesentlich zu negativer Identität bei, die auf strategische Weise Gefolgschaften über Abgrenzung, Ausgrenzung und Schuldzuweisung konstruiert.

Der Opfer-Status verspricht Anerkennung, erzeugt machtvolle Ansprüche und ist über jede Kritik erhaben. Je mehr Gruppen sich erniedrigt fühlen, desto größer steigt ihre Anstrengung der Anerkennung, wodurch das Anerkennungsbestreben anderer Gruppen wiederum verdrängt wird. Wenn sich viele (letztlich womöglich alle) als Opfer verstehen, entsteht eine Konkurrenz der Opfer-Identitäten: ein Opfer-Markt. In Macht-Optionen denkendes Führungspersonal leitet aus der Opfer-Ideologie dann das Recht auf Ressentiment und Revolte ab und formiert jeweils eine Verteidigungs- als Kampfgemeinschaft: Wir sind die Unschuldigen, Gedemütigten, Beleidigten, Wir sind das Volk, dem genommen, dem geschuldet wird, Wir sind die – wie beispielsweise aus AfD und Pegida zu hören ist –, deren Identität und Glück gerade auf dem Altar des Humanitarismus geopfert werden. Oder, wie es gebetsmühlenartig aus Linkspartei und Wohlfahrtsverbänden verlautet, Wir sind die Opfer der Profit-Interessen von Kapital, Konzernen und politischen Eliten auf dem Schlachtfeld des sogenannten Neoliberalismus, Wir sind die Opfer wachsender Ungerechtigkeiten in einer Welt, die immer ungleicher wird.

Was folgt daraus? Die moralische Aufladung der Opferideologie ist das Geschäftsmodell erstens einer alarmistischen Sozialpolitik und zweitens eines tatsächlichen Populismus, der komplexe Sozial- und Kulturverhältnisse auf einen so simplen wie brachialen Antagonismus reduziert: *Wir* gegen *Die*. Seit geraumer Zeit sind vermehrt Initiativen für volksrevolutionäre Bewegungen zu beobachten, die die Straße nicht nur als vorpolitischen Protestraum, sondern als politischen Aktions-Raum erobern wollen. Käme es zu diesem *linken* Populismus, um dem *rechten* Populismus Paroli zu bieten, fände auf den Straßen Deutschlands (wie auch Europas) künftig ein heftiger Kampf von Populisten aller Arten gegeneinander statt.

Vielleicht ist der Blick aufs Defizitäre allzu menschlich, fast immer aber ist die Kritik an der Politik getragen von einer Anmaßung. Der Bürger erwartet von seinen Repräsentanten jene Eindeutigkeit, Wahrheit und Ehrlichkeit, die er selbst keineswegs lebt, weil Eindeutigkeit, Wahrheit und Ehrlichkeit in einer hochkomplexen Lebenswelt mit ständiger Mobilität, Beschleunigung und Veränderung gar nicht zu haben sind. Um in der Erregungsgesellschaft Geltung zu erlangen, sind Berufspolitiker geradezu gezwungen, den widersprüchlichen Anspruch an Glaubwürdigkeit anzunehmen, weil sie wissen, dass der Wähler es von ihnen erwartet. Erfüllen sie den Anspruch, steigen die Erwartungen an weitere Erfüllung. Enttäuschen sie ihn, tönt kollektives Wehgeschrei: Lügner, Versager, Egomane! Dieses geschlossene System könnte man das *Glaubwürdigkeitsparadox* nennen. Besteht nicht der Wandel der politischen Kultur darin, dass nicht die in die Tat umgesetzte Radikalität einer Lüge anstößig ist, sondern der Wortbruch? Deshalb ist Donald Trump, der vermutlich dreisteste höchstamtliche Lügner aller Zeiten, aus Sicht vieler Amerikaner (wiewohl Wähler) glaubwürdig. Wichtiger als die Verfehlung einer offenen Lüge ist es, die hingelogene Ankündigung in die Tat umzusetzen. Es geht also gar nicht mehr um den glaubwürdigen Inhalt des Politischen, sondern allein um den formalen Akt der Einhaltung welch kruden Versprechens auch immer. Wenn Ankündigung und ihre Umsetzung deckungsgleich sind, ist Glaubwürdigkeit gegeben. Wenn nicht, fühlt sich der Bürger getäuscht. Dann wähnt er sich als Opfer der eigenen Ohnmacht.

Um für den Moment einer selbstkritischen Abschweifung eine Lanze für die stets gescholtene Politik zu brechen (ohne Fehler und Fehlverhalten entschuldigen zu wollen): Der Beruf des Politikers ist gezwungenermaßen so anmaßend wie die Erwartung des Bürgers an den Politiker. Der muss für alle gleichermaßen gültige Normen formulieren und vorgeben. In einer Alltagskultur weitgehender Unverbindlichkeit muss er normative Entscheidungen treffen; im Feuergefecht permanenter Öffentlichkeit, dem dauererregten Twitter-Gewitter und angesichts der sofortigen Belohnungs- und Bestrafungstyrannei durch asoziale soziale Netzwerke muss der Politiker versuchen, Vernunft zu vermitteln, und hat dabei selbst eine enorme moralische Fallhöhe.

Politiker arbeiten mit vagen Prognosen und unubersichtlichen Sachlagen, müssen Verbindlichkeit, Echtheit und Wahrheit als Dauerhaltung einüben, juvenil aber vertrauenswürdig wirken, bedächtig, höflich, ausgeglichen, anständig, rastlos, belastbar. Sie müssen mit der Gabe ausgestattet zu sein, Selbstzweifel und Zweifel an der scheinbar eindeutigen Sache mit echter oder scheinbarer Souveränität zu übertünchen und unter permanenter Beobachtung und Sichtbarkeit eine höchst geringe Kränkbarkeit zu haben. Der Politiker muss also ständig »selektive Authentizität« walten lassen: Er darf nicht die ganze Wahrheit sagen, was er aber sagt, muss wahr sein. Der Anspruch an die Vereinigung unvereinbarer Eigenschaften trägt die Veranlagung zur Dissonanz bereits in sich. Falsch, das heißt nicht ordnungsgemäß zitiert zu werden, kann Karrieren beenden, Stigmata aufprägen und den Politiker dazu zwingen, einen (womöglich gar nicht gemachten) Fehler mühsam wieder aus dem kollektiven Gedächtnis auszuradieren (so das überhaupt geht, weil dem Politiker ohnehin stets Täuschungsabsicht unterstellt wird).

Wer, wie ein Politiker, in der Erregokratie dauernd überwacht wird, wird selbst überwachsam. Er taktiert. Resultat der Taktiererei ist Nullsummen-Rhetorik. Niemand beherrscht das Spiel mit dem Glaubwürdigkeitsparadox besser als Angela Merkel: Die Kanzlerin ist Meisterin des eigenen Verschwindens bei permanenter Sichtbarkeit. Ihre zeichenleere Semantik hat insofern kein Glaubwürdigkeitsproblem, als sie erst gar keine Erwartungen generiert. Merkel zerlegt die Wirklichkeit in Problemparzellen und löst Zusammenhänge auf. Was sie tut, scheint immer Resultat eines Kosten-Nutzen-Kalküls bei höchst aktivem Verstand zu sein. Es *scheint*. Es *könnte* sein. Aber man weiß nie, ob das, was sie tut, kalkuliert ist oder nicht. Diese prinzipielle Ungewissheit unaufgelöst zu lassen, könnte wiederum ebenfalls Kalkül sein. Angela Merkels konjunktivischer Pragmatismus hat die politische Kultur Deutschlands und das Selbstverständnis der Gesellschaft schon jetzt verändert. Sie hat einen neuen Stil der kommunikationsfreien Kommunikation entworfen, hinter dessen einkalkulierte Geltungsfreiheit man nicht mehr zurückkommen wird.

Werteverlagerung

Dreh- und Angelpunkt aller Schlachten in der Kampfzone ist in meinen Augen das Verhältnis von Recht und Gerechtigkeit. Zwei unvereinbare Gerechtigkeits-Vorstellungen stehen sich gegenüber: absolute gegen relative und vertikale gegen horizontale Gerechtigkeit. Die Anrufung absoluter Gerechtigkeit etwa leitet aus der kolonialistischen Fremdbeherrschung und Ausbeutung der außereuropäischen Welt im 19. und 20. Jahrhundert die Rechtfertigung ab, die Nachfahren der Opferländer spätestens jetzt an Wohlstand und Sicherheit der einstigen Ausbeuternationen zu beteiligen. Die Aufnahme verfolgter, fliehender, an Leib und Leben bedrohter Menschen fällt unter den Imperativ überindividueller, bedingungsloser Gerechtigkeit, wie sie auch die judäo-christliche Religion auslegt: als Schutzgemeinschaft derer in Not, die unter besonderer Aufsicht Gottes stehen. Daraus lässt sich grundlegender Schutz Verfolgter, Gefolterter und mit dem Tode Bedrohter ableiten, als moralische Selbstverpflichtung christlich fundierter Gesellschaften. Im Verständnis dieser Ethik haben auch die beiden deutschen Kirchen 2014 in ihrer Ökumenischen Sozialinitiative die Frage des Barmherzigen Samariters »Wer ist denn mein Nächster?« mit der prinzipiellen Liebe zum *Menschen an sich* übersetzt. »Wer mein Nächster ist, hängt nicht von der Zugehörigkeit zu einer bestimmten Religion oder Kultur oder von der Herkunft aus einem bestimmten Kontinent ab … Gott ist Mensch geworden und hat sein Ebenbild, den Menschen, jedem Menschen zur Sorge und Verantwortung anvertraut.« Zwischen 2015 und heute sind über 1,3 Millionen Asylanträge individuell auf diesen Anspruch hin geprüft worden.

Diese global-historische Lesart widerspricht der Vorstellung lokal-spezifischer Gegenwarts-Gerechtigkeit und ihrer Leitfrage: Wer nimmt wem was weg, wenn wer durch wen wie viel profitiert? Für Gerechtigkeit als Gefühls-Bestimmung, die über die garantierte Gleichheit aller Bürger vor dem Recht hinausgeht, ist das je aktuelle Verhältnis von Geben und Nehmen ausschlaggebend. Das Gerechtigkeitsempfinden ist zutiefst berührt, wenn besagtes Verhältnis gestört zu sein scheint. (Und im Falle geflüchteter Asylsuchender ist dieses Verhältnis zwangsläufig gestört: Wie sollte ein Syrer, eine Irakerin, wie sollten Afghanen oder Somalier sich je durch jahrelange Einzahlung auf das Konto des Gesellschaftsvertrags den Anspruch verdient haben, der ihnen nun aus humanitären und grundgesetzlichen Gründen gewährt wird?)

Liest man die erstaunlich hohe Ablehnung der regierungsamtlichen Flüchtlingspolitik von zeitweise über achtzig Prozent der Deutschen als Ausdruck wachsender Verlustängste, könnte es als Versuchsanordnung für ein weitergehendes Verständnis hilfreich sein, die Perspektive umzudrehen: einseitig aus Sicht der Unter- oder unteren Mittelschicht nach oben. Entwerfen wir – um die Motivation der Verstörung zu verstehen – die fiktive Figur des »kleinen Mannes« (vulgo »der kleinen Frau«), der zum Zeitzeugen der sozialen und kulturellen Entwicklungen im vergangenen Jahrfünft wurde. Wie könnte sich ihm die übermittelte Lage darstellen? Welche Schlüsse könnte er nach der Lektüre von Zeitungen, Magazinen und nach dem Konsum von Fernsehnachrichten und -bildern ziehen?

Per Ausnahmeregelung, könnte er denken, werden plötzlich, wahllos und unkontrolliert Hunderttausende kulturell fremder Menschen in »sein« Land gelassen, darunter womöglich künftige Terroristen oder Wirtschaftsmigranten, die das zerstören beziehungsweise von dem profitieren wollen, was Deutschland in großer (auch seiner) Anstrengung seit Jahren aufgebaut hat und täglich aufs Neue ausbaut. Das hat der kleine Mann gelernt: In Deutschland muss man sich Vorteile erleisten, die hohen Leistungsnormen muss ja auch er erfüllen. Geschenkt bekommt man in einer Leistungsgesellschaft nichts, dem Imperativ des meritokratischen Arbeitsethos müssen alle folgen: Willst du was, bringst du was.

Der fremde Schutzsuchende aber erhält einen generösen Vorschuss an Sozialstaatlichkeit. Es kommen kulturell fremde Menschen mit anderem Wert- und Sozialverständnis in »sein« Land und delegieren die Verantwortung für ihr weiteres Schicksal an ihn, den Gastgeber, an »sein« Land, das sich jetzt zu mühen habe, die Eingliederung der Fremden mit dem hart erarbeiteten Steuergeld seinesgleichen, des kleinen Mannes, zu finanzieren. Er bemerkt, dass die alles entscheidende Frage weder gestellt noch sachlich beantwortet, sondern mit dem Hinweis auf Rechtsruck geradezu verhindert wird: Soll der deutsche Sozialstaat jetzt auch von massenweise Fremden in Anspruch genommen werden können, die nicht zu ihm beitragen können, aber das Recht auf Grundsicherungsniveau haben?

Solche Fragen sind unangenehm, zweifelsohne. Mancher mag sie als despektierlich und unerhört, gar zynisch empfinden. Aber es gibt sie, man muss sie nur hören. In den Kopf des »kleinen Mannes« zu schlüpfen heißt ja keinesfalls, dessen Haltungen zu übernehmen und zu verteidigen, und es heißt auch keineswegs, ihn ihretwegen zu verurteilen. Er hat die Fragen. Sie sind da. Er kann sie verdrängen. Leugnen kann er sie nicht. Wäre es nicht klüger, sich solchen Haltungen zu stellen, eine nach der anderen auf der Basis von Fakten und seriösen Statistiken, Punkt für Punkt zu untersuchen und bestenfalls zu widerlegen?

Nimmt man alles zusammen, was dem »kleinen Mann« (und also uns, ob klein oder groß, ebenso) im Laufe der vergangenen Jahre widerfahren ist, muss sich zwangsläufig das Gerechtigkeitsgefühl rühren. Kurzgesagt (es ist ja bekannt): Die Kommunen sind pleite, die Schwimmbäder schließen, um jeden Cent Hartz IV muss gerungen werden. Alles steigt an: Kinderarmut, Rentnerarmut, Mieten, Preise, Gebühren. Seit Jahren hat der kleine Mann stagnierenden oder sinkenden Wohlstand und prekäre Arbeitsverhältnisse hinzunehmen. Er lebt in der Angst vor Luxussanierung und sieht sein Grundrecht auf Wohnen bedroht.

Und weiter, immer aus der Sicht des kleinen, zeitunglesenden, fernsehenden Mannes, den ich als Figur aufbaue, um mögliche Ressentiments nachvollziehen und unbegründbare Schlussfolgerungen widerlegen zu können: Der kleine Mann muss zur Kenntnis nehmen, dass hochgefährliche Salafisten über Jahre hinweg mit deutschen Steuergeldern alimentiert und versorgt werden. Er liest, dass die Hälfte aller Asylberechtigten als arbeitssuchend gemeldet ist und etwa eine Million Menschen aus außereuropäischen Asylherkunftsländern Hartz-IV-Regelleistungen erhalten. Vom Gesetz gezwungen, zahlt er bereits für öffentlich-rechtliche Medien, die seine Sicht der Dinge als rassistisch abtun und statt die Probleme durch Zuwanderung kritisch zu beleuchten, sich ausschließlich Flüchtlingsgeschichten widmen. Er hört, dass Mitglieder arabischer Clans mit BMW- oder Mercedes-Limousinen vor der Arbeitsagentur vorfahren, um sich ihre Stütze abzuholen. Er muss zur Kenntnis nehmen, dass die Polizei verhöhnt wird und von Null Toleranz nichts zu sehen ist. Er liest, dass einem Flüchtling die deutsche Sprache beizubringen den Steuerzahler (und anteilig also ihn) monatlich 6000 Euro koste, und niemand sagt ihm, der, wie er findet, hinten und vorne sparen muss, was mit den fünfundneunzig Prozent Abgelehnten geschieht, wenn doch nur fünf Prozent der Asylanträge überhaupt anerkannt werden. Er fragt sich, wo und wovon der Rest lebt. Und während der arme kleine Mann jeden Euro zweimal drehen muss, hört und liest er, dass Oberbürgermeister mittlerer und großer deutscher Städte (Sozialdemokraten in praktischer Verantwortung) von einer »gezielten Migration ins Sozialsystem« sprechen, was gemeinhin nur AfD-Politiker tun.

Was soll er denken?

Nimmt man die Sicht des »kleinen Mannes« als Projektion für Ängste, Sorgen und Befürchtungen und als legitime Wahrnehmung sozialer Wirklichkeit ernst, lautet das Gerechtigkeitsdilemma übersetzt: Das Fremde wird dem Eigenen vorgezogen. »Die« Ausländer kommen zuerst und für »uns« Deutsche tut das eigene Land wahlweise nichts oder mal wieder nichts.

Die Konflikte der Kampfzone sind Werte- und Interessenkonflikte in einer Zeit, da sich immer mehr Menschen einem von Geld und Ökonomie beherrschten System ausgeliefert fühlen. Das Ur-Vertrauen des Einzelnen ist geschwunden, der Geborgenheitsraum verletzt. Das Individuum ist in keiner Hinsicht mehr Herr im eigenen Haus: verunsichert durch terroristische Attacken; bedroht durch obskure Geheimdienste; überzeugt, dass politische Entscheidungen in eine von Konzernen, Unternehmen, Investoren und Groß-Lobbyisten dominierte Sphäre ausgelagert werden; geschwächt durch Stress, Erschöpfung, Überforderung und Frustration in einer Welt, die sich immer schneller dreht, immer unübersichtlicher und unberechenbarer wird. Dauerhaft erlittene Ohnmacht kann zu Wut führen, dauerhaft ignorierte Wut zu Gewalt; das ist der ideale Nährboden für die Widerwelt. Er speist sich aus dem – eingebildeten oder berechtigten – Gefühl verletzter Gerechtigkeit jener, die sich jetzt auch noch existentiell fremdbestimmt wähnen und aufbegehren, wenn über ihre Köpfe hinweg zu ihrem Nachteil regiert wird.

Ich behaupte, dass wir es in der Kampfzone mit einer Umwertung bisher gültiger Werte (und vor allem der Gerechtigkeit) zu tun haben. Soziale Gerechtigkeit ist nicht länger ausschließlich und selbstverständlich die klassenkämpferische Attitüde gegen »die Reichen« und »das Kapital« im eigenen Land (vertikaler Kampf), sondern, diesen Schluss ziehe ich aus Gesprächen, Beobachtungen, Äußerungen und der empirischen Forschung, gegen »die Besetzer«, die Fremden und Eindringlinge, die vermeintlich kein Recht und keine Legitimation hätten, auf Kosten der Einheimischen ein besseres Leben als dieselben zu führen (horizontaler Kampf). Soziale Gerechtigkeit hat den Ton einer Gerechtigkeit angenommen, die einheimische Besitzstände gegen fremdländische Begehrlichkeiten verteidigt. Der Konflikt oben-gegen-unten wird umgedeutet als Konflikt innen-gegen-außen. Verteilungsgerechtigkeit und Abwehr von Flüchtlingen verschmelzen zu einer national-sozialen Politikerwartung.

Die Umwertung der Werte mag erklären, warum sich die säkulare Kirche der Gerechtigkeit im freien Fall befindet: Die SPD unter ihrem einhundertprozentigen Kanzlerkandidaten Martin Schulz hatte das Gerechtigkeits-Dilemma in Zeiten der Massenmigration entweder nicht erkannt oder ignoriert, jedenfalls einen pathosumflorten Moralisierungswahlkampf gemacht, der vornehmlich auf die Mittelschicht abzielte und von traditionell sozialdemokratischem Arbeiter- oder Arbeitnehmerbewusstsein weit entfernt war. Statt Schutzmacht des Prekariats und Proletariats zu sein und zu bleiben, hat die Sozialdemokratie auf die pluralisierten Lebenswirklichkeiten des wohlsituierten Großstadtbürgertums geschielt (und sich, wie kürzlich etwa die Berliner Jusos, für Unisex-Umkleidekabinen, Unisex-Duschen, Cannabis-Legalisierung und feministische Pornos eingesetzt). Transgenderrechte und Geschlechts-Erziehung statt Klassenkampfsolidarität – so könnten sich der Absturz der Genossen ins Kellerloch der Einstelligkeit und der freie Fall in die zunehmende Irrelevanz erklären.

Im Bundestagswahlkampf 2017 melkten die unvereinigten Linken die heilige Kuh der Gerechtigkeit zum zigsten Male, nur zogen sie an den falschen Zitzen: Gerechtigkeit ist heute kein »linkes« Monopol mehr, sondern »rechte« Agenda. Fraglos ist für gesellschaftliche Teilgruppen wie Senioren oder alleinerziehende Mütter das Armutsrisiko gewachsen, obwohl im Gesamten betrachtet die Reallöhne gestiegen sind, sich die Zahl der Arbeitslosen seit 2005 um die Hälfte reduziert hat und seit 2005 mindestens 1,5 Millionen neue sozialversicherungspflichtige Arbeitsplätze entstanden sind. Selbst nach Ansicht des ehemaligen Generalsekretärs des Deutschen Caritasverbandes gibt es weder soziale Kälte noch Sozialabbau: Deutschland, meint Georg Cremer, sei gerechter als die Deutschen meinen. Widerlegt ein Sozialverbandschef das Narrativ der sozialen Schieflage und attackiert den skandalisierenden »Niedergangsdiskurs«, mag das für den Moment besser klingen als wenn Gesundheitsminister Jens Spahn das Gleiche mit dem Satz behauptet, kein Mensch in Deutschland müsse hungern (was festzustellen bis zum Nachweis des Gegenteils richtig bleibt, ihm aber fast orkanartige Shitstürme einbrachte).

Am Leben des kleinen Mannes ändert sich dadurch wenig bis nichts. Angesichts einer verrottenden Infrastruktur in seinen Vierteln ist ihm die kosmopolitische Verheißung des universalistischen Rechts einerlei, dass sich jeder Mensch zu jeder Zeit an jedem Ort aufhalten können dürfe. Selbst wenn er persönlich nichts gegen Jemeniten, Somalier, Afghanen oder Syrer einzuwenden hat, verändert sich mit Zugewanderten in hoher Zahl seine eigene wie auch die gesellschaftliche Lebenswelt zwangsläufig: andere Sittlichkeitsvorstellungen, andere Verhaltens-Kodizes und andere Problemlösungs-Muster schwemmen ein. Wem fremde und ferne Kulturen Unbehagen verschaffen, dem ist die Rückkehr-Option von Teilzeit in Vollzeit weitgehend egal. Und mag die Deckelung der Managergehälter im Kampf gegen die eigene Deklassierung moralisch wohltuend sein – in der Kampfzone geht es um die Rückeroberung des eigenen Schutzraums fürs gewohnte Leben in Halt, Sicherheit, Verlässlichkeit und Vertrautheit. Könnte es dem kleinen Mann nicht weit mehr um das Gefühl verletzter Würde gehen? Und könnte es letztlich auch bei der wachsenden Protestwählerschaft in Deutschland nicht vornehmlich um fehlende oder mangelnde Wertschätzung gehen? Der tönende, teils gewaltsame Protest gegen Politik, System und die Lebenswelt (in dem sich die »Gelbwesten« Frankreichs und Teile der deutschen AfD-Wählerschaft wie auch der Linkspartei treffen) ist ein Aufschrei gegen den Selbstwertverlust und gegen den Verdacht, die eigene Lebensleistung werde nicht gewürdigt. Das prekäre Gefühl, »unten« zu sein und fortan »unten« bleiben zu müssen, lässt sich weder per schnödem Ablasshandel mit Einmalzahlungen sühnen noch mit Appellen an Staatstreue. Um Geld geht es dabei auch, weil Gerechtigkeit in erster Linie als materielle Gerechtigkeit verstanden wird.

Vielmehr aber dreht es sich um Opferstatus, Opfernarrativ und die gefühlte Zementierung von Entwertungserfahrungen. Für immer mehr Menschen lösen die liberalen Demokratien das hehre Versprechen von Aufstieg durch Leistung nicht mehr ein und die Überfrachtung von Erwartungen an die Europäische Union als Zähmungsinstanz eines entfesselten Hyperkapitalismus und seiner unleugbaren Exzesse musste bei vielen Menschen zwangsläufig zu großen Enttäuschungen führen.

Die gestörte Republik hat es neuerdings mit einem alternativen Verständnis von Solidarität zu tun. Solidarität ist bekanntlich ein anderes Wort für nicht-institutionalisierte Gerechtigkeit: die vertrauensvolle Beziehung individueller Akteure, die sich auf der Basis der Gegenseitigkeit freiwillig, ohne Gegenleistung und Vorbedingung, an ein gemeinsames Handeln binden. In der Weise, wie sich soziale Gerechtigkeit von einer vertikalen zu einer horizontalen Gerechtigkeit verlagert hat, wertet sich der Begriff Solidarität von inklusiv zu exklusiv um. Gestützt durch Erkenntnisse und Ergebnisse der empirischen Sozialforschung. Exklusive Solidarität sichert der Stammbelegschaft eines Unternehmens die eigenen Arbeitsplätze gegen Bedrohung von außen. Das ist das Gegenteil der Arm in Arm besungenen Solidarität der Arbeiterklasse, die sich im Kampf derer dort unten gegen die da oben richtet. Solidarität ist also nicht mehr die prinzipielle »Komplizität« (Albert Camus) mit dem unterdrückten Bruder, egal welcher Hautfarbe und Herkunft, sondern der Kitt der eigenen Bezugsgruppe durch Ausschluss einer neuen, die den eigenen Möglichkeits- und Wohlstandsspielraum einschränkt. Alternative, also rechte Gewerkschaften sind entstanden und schälen den Begriff Gewerkschaft aus seiner linken Ritualgeschichte heraus. Es heißt dann nicht mehr: »Hoch die internationale Solidarität«, sondern »Hoch den nationalen Schutz«. Keine Solidarität mit jedem Facharbeiter gegen alle anderen Bürgerlichen auf der Welt (links), sondern solidarisch mit dem Nächsten, egal welcher Schicht (rechts).

Die Grundlage dieser Wertverlagerung ist aus Sicht des Soziologen Klaus Dörre der seit zehn Jahren neu formierte Arbeitsmarkt, der über die Mittel unsicherer Beschäftigungsverhältnisse die Illusion einer Vollerwerbsgesellschaft erweckt, aber nicht eingelöst hat. Arbeiterbewegungen haben immer einen internationalistischen Anspruch formuliert, jetzt wechseln sie die Seiten in Protektionismus im Kleinen. Der Sozialstaat wird nationalisiert (da ist die linke Wagenknecht nicht weit vom rechten Höcke entfernt). Daraus folgt erstens: Das meritokratische Aufstiegsversprechen und die erfahrene Realität klaffen immer weiter auseinander. Und zweitens: Die rechtsideologische Revolte als Erbe des linksideologischen Klassenkampfes setzt ebenso auf Protektionismus: auf den Schutz vor freien Märkten, entgrenztem Handel und neuer Konkurrenz.

Zurück bleibt das wahlweise isolierte, überforderte, sich abgehängt wähnende, geängstigte oder auch panische ICH. Je unbezwingbarer die es bezwingenden Fremdmächte scheinen, desto mehr versteht der Einzelne in der Kampfzone sich als Opfer seiner eigenen Ohnmacht, obwohl ihm jahrzehntelang Selbstermächtigung gepredigt wurde. Letztlich hat er nur noch sich. Das ist der Moment, da die Frage nach der Freiheit des Bürgers zur alles entscheidenden Größe wird, um aus der Unterwelt wieder aufzusteigen.

VI

In die Freiheit

1
Wege aus der Kampfzone

Ich bekenne, verstört, verblüfft, irritiert, verärgert, bestürzt, entsetzt, letztlich aber hoffnungsfroh zu sein. Auch wenn die Lage der Dinge düster scheint und die Verwerfungen und Radikalisierungen der Kampfzone zur Dystopisierung bürgerkriegsähnlicher Szenarien reizt, glaube ich an die Evolution des Geistes wie an die unveränderliche Geltungskraft der Menschenrechte, die im Laufe der Jahrhunderte von negativen Schutzrechten zu positiven (also einklagbaren) Teilhaberechten ausgeweitet wurden. Es gibt Auswege. Es gibt Wege aus der Kampfzone. Welche meiner Ansicht dringend nötig sind, will ich zum Ende in gebotener Kürze darlegen.

Besteht die Hinterlist der Geschichte tatsächlich darin, dass auf siebzig Jahre Frieden eine Ära der Kampfzone folgen muss? Das können nur Götter oder Dialektiker letztgültig beantworten, aber offenkundig changiert die Republik an ihrem siebzigsten Geburtstag tatsächlich zwischen Panik, Größenwahn und Selbstverzwergung. Der Regress in den Exzess (sowie der Exzess des Regresses), den ich zu beobachten meine, hat eine Paralyse des Intellekts erzeugt. Die horizontalen, vertikalen und metaphysischen Kämpfe haben eine oft groteske Manier der Simplifizierung hervorgebracht: Gut gegen Böse, Freund gegen Feind, Links gegen Rechts, Korrekt gegen Inkorrekt. Es ist faszinierend wie unfassbar, dass eine mit hohem Zivilisationsanspruch ausgestattete Menschheit im bisherigen Zenit ihrer technologisch möglichen Selbstüberschreitung in die Vormoderne zurückfällt. Der Mensch erfindet autonome Technik und attackiert zugleich die Autonomie des Lebens.

Der Thymos des immerzu intensiveren, des allzeit spektakulären und superlativen Lebens überlagert Logos und Eros in einer Zeit, da die Logik der Steigerung den Menschen außer sich geraten lässt (vielleicht auch, um ihn nicht zu sich kommen zu lassen und das Hamsterrad der täglichen Verrichtungen stets in Gang zu halten). Das betrifft mittlerweile auch jene Schicht und jenen breiten Sockel, auf dem der moderne Sozialstaat aufbaut. In seinem 2003 erschienenen Roman »Millenium People« spielt der englische Schriftsteller J. G. Ballard die Selbstverachtung einer englischen Mittelschicht durch, die sich als neues Prekariat empfindet: steigende Mietkosten, steigende Gebühren, steigende Langeweile, enormer Konformismus. »Eine bösartige Langeweile beherrschte die Welt«, lässt Ballard seinen Erzähler sagen, »zum ersten Mal in der Geschichte der Menschheit, unterbrochen von sinnlosen Gewaltakten.«

Ein Paranoiker, wer glaubt, das eitle Spektakel der Siegerkultur sei nur gemacht, um die Mittelschicht zu sedieren und den thymotischen Level gering zu halten. Doch zettelt die Mittelschicht erst einmal eine Revolution an, brennen nicht nur Villen und SUVs, sondern erodiert das Fundament der Gesellschaft.

Das Versprechen des unentwegten Aufstiegs halten immer weniger Deutschlandbürger für glaubwürdig. Eine nachhaltige Perspektive für ein besseres Leben der eigenen Kinder können sie nicht mehr ohne Wenn und Aber formulieren, in der Heraufkunft einer transhumanistischen Epoche mit Robot- und Menschmaschine-Hybriden dräut Existenzbedrohung. Mehr Menschen als gedacht vermögen im globalisierten Handel keinen Benefit für ihr konkretes Leben mehr zu erkennen, sondern nur noch eine geradezu autoritär erlebte Überwältigung durch Kräfte und Akteure zur Minimierung von sozialer Sicherheit durch Maximierung von Standortvorteilen. Die Reaktionen fallen so unterschiedlich aus, wie die Menschen eben sind: manche fügen sich, manche begehren auf, manche vereinsamen, andere zocken, resignieren, werden apathisch, wieder andere depressiv oder hyperaktiv. So gut wie jede oder jeder aber spürt, dass sie oder er – widerwillig oder nicht – zum aktiven oder passiven Teilnehmer an Meinungsscharmützeln und Weltanschauungsschlachten geworden ist.

Dieser wutumflorten Tage stehen auch die Deutschen an einer Wegscheide. Welche Gesellschaft soll es sein? Wie hält man es mit dem jeweiligen Volksfeind? Keineswegs jede und jeder (und womöglich gerade Sie nicht) wird sich als gekränkt, missachtet, ratlos, sorgenvoll oder gar geängstigt einschätzen, aber jedes ICH ist mehr oder weniger – und in gewisser Weise unentrinnbar – durch die Kontexte seiner Lebenswelt soziokulturell in die Verhängniszusammenhänge der Kampfzone eingewoben. Mit der Analyse der Narrative Aufstieg, Angst, Schuld und Opfermythos habe ich zu zeigen versucht, dass der Verhängniszusammenhang des zeitgenössischen Individuums erstens überwölbend und zweitens unterschwellig ist.

Die multiplen Formen von Radikalisierung als Reaktion auf Verletzungen des Selbstwertgefühls sind eine epochale Herausforderung an Regierende wie Regierte: die Radikalisierung von Protest und Gegenprotest auf den so lange stummen deutschen Straßen (Hetzjagd und Hooliganismus); die Radikalisierung religiöser Glaubensformen (christlicher Erweckungsevangelikalismus und muslimischer Salafismus); die Radikalisierung diverser Revolten (Islamisten, Neonazis und vermummte Autonome); die Radikalisierung der Selektion (Ranking, Optimierung und Performance); die Radikalisierung der Steigerungslogik (Geld-Akkumulation, Renditen- und Dividenden-Obsession). Wenn ICH-, Sieger- und Geld-Kult schließlich zu einer Trinität des Exzesses verschmelzen, erhebt sich der radikale Egomane über die Niederungen der Alltäglichkeit und wettet – über Leichen gehend – auf den Niedergang von Demokratien oder auf Hungerepidemien in ariden Regionen, um sich durch ein legal ergaunertes Return-on-Investment-Portfolio womöglich eine dritte Yacht zuzulegen. Ein wohlfeiles Klischee, freilich, aber eines, das gelegentlich durch die Wirklichkeit gedeckt ist.

Statt der besten aller Welten liegt heute die am wenigsten schlechte Gesellschaft vor. Das ist einerseits pessimistisch gesprochen, andererseits so optimistisch wie möglich gedacht. Die meisten sind ja gut bis sehr gut gefahren mit der Bundesrepublik Deutschland, es gibt bekanntlich weit weniger lebenswerte Gegenden auf der Welt. Über siebzig Prozent der Bundesbürger gaben in Umfragen für den »Glücksatlas« sowohl des Jahres 2017 als auch 2018 an, zufrieden oder sehr zufrieden zu sein. *Der Zeitgenosse* (in seiner abstrakten Gesamtheit der Individuen) ist freilich noch nicht haltlos genug, um alles in die Grütze zu fahren. Nach wie vor kümmert er sich um Wohl, Wohlstand und den eigenen Anteil am Ganzen, auch wenn er dasselbe nolens volens aus dem Blick verliert. Seine einstigen Schutzmächte darben, Bindungen zerfallen, Interessen zerfasern. Die Einheit des Vielen ist kaum mehr zu bewerkstelligen, und auf der Suche nach individueller Erfüllung ist der Staat für immer mehr Mitbürger kein verlässlicher Verbündeter mehr. Die lange Zeit bewährten Institutionen treiben in schweren Wassern: Die Volksparteien scheinen an ihr natürliches Ende gelangt, weil es kein einheitliches Volk mehr gibt, nur noch diverse soziale Gruppen im Dolby-Surround ihrer jeweiligen Echokammer. Den Amtskirchen laufen die Schäfchen davon, weil der reaktionäre Geist der Greise so hinterweltlerisch ist wie der millionenfache Kindesmissbrauch gottlos; Gewerkschaften beklagen Mitgliederschwund und zunehmende Tarifbindungsverweigerung, wodurch das so lange stabile Modell der sozialpartnerschaftlichen Ordnung einer rechtsrheinischen sozialen Marktwirtschaft zur Disposition steht. Der öffentlich-rechtliche Rundfunk schließlich kann seinen Anspruch auf Grundversorgung und Relevanz offenbar nur noch durch eine Inflation an Krimi, Quiz und Kochen für die Masse Ü-60 rechtfertigen, weil Masse gleich Quote, aber selten Qualität bedeutet.

Der Einzelne in der Egokapsel aber – seit Jahren zu Selbstermächtigung und Selbstcontrolling gepuscht – fühlt sich gestresst, überfordert, überflüssig, ungebraucht, ausgeliefert, vielleicht verloren, im schlimmsten Fall wertlos. Statt Selbstmächtigkeit erlebt er Selbstentmachtung. Womöglich beginnt er, in externen Mächten fremdbestimmende Gewalten zu erkennen: in der EU, im Freihandel, in Massenmigration, in Grenzverlusten aller Art, in Giga-Konzernen und in digital-neuronalen Netzwerken artifizieller Computersynapsen, deren Lerneifer vielleicht bald nicht mehr zu kontrollieren sein wird. Desorientierung und Dissoziation gehen Hand in Hand. Die Umstände einer transhumanen und posthumanistischen Ära lassen Selbstwirksamkeit kaum mehr zu. Wie soll ein kultisch von sich selbst berauschtes ICH den Widerspruch verstehen, dass es letztlich austauschbar ist? Wie soll der einzelne Mensch, der im Zuge einer ökonomisch getriebenen Logik der Steigerung gezwungenermaßen zum Unternehmer seiner selbst wurde, im Spektakel von Selbstbezüglichkeit, Superlativismus, Selfismus und Siegerkult begreifen, dass es gerade auf IHN nicht ankommt, dass gerade ER nicht mehr gemeint sein könnte (so sie oder er es je war)? Das Anliegen derer, deren »Wut der Erniedrigung« (Francis Fukuyama) ein politischer Faktor geworden ist, könnte weit schlichter sein als plumpe Kapitalismuskritik oder Xenophobie. Was kann und soll der Einzelne in der Kampfzone tun? Soll er überhaupt etwas tun? Soll er unablässig Tugendhaftigkeit signalisieren? Oder soll er sich zurückziehen und die anderen machen lassen?

Selbst wenn das ICH sich für ein integres, mit Anstand

begabtes Individuum hält, das mühsam gesellschaftliche Regeln und selbstverpflichtenden Respekt sowohl gelernt hat als auch einhält, spürt es in sich eine still wütende Dissonanz zur Welt, gegen die es sich nicht mehr wehren kann, selbst wenn es wollte. Das entmachtete ICH spürt weder Intimität noch intime Ansprache. Das Verhältnis zwischen IHM und der Politik ist entzaubert, jenes zwischen IHM und der Gesellschaft herzlos, das zwischen IHM und der Wirtschaft kostennutzenkalt. Vertrauensverlust führt zu Entfremdung, und dann steht irgendwann das Wichtigste in Frage: die Freiheit.

Riss der Membran

Das wichtigste Organ der liberalen Demokratie ist zugleich sein labilstes: das Individuum. Es ist die Schwachstelle eines Systems, das wie kein anderes Individualität zulässt und dafür individuelle Verantwortung einfordert, ohne sie unmittelbar zu honorieren. Mit pastoralem Pathos wird allzu gern die »offene Gesellschaft« beschworen und zugleich gejammert, wenn sie tatsächlich offen ist: ergebnisoffen, prozessual, unberechenbar, wertneutral. Wer für eine offene Gesellschaft demonstriert, leistet sich einen Widerspruch in sich, wenn er jene ausgrenzt, die im Namen der Toleranz zu Ausgrenzern erklärt werden, um danach die Spaltung der Gesellschaft zu beklagen. In einer offenen Gesellschaft kann bekanntlich jeder die Möglichkeit zur Partizipation reklamieren, auch der, der (traurigerweise) keinen anderen Menschen als den weißen deutschen Mann mag. Geschützt ist er solange durch das Recht, bis er den Boden der Verfassung verlässt. Solange muss auch der nationalistische Protektionist als legitimer Teil einer offenen Gesellschaft verstanden werden, selbst wenn er sich ihr verschließt. Jagt der Mensch hingegen Menschen, hört die Freiheit auf.

Ihre Offenheit macht die offene Gesellschaft so verwundbar wie die Demokratie, die gegen ihre Demütigung nichts ausrichten kann und gegen ihre Demontage letztlich wehrlos ist. Toleranz, notierte der Rechtswissenschaftler Hans Kelsen, kann nie absolut sein, ohne gegen ihren Wesenskern zu verstoßen. Toleranz bedeutet Gedankenfreiheit, auch wenn die Gedanken unerquicklich sind. Bekanntlich sind in der Geschichte die höchsten sittlichen Ideale durch die Intoleranz jener kompromittiert worden, die für sie eintraten (man bedenke amtskirchliche Inquisition, Folter, Autodafé, man erinnere sich des jakobinischen Terrors nach der Französischen Revolution im Namen von Freiheit, Gleichheit, Brüderlichkeit). Wie oft wurden Revolutionäre gegen Unterdrückung selbst zu Unterdrückern (so aktuell Venezuelas oder Nicaraguas sozialistische Präsidenten)?

Was nun aber geschieht mit ebenjenen in einer toleranten und offenen Gesellschaft, die sich, gemessen an den Kriterien der Moralisten, unmoralisch verhalten? Oder anders: Wie will die erklärte Mehrheit mit einer vermeintlichen Minderheit umgehen, die strafrechtlich nicht zu belangen ist, aber keine offene, sondern eine teilgeschlossene Gesellschaftsordnung bevorzugt, da doch Demokratie zu Recht stolz auf Minderheitenschutz ist? Was passiert nun, da, mit dem Moralphilosophen Kant gesprochen, der »gute Wille« als Grundlage gesellschaftlicher Sittlichkeit nicht mehr allseits vorhanden und voraussetzbar zu sein scheint?

Angesichts des existentiell gewordenen Konflikts, in einer zerrissenen Gesellschaft den Abgesang auf das vernunftgeleitete Subjekt anzustimmen, wäre fatal. Wie also entkommt man der Kampfzone mit konstruktiven Haltungen? Wie kittet man den Riss der kulturellen Membran? Reichen Abwarten, Tee trinken, die Mahnung zur Gelassenheit oder Anti-AfD-Aufkleber mit Gesinnungsprosa?

Keinesfalls entkommt man der Kampfzone auf jeden Fall mit dem Verweis auf die Güte Gottes, denn Gott in seiner Güte hätte längst seine Geschöpfe zur Räson rufen und den Messias als jenen Sohn schicken können, der sich in Sorge und Zuversicht seiner verirrten wie irren Schäfchen annimmt. Und keineswegs widerlegt man die Widerwelt, wenn man deren Logik übernimmt und über jedes Stöckchen springt, das ihre allzu clever berechnenden Thymotiker den aufgescheuchten Demonstranten, Aktivisten und Journalisten hinhalten (die ihre hehre Pflicht zur Neutralität, Genauigkeit und nervenden Hartnäckigkeit in überraschend konsequentem Maße bisweilen durch moralische Parteinahme verletzen). Diejenigen zu verachten, denen man Verachtung vorwirft, ist Bigotterie. Die Widerwelt rechnet ja gerade mit Verachtung und bezieht ihre Stärke aus fortgesetzter Verachtung. Es geht ihr um eine andere, neue Form der Legitimität: um Zustimmung mittels Stimmung, um Akklamation durch Emotionen. Instinkt- und Thymospolitiker sind bestens vorbereitet auf das Stigma, das ihnen verlässlich auf den Pelz gebrannt wird. Sollte man also schweigen und sich der Raserei fügen?

Mitnichten, meine ich. Zwar sind die herkömmlichen Instrumente der Kritik stumpf geworden, und je stumpfer sie sind, desto wilder werden sie eingesetzt. Die Radikalisierung politischer Korrektheit erreicht fast immer das Gegenteil: Der thymotische Level steigt, und die »Falschen« springen aufs bereitete Schlachtfeld. Die nervöse Analogisierung und Nationalsozialisierung selbst harmloser Vorgänge erzeugt eine apokalyptische Thermodynamik, die herunterzukühlen für den liberalen Verstand höchst schwierig geworden ist. Die Zurückweisung patriotischer Loyalitätsgesinnungen erzeugt bei gar nicht patriotischen, sondern protektionistischen Akteuren die Lust auf weiteren Chauvinismus: Geschichtspolitik ist Identitätspolitik ist Machtpolitik. Wo das Maß fehlt, mangelt es immer an Klugheit.

Ist die Idee der Repräsentation gesellschaftlicher Vielfalt auf der Grundlage einer republikanischen Verfassung nach wie vor der hehre geistige Feinschliff des Liberal-Demokratischen, so basiert die Idee der Repräsentation des Volks durch die Widerwelt auf der Identität zwischen Regierenden und Regierten, als gäbe es tatsächlich eine Essenz des Deutschen, eine gegen alle anderen Identitäten zu verteidigende nationale Identität. Die Widerwelt will eine neue Mythologie der Macht. Ihre politischen Vertreter – durchaus demokratisch legitimiert! – arbeiten an der Widerlegung des Weltbürgertums. Sie reanimieren den Mythos der Homogenität, der Reinheit und Kontrolle verspricht und Herkunft zum entscheidenden Kriterium macht. Gefährlich für alle wird es, wenn die Widerwelt das Recht zu verändern imstande ist. Das Recht als oberste Instanz unterscheidet Demokratie von Revolution wie Offenbarung, von Führerkult und Gottesherrschaft. Hier gilt es zu intervenieren.

Um der Kampfzone nachhaltig zu entkommen, wird es auf jeden Einzelnen ankommen. Man schwächt die Widerwelt, indem man den Einzelnen stärkt. Ich unterbreche deshalb an dieser Stelle bewusst die bisherige Beschreibung der Kampfzonenphänomene für einen Exkurs und berichte in aller Kürze über eine Begegnung, die ich fünf Jahre vor dem von mir angesetzten Beginn der Erregokratie, also bereits im Jahr 2010, erlebt habe. Damals hatte ich für eine Recherche über die soziale Realität der Republik einen jungen Mann kennen gelernt und mich über ein halbes Jahr hinweg immer wieder mit ihm getroffen. Ich nenne ihn ab jetzt M.

M. war zu jener Zeit achtzehn Jahre alt und lebte mit seiner arbeitsunfähigen Mutter im Norden von München. Der Vater war tot, der Bruder abgehauen. Die Mutter und er erhielten zum damaligen Zeitpunkt seit sieben Jahren Hartz IV. Über Monate hinweg sprachen wir über das Leben, über Arbeit, Politik, Perspektiven, Träume und Ängste und sein Verhältnis zu Staat und Gesellschaft. M. bezeichnete sich selbst als »Hartzer«, weder verächtlich noch ironisch; das Jobcenter versuchte (aus meiner Sicht durchaus engagiert), ihn immer und immer wieder in den ersten Arbeitsmarkt zu vermitteln. Stets kam etwas dazwischen und verhinderte den Erfolg: manchmal fehlende Lust, manchmal mangelnde Disziplin, manchmal Vergesslichkeit, manchmal Unergründliches. Und immer wieder waren es die Zähne, die M. offenbar chronische Schmerzen bereiteten. Der bürokratische Aufwand der Vermittlung war enorm, auf der Seite des Staates begegnete ihm neben Arbeitsvermittlern und Sozialarbeitern eine Verwaltungsinspektorin, die sich als Anwältin des Steuerzahlers betrachtete und eine klare Vorstellung von Schuld besaß: Bringschuld, Pflicht und Sanktion.

M. war immer freundlich, hatte Esprit und gute Manieren. Er lehrte mich über die Zeit Verständnis für etwas auszubilden, wofür ich zuvor nur ein schwaches hatte: dass ein Mensch der Leistungsgesellschaft Deutschland auch *kein* ausgeprägtes Interesse an Leistung und Aufstieg haben kann. Dass einem jungen Menschen Leistung und Aufstieg auch schlicht egal sein können. Dass jeder ein verfassungsmäßiges Recht auf Passivität, gar Teilnahmslosigkeit hat und der Sozialstaat eine verletzliche Flanke insofern besitzt, als sein Verständnis von organisierter Solidarität ausnutzbar ist. Nicht alle Menschen ticken gleich, weil Talente und Mentalitäten der Menschen nicht gleich sind. M. nun war Teil einer Gruppe von jungen Bürgern, die von Arbeitsvermittlern verloren gegeben werden. Die Hoffnung der Staatsorgane bestand meiner Wahrnehmung nach nur noch darin, diese Verlorenen mit Sozialleistungen zu sedieren, um Aufstände, Ausbruch von Gewalt oder Radikalisierung zu verhindern und sich im Pakt zwischen Staat und Bürger eine weitere Tranche sozialen Friedens zu erkaufen.

Wie sollte ich darauf reagieren? Mein Leistungsethos sah

vor, dass jeder selbst verantwortlich zu versuchen hatte, sich durch eigener Hände (und Kopf) Arbeit seinen Lebensunterhalt zu beschaffen, und sollte es einmal nicht gelingen, waren der Staat und sein gut geknüpftes Netz verfügbar, um aufzufangen, abzufedern und für kurze Zeit eine Hängematte zu sein, ehe der Gefallene aufstehen und sich, wie jeder andere, weiter um Arbeit und Eigenständigkeit bemühen würde. So, dachte ich, funktioniere das Prinzip reziproker Gerechtigkeit, und nur so funktioniert Solidarität: einer für alle, alle für einen. Abgesehen von der Frage, ob es sich im Falle des jungen Mannes M. um Schmarotzertum gehandelt hat, abgesehen von Lügen, Schwindeleien und gebrochenen Versprechen den Arbeitsvermittlern gegenüber, ja mehr noch: abgesehen von der unter vorgehaltener Hand gemachten Aussage des Sozialbürgerhausleiters, geschätzt sechzig Prozent jener jungen »Hartzer« wollten nicht arbeiten, obwohl sie könnten – abgesehen also von all diesen für einen Sozialstaat problematischen Punkten, sind mir bis heute einige leuchtende Sätze von M. in Erinnerung geblieben.

Wir saßen im Garten eines Cafés, er zog an einer Zigarette und sagte mit großer Entschiedenheit:

»Die Jugend hat keine Zukunft mehr, definitiv nicht.«

Warum nicht?

Weil die Jugend keinen Bock zu arbeiten hat.

Warum nicht?

Weil die Jugend schnell das Interesse verliert.

Warum?

Weil niemand mehr eine Perspektive hat.

Warum nicht?

»Hey, weil du heute selbst für eine Schreinerlehre mittlere Reife brauchst!« Und hey, weil fünfzig Prozent der Jugend auf der Hauptschule sei, weil die ganzen Ausländer auf der Hauptschule seien, weil die Muslime auf den Staat scheißen würden, da der Staat ihnen eh alles zahle und es ihnen ohnehin egal sei.

Ausländer seien überhaupt nicht das Problem, sagte M., einige seiner besten Kumpels seien Muslime, die sagten das ja genauso wie er. Das Problem sei ganz klar ein anderes.

Und?

»Die Jugend hat Angst.«

Angst wovor?

Vorm ständigen Erfolgsdruck, immer leisten, immer beweisen, immer nachweisen, das drücke einen runter. Die Politik erhöhe Steuern, stecke es Griechenland hinten rein, schließe aber Skaterparks und Jugendzentren für junge Erwachsene. Der Staat wolle einzig und allein, dass die Jugend arbeitet, arbeitet, arbeitet, und dann baue dieser Staat der Jugend nicht mal Kickbox-Center, wo sie sich kontrolliert abreagieren könne.

Was war daraus zu lernen? Dass die Aggression *der Jugend* wächst; dass *die Jugend* viel zu schnell an Drogen und Alkohol herankommt, dass *die Jugend* nach einer gewissen Zeit keine Lust mehr auf den deutschen Staat hat.

»Hey ehrlich, was tut der Staat für die Jugend?«

Der Staat, schloss M. aus München unser letztes Gespräch im Sommer 2010, solle sich für die Jugend mal den Arsch aufreißen!

Gewiss ist diese Sicht der Dinge höchst eigenwillig. Womöglich einseitig, selbstgerecht, unsympathisch. Alles möglich. Und sicher ist M. nur eine Stimme unter Abertausenden. Aber diese Sicht der Dinge könnte erstens ein wichtiger Hinweis auf die Vielschichtigkeit der sozialen Realität sein, die 2010 bereits vorhanden war, zweitens auf die gesellschaftliche Wahrnehmung dieser Realität: dass aus der Perspektive *der Jugend* (wie viele Individuen auch immer darin begriffen sein mögen) das Gefühl der Zuwendung und Ansprache fehlt, dass Geborgenheitsräume nicht mehr vorhanden sind und der Mensch sich von *der Politik* mit sich allein gelassen fühlt.

Was könnte in der Folge geschehen sein? M. könnte verloren und in den Untergrund gegangen sein. Er könnte Anhänger rechtsextremer Staats- und Verfassungsverachtung oder Teil der Widerwelt-Gefolgschaft geworden sein. Er könnte linksradikaler Antikapitalist geworden sein und jetzt eine deutsche »Gelbweste« werden, durch die Straßen marschierend, friedlich protestierend oder Autos in Brand setzend, weil er das ganze System für falsch hält. Er könnte auch Teil einer Bürgerwehr gegen Ausländer oder Reiche oder Teil einer Aktivistengruppe gegen die Elitenkaste der Politiker und Journalisten geworden sein.

Genauso gut aber könnte er sich weitergebildet haben, er könnte sich umschulen und Ingenieur werden. Er könnte seine Erfahrungen konstruktiv nutzen und als Sozialarbeiter in Brennbezirke gehen, um mit *der Jugend* konstruktiv auf kommunale Politik einzuwirken und für Begegnungsstätten, Kickbox-Center, Sport- und Spielplätze kämpfen. Und wenn er eine geniale Idee gehabt hat, könnte er als iOS-Programmierer Digitalunternehmer werden, Arbeitsplätze schaffen und sehr viel Geld verdienen.

Obwohl es auf verführerische Weise naheliegend ist: Hier geht es gar nicht ausschließlich um Geld. Es geht bereits um weit mehr als nur um die wie auch immer definierte gerechte Verteilung des Erwirtschafteten. Man könnte die Äußerungen des jungen Mannes M. als Verlangen nach Wertschätzung lesen. Als Ausdruck einer Vernachlässigung und Verwahrlosung. Als Ausdruck eines Bewusstseins, dass die Aufsichtspflicht der Gesellschaft verletzt wurde. Wer sich trotz sozialstaatlicher Unterstützung und Alimentierung als Opfer betrachtet – wie angebracht auch immer das sein mag –, erfährt weder intrinsische noch extrinsische Motivation, an der Gesellschaft teilzunehmen. Die einen geraten darüber in die Depression, die anderen steigern den Thymos bis zur Gewalt. Radikalisiert sich diese Tendenz, hat es eine sonst friedliche Gesellschaft vor lauter freigesetzten Energiepotenzialen statt mit Logos und Eros nur noch mit der

Entropie zu tun – einem abgeschlossenen System der thymotischen Kräfte, die einen irreversiblen Zustand bewirken. Spätestens hier stellt sich die große Frage der nahen Zukunft: Wie weit ist Deutschland davon entfernt? Welchen Typus Bürger will, braucht, fordert und fördert der Staat? Welchen Typus Mensch will, braucht und produziert die Gesellschaft?

Verhandelt werden müsste also nicht nur eine klassen- oder milieuspezifische Theorie der Gerechtigkeit, sondern die Form und Wahrnehmungsweise eines zeitgenössischen Menschenbilds. An diesem Punkt setzt die mühsame Arbeit am Ausstieg aus der Kampfzone ein. Ich schlage dafür eine neue Art von Liberalismus vor.

2
Liberalismus der Sorge

1989, kurz vor der Implosion des Kommunismus durch seine eigene Erschöpfung, erschien ein wegweisendes Buch der US-amerikanischen Politologin Judith Nisse Shklar. Sie kämpfte darin für eine politische Ordnung, die sich durch Vermeidung von Furcht und Grausamkeit auszeichnet. Für Shklar war der Maßstab eines »Liberalismus der Furcht« (den man freihändig auch mit »Freiheit ohne Furcht« übersetzen könnte) das in jedem Fall zu verhindernde körperliche Leiden des einzelnen Menschen. Höchste Priorität ihres Begriffs von Liberalismus hat die Verletzlichkeit und Verletzbarkeit des Menschen. Jeder Erwachsene soll die zahllosen Entscheidungen über sein Leben ohne Furcht und Vorurteil fällen, die Shklar zufolge so gut wie immer von Regierungen ausgehen, um die Freiheit des einzelnen Menschen zu beschneiden.

Der Kerngedanke ihres Traktats lautet: Es ist die Aufgabe einer liberalen Bürgerschaft, dafür zu sorgen, dass niemand durch auch nur einen einzigen privaten Akteur oder Staatsvertreter eingeschüchtert wird, es sei denn, dies geschieht im Rahmen anerkannter Rechtsverfahren. Im Umkehrschluss heißt das: Erst wer im vorpolitischen Feld sozial und ökonomisch abgesichert ist, wer im Gefühl der Sicherheit sich selbst entfalten kann, vermag seiner Pflicht, sich durch Teilnahme an demokratischer Gestaltung um sein Glück zu bemühen, auch nachzukommen.

Wie wenig selbstverständlich Shklars Hoffnung heute ist, zeigt sich täglich allerorten auf der Welt von den Philippinen über den

Jemen, Syrien, Afghanistan, die Türkei bis Brasilien, den USA und ebenso in den Ländern Europas. Der höchsten Rationalität hypermoderner Ökonomie und Bürokratie wohnt höchste Irrationalität inne. Wo man hinsieht, tobt der Irrsinn. Zu den erschreckenden Erkenntnissen unserer Zeit gehört jene, dass der antiautoritäre Konsens über die bedingungslose Würde des Menschen zu schwinden begonnen hat. Drangsal, Leid, Verletzung, Missbrauch, Folter und Tod werden nicht mehr selbstverständlich mit dem Hinweis auf die »Allgemeine Erklärung der Menschenrechte« beantwortet. Der Mensch an sich wird infrage gestellt. Der Schutz seiner Würde ist keinesfalls verlässlich gesetzt, auch wenn er Gesetz ist. Der nie versiegende Eifer der Selbstvernichtung entspricht der unerschöpflichen Lust am eigenen Untergang.

Das ICH hat heute nur noch wenig Grund, sich anzubeten. Es ist vom Individualitätsdruck erschöpft, von seiner Weltbeziehung überfordert, von erzwungener Mobilität gestresst. Die Motivationstrainer sind verschwunden und stattdessen Resilienz-Therapeuten auf den Plan getreten. Erregungsspiralen, Empörungsmanagement, Todeskultur, Kulturtod, ICH-Kult, Gesinnungskorrektheit, Sensationalismus und eine Gesellschaft teils erboster, teils verletzter, entsetzter, erschütterter, gekränkter, fassungsloser oder gleichgültiger Deutscher in Angst vor Abstieg und Verlust sind Fingerzeige darauf, dass die Republik ihren Minimalkonsens zu verlieren droht. Emotions-, Instinkt- oder Thymospolitiker haben ein gutes Händchen für Selbstwert-Einbrüche des Menschen in der Spätmoderne. Sie versprechen ihren Wählern nicht Kompetenz, notiert der Politologe Ivan Krastev, sondern Intimität. Also wird es doch künftig darum gehen müssen, jene Vertrautheit und Geborgenheit herzustellen, die dem Einzelnen das Gefühl vermittelt, gewollt und gewünscht zu sein, gehört und gesehen, verstanden und vertreten zu werden, sicher und ohne Furcht seine Freiheit am Schopfe packend.

Sollen die Widerwelt und ihre Erregungsspiralen und Ideologie-Idiotien ausgehebelt, sollen links- wie rechtsdoktrinäre Extremismen wirkungslos gemacht und die garstige Grobheit des »Hier Licht – dort Schatten, hier hell – dort dunkel«-Schematismus ad absurdum geführt werden, muss dem Individuum emotionale Befriedigung angeboten werden. Das wäre Sinn, Ziel und Aufgabe eines guten Liberalismus. Diesen von Marktradikalität weit entfernten guten Liberalismus nenne ich: *Liberalismus der Sorge*. Er wäre gleichermaßen theoretisches Ideal wie praktische Realität. Durch ihn könnte eine zeitgemäße Meritokratie formuliert werden: die Erneuerung des Versprechens, dass jede und jeder Einzelne – geschützt durch den Staat, gestützt durch das Solidarprinzip – mittels eigener Hände (und Köpfe) Kraft zu der ihr und ihm entsprechenden Lebenszufriedenheit kommen kann. Entscheidend ist die Chance, wählen sowie die Möglichkeit, die Chance zur Wahl auch ergreifen zu können. Eine auf gute Art liberale Gesellschaft muss ihre Mitglieder befähigen, die ermöglichten Chancen auch zu erkennen. Ergreifen aber muss jeder selbst, und die Folgen nicht ergriffener Chancen verantwortet auch jeder selbst.

Ein Liberalismus der Sorge könnte eine plausible Antwort auf die Selbstzerstörungsenergien der Kampfzone sein. Er setzt den Liberalismus der Furcht als Basis voraus, garantiert Würde und Unversehrtheit jedes Individuums und schafft entsprechende Standards zum Schutz des Einzelnen für eine Freiheit ohne Furcht. Der Liberalismus der Sorge ist weder im Sinne einer bestimmten Partei zu verstehen noch im Sinne der erlaubten Radikalität eines sich über alle menschliche Sozialität erhebenden Marktes. Er stellt den Einzelnen in seiner Schutzbedürftigkeit ins Zentrum, begreift den Bürger aber als prinzipiell frei und für seine Freiheit selbst verantwortlich. Er ist keinesfalls paternalistisch, sondern aktivierend, weil er in Selbstständigkeit und Selbstbestimmung die Würde des Individuums erkennt. Ein erneuertes Aufstiegsversprechen wäre also ein Versprechen auf immateriellen, aber nicht zwingend materiellen Wohlstand: auf die Stabilität der Selbstentfaltung.

Geht denn das überhaupt: Selbstverantwortung und Sorge in einem Gedanken? Können Selbstsorge und Fürsorge einen praktikablen Bund der Sorge für alle eingehen? Oder anders gefragt: Lässt sich der diskreditierte und für jede Unbill verantwortlich gemachte Liberalismus gegen seine Verächter retten? Ja, aber nicht als Anything-goes-Radikalität. Nicht als Abschaffung der allgemein gültigen Spielregeln. Nicht als Beschleunigungsmodell, das Nachhaltigkeit und Muße zerstört. Nicht als ökonomisches Modell, das Zeit und Geld gleichsetzt und durch die Verdichtung von Zeit möglichst viel Geld schöpft. Nicht als merkantile Vereinheitlichung der Menschheit unter einem globalen Markt. Nicht als maßloses Konkurrenzprinzip (so richtig der Wettbewerb ökonomisch gedacht auch ist), das Fürsorge einem Kosten-Nutzen-Kalkül unterwirft.

Das liberale Denken der vergangenen Jahrzehnte hat sich von den Ideen seiner Gründungsväter und -mütter weit entfernt. Ein einseitiger Liberalismus der Stärke hatte Freiheit vornehmlich als ökonomische Freizügigkeit rationaler Akteure verstanden, insofern trägt das liberale Denken an seiner Diskreditierung eine Teilschuld. Für viele ist der Liberalismus infolge seiner Entartung als Evangelium einer rein ökonomischen Marktfreiheit zu einem »Synonym der Heuchelei« (Ivan Krastev) geworden, gegen die nun – ebenso in rechts- wie linksideologischer Reaktion – vonseiten der Widerwelt revoltiert wird. Die Engführung des liberalen Denkens als Ausrichtung auf rein wirtschaftliche Prozesse greift zu kurz. Das allzeit sich selbst ermächtigende Subjekt ist eine sehr einseitige Ableitung der liberalen Haltung dem Leben gegenüber und verstößt gegen die Voraussetzung einer gelingenden Gesellschaft: soziale Kooperation, die Sicherheit generiert, ohne Furcht und Vorurteile sein Leben wählen und ergreifen zu können.

Die Verkürzung des Liberalismus auf die Logik der Steigerung hat in Kauf genommen, dass die Ur-Angst des Menschen – der Krieg aller gegen alle – auf sämtlichen Ebenen des Lebens wieder denkbar wurde. Religiöse Marktgläubigkeit, ICH-Kult und das totale Spektakel sind für jene Exzesse mitverantwortlich, die das Vertrauen in das liberale Denken und seinen Vorrat an Menschenwürdigkeit erschüttert haben. Keinem der großen Liberalismus-Theoretiker wäre die Verkürzung des liberalen Prinzips auf schiere Anhäufung von Geld und Gütern in den Sinn gekommen. Der originäre Liberalismus, wie er historisch durch Adam Smith oder John Stuart Mill eingeführt und vertreten wurde, koppelt Ökonomie geradezu explizit an Moral.

Ausgerechnet Smith, Säulenheiliger der liberalen Marktökonomie, dachte im angewandten Geiste der europäischen Aufklärung Wirtschaft und Ethik zusammen. Seine Nationalökonomie von 1776 basiert auf einer Theorie ethischer Gefühle: auf Sympathie, Pflicht- und Mitgefühl. Smith führt Empathie als eine dem Egoismus ebenbürtige Motivation des Menschen auf. Den anderen zu berücksichtigen, weil man selbst an dessen Leid leiden würde, entspricht der Idee liberaler Leidverhinderung aus egoistischen Motiven. Smith zufolge basiert Wohlfahrt auf Empathie aus Egoismus. Wer den Menschen von Egoismus und Selbstverwirklichung freisprechen will, hätte den Auftrag der Natur an das menschliche Sein nicht verstanden. Liberal wird der Egoist, wenn er aus Eigeninteresse kooperiert (hiervon ausgenommen sind alle edlen Altruisten, deren Selbstwertsteigerung durch die Dankbarkeit anderer geschieht).

Im besten Sinne liberal wäre es, im Begriff der Gleichheit nicht Egalität, sondern *Gleichwertigkeit* zu erkennen. Gleichheit heißt immer: Gleichheit in Freiheit. Und gleiche Freiheit bedeutet: Alle Menschen sind gleich viel wert und haben den gleichen

Wert, auch wenn sie völlig verschieden sind, gegensätzliche Interessen verfolgen, unterschiedliche Begabungen und Herkünfte haben. Der »Universalismus der Gleichwertigkeit«, das philosophische Ideal der Freiheit also, ist längst nicht verwirklicht. Als praktische Politik stößt er ohne Zweifel an die Grenzen des kulturellen und ethnischen Pluralismus – die Vorstellung von der Gleichwertigkeit des Menschen als Träger gleicher Rechte ist bekanntlich eurozentrisch, werden die Menschen nur gleichgesetzt als Untertanen Gottes, ist der Mensch per se unfrei. Er bleibt immer interpretierbar und führbar – und somit fremdbestimmt.

Jede Gesellschaft hat eine Sorgfaltspflicht gegenüber jedem ihrer Mitglieder, wie jedes Mitglied eine Sorgfaltspflicht gegenüber der Gesellschaft hat. Jenseits ökonomischer Größen wie Effizienz, Wachstum und Rendite setzt der Liberalismus der Sorge auf die ethische Aushandlung dessen, was gut und was schlecht für alle ist und wodurch gleichwertige Bürger in gegenseitigem Respekt miteinander leben können. Ein tragfähiger Liberalismus der Sorge knüpft das Prinzip des Aufstiegs an Leistung und Loyalität, nicht an ethnische oder kulturelle Herkunft – das ist die Bringschuld liberaler Demokratien ihren Bürgern gegenüber. Gutes liberales Denken klärt die ethische Grundfrage immer zugunsten des Individuums in der Sorge um seine gesellschaftliche Reproduktion.

Die sorgende Gemeinschaft

Was ist hier mit Sorge gemeint? Sorge ist das Gegenteil von Furcht. Sorge ist die ethische Währung im ökonomischen Prozess. Sorge fasst den Menschen als leibseelisches Individuum in seiner Ganzheit auf. Unter Sorge subsumieren sich alle Tätigkeiten, die mit der Reproduktion der Gesellschaft zu tun haben. Reproduktion ist kulturell verstanden und meint nicht nur wiederholt produzierte Lebensmittel und Güter für Konsum, sondern Haus-, Familien-, Erziehungs- und Pflegearbeit. Bedürfnisorientierung funktioniert nicht im Investitions-Rendite-Modus, sondern als Sorge um sich, um den anderen und somit um die Gesellschaft als Ganze (und da »dieses Ganze« die natürlichen Lebensgrundlagen des Eigenen beinhaltet, ist auch Umweltschutz nichts anderes als Selbstsorge).

Die Erfahrung wechselseitiger fürsorglicher Praxis und fürsorglicher Beziehungen als Grundlage des demokratischen Zusammenlebens lassen sich als »Sorge für die gemeinsame Welt« (Hannah Arendt) verstehen. Historisch betrachtet sind mit dem Leitbild des selbstermächtigten ICHs in permanenter Steigerung das Wissen und das Gespür darüber verlorengegangen, dass der Mensch als solcher existentiell abhängig und bedürftig ist. Jeder Mensch ist ein prosoziales Wesen und von Anbeginn an auf Kooperation und soziale Anerkennung angelegt. Jede und jeder muss die Möglichkeit haben, ihr und sein Leben selbst zu gestalten, was allerdings die Fähigkeit zur Gestaltung voraussetzt. Jeder Mensch braucht aber auch, um sein Leben in eigenverantwortlicher Selbstgestaltung führen zu können, Zuwendung und Versorgung. Er braucht Sorge und Pflege in unterschiedlichen Ausmaßen und in unterschiedlichen Phasen seiner biografischen Lebensspanne.

Wie reproduziert eine gestörte Republik künftig ungestörte Nachkommen? Wird ein Kind geboren, ist sein weiterer Weg oft bereits entschieden. Der neue Mensch wird in einen ihm vorgängigen Kontext eingefügt, den er weder wählt noch verantwortet. Selbst wenn das Kind materiell noch so abgesichert ist, kann etwa fehlende Zuneigung gutsituierter Eltern ebenso zu psychischen Deformationen führen wie umgekehrt eine große Sozialkompetenz sozial prekärer Familien für hohe Empathiefähigkeit zu sorgen vermag.

Die Eltern sind Produkt der Gesellschaft wie die Gesellschaft das Resultat aller Individuen in einem rechtlichen Raum ist. Eine liberale Gesellschaft der Sorge hätte jedes Kind von Geburt an aus Eigeninteresse zu fördern; Leitwert wäre die Chance jedes Einzelnen zu Selbstentfaltung und Selbstgestaltung. Das ist keineswegs selbstverständlich.

All jene, die sich Gerechtigkeit in einer sorgenden Gemeinschaft auf die Fahnen schreiben, kommen nicht um die sozialmathematische Erkenntnis herum, dass die nachfolgenden Generationen bei steigender Pflegebedürftigkeit älter werdender Eltern und Großeltern und gleichzeitig mangelhafter Reproduktionsrate fundamental betroffen sein werden. Je demografisch ungünstiger die Gesellschaft sich entwickelt – je länger also alte Menschen leben und je weniger neue nachkommen –, desto mehr fallen die Alten als Rentenbezieher und die Jungen als Rentenfinanzierer ins Gewicht. Schon heute ist absehbar, dass – trotz tausendfacher Einwanderung oft junger Geflüchteter – in Kürze ein Drittel Junge fehlen wird, um über den »Generationenvertrag« in Zukunft die Versorgung der jeweils Alten bestandssicher zu machen. Als demografisches Defizit verstanden, ist Überalterung ja nichts anderes denn Zeugungsmangel. Zeugungsbereitschaft wiederum hängt von sozioökonomischen Faktoren ab; zwischen Fertilität und dem Bildungsgrad beider Partner besteht ein signifikanter Zusammenhang: Hochqualifizierte Paare schieben die erste Schwangerschaft immer weiter nach hinten. Sind sie verpartnert, werden Frau und Mann mit gleich hoher Bildung immer später Eltern.

Die beste Prophylaxe gegen fortschreitende Zersetzung, Fragmentierung, Verrohung und Eskapismus ist frühkindliche Förderung. In der Frühkindförderung finden Reproduktion, Chancengleichheit und Sozialethik einer Gesellschaft zusammen. Die gesamtgesellschaftliche Sorge um den Einzelnen ist letztlich immer die Sorge um seine Befähigung zur Selbstbefähigung. Deren Förderung im Sinne gelingender Reproduktion bedeutet ja doch, die individuellen Anlagen jedes Menschen zu erkennen und ihm die Chance zu ermöglichen, diese Anlagen selbst zu entwickeln.

Jedes Kind hat mindestens eine Begabung, jeder Mensch mindestens ein Talent. Jeder hat das Menschenrecht, seine Talente zu entwickeln – wie jeder auch das Recht hat, sein Talent *nicht* zu entwickeln, *nicht* gefördert zu werden, seine Anlagen *nicht* auszuleben und die Teilnahme an gesellschaftlichen Vorgängen aus welchen Gründen auch immer zu verweigern, wenn er ohne Furcht und in Freiheit diese Option wählt (solange man die Schulpflicht wahrnimmt, Steuern entrichtet und die Verfassung nicht verletzt).

Niemand wird gezwungen, sich als Leistungssubjekt zu definieren, auch wenn die öffentliche Moral in Leistung und Effizienz die zentrale Tugend eines guten Lebens erkennt. Niemand wird gezwungen, Chancen zu nutzen, aber jeder muss sie bekommen und in die Lage versetzt werden, sie zu ergreifen – eigenständig, selbstverantwortlich, durch Recht und Gesetz geschützt.

Je früher eine auf Verantwortungsfähigkeit abzielende Förderung ansetzt, desto nachhaltiger und höher ist ihre soziale Rendite. Langzeitstudien aus den USA zeigen an, dass die öffentliche Hand für jeden Dollar, den sie in Kinder aus sozial schwachen Familien investiert, später das bis zu Siebenfache zurückerhält. Insofern heißt frühkindliche Förderung vor allem frühkindliche Bildung. Bildung schafft die Voraussetzungen für weitere Bildung. Einer überzeugenden Anzahl lernwissenschaftlicher Studien aus den vergangenen Jahren zufolge scheint für den Aufstieg eines Menschen weit mehr als vermutet (und politisch erkannt) die persönliche Disposition entscheidend zu sein: Identifikation, Motivation und Disziplin. Lebenslaufforscher schließen rück, dass Erziehungspraktiken wie Singen, Malen, Basteln und Vorlesen maßgeblich von der Persönlichkeit der Eltern abhängen. Erziehen heißt ja doch: zur Vernunft bringen. Oder: ins Bild setzen. Oder: zum Denken und Verstehen verführen.

Psychologisch betrachtet ist frühkindliche Motivation der effektivste Motor für lebenslange Motivierbarkeit. Studiert man die Lebensläufe von Vorstandsvorsitzenden oder hochrangigen Amtsträgern, lässt sich ohne weiteres erkennen, dass Manager erfolgreicher deutscher Konzerne keineswegs allesamt einer hermetischen Kaste mit Seilschaftszugehörigkeit entstammen. Viele von ihnen bewegten sich nicht als Oberschichtenkind in einem geschlossenen Elitezirkel mit Privatschulausbildung und Netzwerk-Protegées, und nur eine Minderheit erfolgreicher Manager ist mit einem Vorstandschauffeur aufgewachsen (wie die Wirtschaftsjournalisten Georg Meck und Bettina Weiguny in ihrem Buch »Elitenreport« am Beispiel der dreißig größten Konzerne des Landes belegen).

Auf die Frage nach den Gründen für den Aufstieg der kleinen Leute in die höchsten Positionen lautet die Antwort so gut wie immer: Leidenschaft. Ehrgeiz. Ambition. Eine Form der Persönlichkeitsbildung also (wenn man so will: Herzensbildung). Ehrgeiz ist allerorten möglich und keine Frage sozialer Herkunft, auch wenn der Bildungsstand des Menschen immer sozial bedingt ist. Ambitionen müssen erst einmal jene entzünden und fördern, die Kinder in die Welt setzen, das entspräche der Verpflichtung zur sorgenden Gemeinschaft. Natürlich ist die veritable Erbschaft in Form von Geld oder Immobilien ein Startvorteil, aber erfahrene Headhunter bestätigen immer wieder, dass Erfolg keine Frage des Geldes, sondern der Werte sei, die ein Mensch aus dem Elternhaus mit auf den Weg bekommt. Im Umkehrschluss und auf der Basis von Studien gesagt: Hauptschüler sind oft deswegen keine Gewinner, weil ihre Eltern häufig gewalttätig, arbeitslos oder alkoholkrank sind. In Familien, die unter schwierigen Verhältnissen leben, sind Bildung und Sorge keine erstrebenswerten Werte an sich. Daran tragen weder Kapitalismus noch Staat oder Gesellschaft die Schuld (so man hier überhaupt den moralischen Begriff Schuld gebrauchen darf). Wer das fortgesetzt behauptet, hat die soziale Wirklichkeit nicht verstanden oder nimmt dieselbe bewusst oder unbewusst selektiv wahr. Oder er exkulpiert persönliches Verhalten mit dem Verhängniszusammenhang des Systems.

Welche Schlüsse sind aus der psychologischen, philosophischen und soziologischen Betrachtung von Verantwortung und Selbstbefähigung zu ziehen?

Erstens, dass niedere soziale Herkunft nicht zwingend niedere Bildung bedeuten muss; nicht-wohlhabende Eltern aus sozial unterer Schicht können ihre Kinder durch Lektüre, Gespräch und Aktivität in gleichem Maße fördern und fordern wie gutsituierte. Zeit für das eigene Kind wird ein Wert für sich.

Zweitens, dass es unabhängig vom Milieu der sozialen Herkunft offenbar weit mehr um die Fähigkeit des einzelnen Menschen geht, Angebote, die er erhält, wahrzunehmen und ihm gemäß umzusetzen. Erziehungswissenschaftler behaupten seit Langem, dass der Bildungsweg von Kindern, die weder musisch noch musikalisch gefördert werden, die weder Anleitungen für Medienkonsum noch regelmäßige Mahlzeiten erhalten, von Anfang an erschwert ist.

Drittens, dass Aufstieg durch Anreiz passiert und Anstrengung wie Disziplin erfordert. Wohlstand kommt nicht von allein: Dem jüngsten Global Wealth Report der Fondsgesellschaft Allianz Global Investors (September 2017) zufolge arbeiten gerade die Deutschen besonders hart für ihr Geld (Disziplin ist bekanntlich die deutsche Kerntugend, was den Boom des BIP erklären mag).

Viertens, dass gute und gut entlohnte Erzieher und Lehrer aufbieten muss, wer den erstaunlichen Erfolg von Propagandisten und Populisten in Europa stoppen will. Es wird künftig darum gehen müssen, die Angehörigen der kommenden Generation im Glauben auszubilden, dass jeder Einzelne zählt, dass jeder Einzelne von gleichem Wert mit gleicher Würde ist – als humanistisches Subjekt, nicht als Konsumentenobjekt. Die Entscheidung fällt bereits am Anfang eines Lebens: Bildung heißt ja auch, das Lernen zu erlernen, um sich selbst zu befähigen.

Die Bundesrepublik ist nach wie vor überaus wohlhabend und ökonomisch gesund: Steuereinnahmen in Rekordhöhe (auch wenn Bundesfinanzminister Scholz zufolge die fetten Jahre in Kürze vorbei sein werden), fortgesetztes Wirtschaftswachstum, Exporterfolge, Rückgang der Arbeitslosigkeit. In Frühkindförderung aber (von der vor allem migrantische Kinder profitieren würden) wird kaum investiert. Frohgemut finanziert wird stattdessen das Alter, das mit Erwerb und Reproduktion abgeschlossen hat. Zunehmend mehr Mittel fließen in Rentenpakete und weiten die Sozialgesetzgebung peu à peu aus (Erwerbsminderungs- und aufgestockte Mütterrente). Die Finanzierung höherer Renten beläuft sich nach finanzwissenschaftlichen Analysen von 2019 bis 2025 auf zusätzlich 36 Milliarden Euro; Renten-Ökonomen erwarten bis 2035 weitere Zuschüsse in zweistelliger Milliardenhöhe, erbracht vom Steuerzahler. Der Pakt der Regierenden mit den Babyboomern geht also auf Kosten der Kinder. Mit der Arroganz des sehenden Auges ignorieren Regierungspolitiker die mittelfristigen Folgen des demografischen Wandels – demzufolge immer weniger Leistungserbringer immer mehr und immer länger lebende Rentner zu finanzieren haben – und denken offensichtlich keine Sekunde an künftige Rezessionen, an den Strukturwandel durch Arbeit 4.0 und mögliche Beschäftigungsflauten. Zumal das mit lässig gebender Hand geschnürte Rentenpaket nicht einmal ein Mittel gegen Altersarmut ist, da es vornehmlich Haushalte mit gutem Alterseinkommen erfreut.

Wer die Rente mit dreiundsechzig fordert und fördert, wer die Mütterrente ausbaut, eine feste Marge für das Rentenniveau gesetzlich festschreibt (nicht unter achtundvierzig Prozent), der erlegt künftigen Generationen auf, selbst höhere Beitragssätze zahlen zu müssen, über Steuern weitere Milliarden zuzuschießen und letztlich selbst mehr, härter und vor allem weit länger als bis siebzig zu arbeiten, ehe die Nachkommenden vom Zahler- in den Empfänger-Status wechseln können. So wird das Problem der Altersarmut nach hinten verlagert.

Bildung durch Gedankentransfer

Es ist die vornehmste Aufgabe jeder Gesellschaft (und einer Kampfzonen-Gesellschaft gleich zweimal), ihre Nachkommen in der Fähigkeit zum Gedankentransfer zu schulen, um Verfall, Verrohung, Desintegration und möglicher Gewaltbereitschaft konstruktiv zu begegnen. Die nachhaltige und in ihrer Prägekraft kaum genug zu preisende Leistung der Aufklärung bestand seit jeher und besteht noch heute in der Selbstmündigkeit und der Transformation von Dilemmata in Demokratie. Im eigentlichen Sinne ist das mit Bildung gemeint: den Einzelnen ins Bild über seine Umstände zu setzen. Die Erziehung zu Kontext und Tiefgang, um Sinnzusammenhänge, Gründe und Begründungen erfassen zu lernen.

Die entscheidende Frage für die nahe und ferne Zukunft lautet zweifelsohne: Durch wen und an welchen Orten wird künftig Wissen auf welche Weise übertragen? Wie lässt sich Bildung generieren statt nur reproduzieren? Was genau soll künftig unter Bildung verstanden sein – der auswendig gelernte Faktenkontext der Fluss-Systeme Asiens, Cäsars »De bello Gallico« im lateinischen Original oder Programmierkompetenz für künftige Smart-Technology? (Computerwissen ist eine andere – und ebenso wichtige – Art Wissen als die geschichtssensible Spannkraft des Bogens von Byzanz nach Istanbul unter religionswissenschaftlichen Aspekten).

Kultur im weitesten Sinne beschafft Perspektiven, Sprache im eigentlichen Sinn schafft Sensibilität für Differenzen. Das ist das Erbe der Klassik, zu dem auch Zeitungen gehörten, deren Lektüre nach Ansicht des Weltphilosophen Georg Wilhelm Friedrich Hegel das Morgengebet der bürgerlichen Gesellschaft war, mit dem sich eine lesende Gesellschaft miteinander verständigt und sich über die Art und Weise ihres Zusammenlebens verabredet hat.

In der kognitiven Epoche mit klar erkennbaren Kampfzonenkonflikten scheint die textbasierte Bildung an ihr Ende zu kommen. Die Tradition des Gutenberg'schen Wissenstransfers über den Druck (und somit über Texte, Kontexte, Sub- und Metatexte) stirbt zwar nicht aus, aber Papier als persistenter Datenträger schwindet zusehends. Zeitungen und Magazine richten sich auf ihre digitale Transformation ein. Vor dem Hintergrund atemloser elektromobiler Beschleunigung wird die klassische, auf Schriftlichkeit basierende Bildungsbürgerlichkeit zunehmend auf- und vielleicht bald gänzlich zerrieben von den Medien der Sichtbarkeit. Historischer Sinn spielt kaum noch eine Rolle, wobei die nachkommenden Generationen kein bisschen weniger intelligent sind als die vorherigen (auch wenn Studien darauf hinweisen, dass der IQ angeblich kontinuierlich sinke). Die Nachkommenden wissen anderes. Sie widmen sich anderem. Sie tun es auf ihre Art. Sie sind das Produkt ihrer Umwelt und das Resultat des »digital turn«, der Postdemokratie und Postpostmoderne, und sie haben sich mit der postfaktischen Umwertung von Fakten und Tatsachen zu arrangieren.

Mit der klassischen Bildungsbürgerlichkeit und dem tradierten Wissensvorrat schwinden auch die intergenerationellen Kultur- und Wertetransfers. Ob eine neue Form des Bildungsbürgerlichen entsteht, bleibt bis auf weiteres dahingestellt und setzt eine überzeugende Antwort auf die Frage voraus, was mit dem Bürgerlichen künftig genau gemeint sein könnte. Kreativität, Kultur und Künste sind systematisch aus dem Bildungssystem eliminiert, zumindest an den Rand gedrängt worden, die Zahl der Studenten in Literatur und Künsten, Schauspielerei, Musik, Malerei nimmt statistisch gesehen kontinuierlich ab. Gesellschaften in der Logik der Steigerung scheinen der Phantasie zutiefst zu misstrauen. Weltverständnis ist ja nicht nur die wissenschaftlich-mathematische Suche dessen, was sich unmittelbar rentiert, was sich lohnt, rechnet, aus und zurückzahlt, sondern beginnt wesentlich mit der Fähigkeit, sich Alternativen vorstellen zu können.

Wer politische oder gesellschaftliche Alternativen will, muss den Bürger im Entwurf von Alternativen schulen. Das setzt in erster Linie die bewusste Fähigkeit voraus, andere Perspektiven einzunehmen. Bildung im Sinne des humanistischen Ideals »Im-Bilde-zu-sein« heißt ja nichts anderes, als sich ein umfassendes Bild von den Umständen zu machen. Nimmt man die Äußerungen profilierter Beobachter so ernst wie sie sind, steht es um Denken und Selbstdenken des Zeitgenossen denkbar schlecht. Heutigen Studienanfängern fehlt es offenbar in erschütterndem Maß an der Fähigkeit zum Gedankentransfer (so der Pädagogikprofessor Volker Ladenthin). Argumente würden danach beurteilt, ob sie der eigenen Erfahrung oder dem persönlichen Erleben entsprechen. Sachliche Kritik werde als Demütigung empfunden.

Das heißt ja doch: Es mangelt Studenten und Wissenschaftsaspiranten an Bereitschaft und Fähigkeit zum wissenschaftlichen Denken. Zugleich wird immer mehr Studenten die Hochschulreife bescheinigt, die einst elitäre Universität ist eine Massenveranstaltung geworden. So gut wie jeder wird durchs Abitur geschleust, weil es als ausgemachte Sache gilt, dass Abitur gleich Studium und Studium gleich Einkommenswohlstand bedeutet (was zutreffend und nichtzutreffend zugleich ist, denn sowohl Handwerk als auch Lehre sind für die Reproduktion der Gesellschaft nicht nur elementar wichtig, sondern können auch – man denke an den Mechatronik-Meister – höchst lukrativ sein).

Jede visionäre Rede über den Standort Deutschland müsste von der Bundesrepublik als Bildungsrepublik handeln. Sie müsste zur Grundlagenarbeit an einer Sozialethik aufrufen und die Chancengleichheit zur Selbstbefähigung an oberste Stelle setzen. Vor allem müsste sie auf Qualität und nicht Quantität von Bildung abzielen und darauf hinweisen, dass unabdingbar hervorragend geeignete, intrinsisch überzeugte und extrinsisch bestens entlohnte Lehrer gehören, die Kinder motivieren, die Kinder aufwerten, die Individualität fördern, Konflikte moderieren und die Interventionen besserwisserischer Helikopter-Eltern bewältigen können, deren Mehrzahl von der Angst befallen ist, die Brillanz ihres Sprösslings könnte übersehen werden. Der Lehrer muss Mediator und Moderator von Kindern sein, die hinsichtlich der Mediennutzung punktuell mehr wissen als er, deren digitales Anwendungswissen seines bei Weitem übersteigt – weshalb er Medienethik und Informationsökonomie ebenso lehren wie den Schülern die Fähigkeit beibringen müsste, aus überall und sofort zugänglichen Informationen Wissen zu generieren, Impulsfluten zu kanalisieren und aus der unbestimmten Mannigfaltigkeit verfügbarer Informationen Zusammenhänge zu konzipieren.

Das ist keineswegs Bildungspessimismus, sondern im Gegenteil: Bildungsoptimismus bei gleichzeitiger Kritik an einem starren, durch politischen Reform-Eifer das selbständige Denken zu Tode tretenden Schulsystem, welches letztlich Mediokrität produziert und Intellektualität austreibt.

Die Lehrkörper der Republik erben ja die narzisstisch gekränkten, manchmal selbstsüchtigen, manchmal vernachlässigten, oft gestressten, unausgeschlafenen oder traumatisierten wie auch die lernwilligen und schon früh erwachsenen Kinder aus zerrütteten wie unzerrütteten Familien, in denen gleichermaßen die Eltern keine Zeit mehr für die Beschäftigung mit ihnen oder keine Muße für die Ansprache haben.

Wer so leichtfertig das so schwerwiegende Thema »Bildung« aufruft wie die meisten Politiker es in Wahlkampf- oder Sonntagsreden tun (weil die demoskopische Auswertung der vordringlichsten Wünsche und Themen der Bevölkerung ihnen die Rede über Bildung nahelegt), müsste den desaströsen Mangel an gut ausgebildeten Lehrern in allen Schulsystemen von der Regel- bis zur Berufsschule zum nationalen Notstand erklären. Einen personell bestens ausgestatteten Erziehungs- und Lehrkörper zur gelingenden Reproduktion der Gesellschaft zu etablieren, von den Kitas bis zur Berufsschule, wäre Staatsaufgabe mit höchster Priorität, einer Zukunftsfähigkeit das Wort redend, keine Gegensätze zwischen Digitalität und Humanismus zu konstruieren, sondern alle Schulen gleichermaßen und umfänglich mit Glasfaserkabeln auszustatten, Klassenzimmer mit WLAN-Routern einzudecken und das Fach Ethik so weit voranzutreiben, dass nicht nur die Grundlagen des sozialen Verhaltens gelehrt werden können, sondern jeder Nachkomme von früh an für das Verständnis für die Verschiedenheit von Lebenswelten und Alternativen sensibilisiert wird.

Soziale Verantwortung für das Soziale entsteht durch die Erziehung zu sozialer Verantwortung. »Die Welt existiert nicht nur, um unsere Wünsche zu befrieden«, schrieb Christopher Lasch den Narzissten ins Stammbuch, »es ist eine Welt, an der wir Freude haben und in der wir einen Sinn sehen können, wenn wir verstehen, dass auch die anderen ein Anrecht darauf haben.« Also lautet der ethische Imperativ eines Liberalismus der Sorge: Die Konsequenzen des eigenen Handelns dürfen weder auf

Kosten noch zum Schaden anderer erfolgen. Reziprozität ist der Grundzug jeder Sozialethik, die im Übrigen im Sinne der katholischen Soziallehre gar nicht christlich sein muss, sondern genauso säkular als soziales Unternehmertum verstanden sein kann, wie es von den Persönlichkeiten Robert Bosch, Reinhard Mohn, Kurt Körber oder, weit früher noch, Friedrich Wilhelm Raiffeisen, dem Gründer der Genossenschaften und großen Sozialreformer des 19. Jahrhunderts, betrieben wurde. Das war nichts anderes als eine von Manchester-Kapitalismen und Chicago-School-Lehrplänen bereinigte, vor Finanzmarkt-Exzessen, Spekulations-Piraterie und merkantiler Dressur beschützte soziale Marktwirtschaft im liberalen Geiste.

In einem Liberalismus der Sorge wäre die Externalisierung sozialer und ökologischer Folgekosten insofern verwerflich, da sie als Akt der Selbstsüchtigkeit auf das Leben anderer einwirkt, die nicht wählen können und durch die Folgen fremdbestimmt werden. Der Egomane (dessen Tragik darin besteht, sich selbst gar nicht einmal als raffgierig zu begreifen) erhebt sich über die Allgemeinheit, in dem er ihr – ohne zu fragen, ob sie dafür aufkommen möchte – die Folgekosten seines Handelns auferlegt.

Die Krise der Kommunikation

Was der gestörten Republik im Innersten fehlt, ist eine auf Vertrauen und Vertrautheit ausgerichtete Ansprache des Einzelnen. Es fehlt das Aufbruchssignal in eine auf lange Frist angelegte Arbeit am Ideal des aktiven Staatsbürgers, auf den jede sorgende Gesellschaft angewiesen ist. An gelingender Kommunikation und der Kunst ihrer einfühlenden Übersetzung fehlt es Berufspolitikern auf gelegentlich sensationelle Weise. Man wünschte sich Legionen von Kommunikationstrainern und Kommunikationspsychologen in Kanzleramt, Bundestag, in Ministerien und

Parteizentralen. Obwohl öffentlich und in sicht- wie hörbarer Öffentlichkeit so viel geredet und geschwafelt, getalked, gesabbelt, gelabert und gequatscht wird wie vermutlich nie zuvor, lässt sich nicht von Kommunikation im politischen Sinne sprechen. Es gibt heute womöglich eine Krise der Vernunft, womöglich eine der Ethik, womöglich eine der Erziehung. In jedem Fall aber eine Krise der Kommunikation, deren Ziel die communio, die Verbindlichkeit und Verbundenheit einer gemeinschaftlichen Sinnstiftung, ist.

Ohne die vorausgesetzte Annahme des sprachbegabten Individuums und einer allgemeinverständlichen Sprache funktioniert die repräsentative liberale Demokratie, zumindest ihrem Ideal nach, nicht. Für dieses ideale Sprechen ist, wie Jürgen Habermas die Republik gelehrt hat, kommunikative Rationalität unabdingbar – um Widersprüche vermitteln, Kompromisse finden und dem besten Argument Gehör und Geltung verschaffen zu können. Kann man davon noch ausgehen? Kann man jedem Einzelnen kommunikative Rationalität unterstellen oder handelte man sich damit den Vorwurf schamloser Naivität ein? Und gesetzt, dem sei so und das ideale Sprechen sei heute in weiteste Ferne gerückt: Woran könnte es liegen?

Die repräsentative Demokratie setzt das Wissen um die Sache voraus; man kann nicht aussprechen, was Sache ist, wenn man nicht weiß, was *die* Sache ist. Der Strukturwandel der Öffentlichkeit und der Technologien wie der Kulturwandel in Sprechen und Sprache des Zeitgenossen stellten bisher gültige Annahmen infrage. Weder kann man noch von einer gemeinsam geteilten Öffentlichkeit ausgehen noch bei jedem Einzelnen jene Rationalität voraussetzen, die wiederum Voraussetzung für Mündigkeit und Urteilsfähigkeit ist. Um seinen politischen Willen delegieren zu können, müsste jeder Bürger in der Lage sein (oder in die Lage versetzt werden), die Antworten derer in der Sache zu bewerten und beurteilen, die ihn zu vertreten vorgeben. Erst dann lässt sich ja der eigene Wille besten Wissens und guten Gewissens an einen Volksvertreter delegieren, der ihn als gewählter Abgeordneter – in Einklang mit allen anderen an ihn delegierten Willen – im Parlament repräsentiert.

Wie viel Wissen ist nötig, um ein fundiertes Urteil bilden zu können? Reicht bereits schiere Zeitgenossenschaft? Reichen schon aufgeschnappte Soundbites für ein fundiertes politisches Urteil, um Politik und Politiker beurteilen und bewerten zu können? Oder verhält es sich anders und der Bürger weiß im Eigentlichen nichts über Sachen und Menschen und wispert vielmehr Klischees, flüstert vorgekaute Stereotype, übernimmt vorgestanzte Formeln, formatierte Phrasen und meint auf der Basis des womöglich gar nicht gesunden Menschenverstandes, auf diese Weise Politiker beurteilen, Politik verstehen, Inhalte bewerten und Sachverhalte durchdringen zu können?

Der öffentliche Geist – dieses diffuse Subjekt aus Leitartiklern, Meinungsmachern, Talkshow-Ingenieuren, Experten, Demoskopen, Bloggern, Kolumnisten, Aktivisten und vielen mehr – urteilt nahezu zwangsläufig über höchst komplexe Sachlagen auf der Basis von Interpretationen, Unwissen und Halbbildung. Zusammenhänge werden zerrissen, auf der Basis kontextloser Ausschnitte ereifern sich unberufene Sprecher über einen Sachverhalt, den angemessen einordnen zu können sie weder Zeit, Muße noch Lust und Ausdauer haben.

Durch die Widerwelt (und vielleicht schon davor) hat die Legende von der aufgeklärten Gesellschaft noch einen ganz anderen, ebenso mächtigen Feind bekommen: Wahrheit. Wahrheit im Sinne des wahren Glaubens, wahren Volkes, wahren Wissens. Wahrheit torpediert das bisher gültige, auf Evidenz, Empirie, Begründungspflichtigkeit und Rechtfertigung basierende Weltbild westlicher liberaler Demokratien. Auf der Agenda des Archaischen, die durch die Erhitzung der Erregungsspiralen und mit steigendem Volumen des thymotischen Levels das Barbarische wieder denkbar macht, vernebeln geoffenbarte Wahrheiten Vernunft wie Verstand. Emotionen und Instinkte sind eher der Epiphanie des Heiligen zuzurechnen als der Profanie irdischer Repräsentation des eines Bürgers durch den anderen. Buchstabentreue Bibelchristen, Koran-Dschihadisten und Thymos-Vertreter setzen auf Wahrheit und Kraft der »wahren« Homogenität. Das ist voraufklärerisch und freiheitsfeindlich. Wahrheiten ermöglichen ihren Missbrauch und schaffen Furcht und Vorurteil. Wahrheit aus dem intellektuellen Bezugsrahmen getrieben zu haben, ist eine der größten Leistungen des menschlichen Geistes. Den Anspruch auf Ambivalenz jetzt aufzugeben, weil das Leben dann einfacher, bequemer und sinnvoller wäre, ist fatal. Es muss jeder zivilisierten Gesellschaft darum gehen, eine von möglichst allen ihren Mitgliedern geteilte Realität zu finden, zu beschreiben und zu begründen. Die Fragmente *der Sache* herbeizuschaffen, zu sammeln, zusammenzusetzen und darzustellen ist, neben Kontrolle der Staatsgewalten, die unschätzbar wichtige Aufgabe der Medien.

Von elementarer Wichtigkeit ist nach wie vor ein Journalismus, der weder Weltbildbestätigung noch moralische Gesinnungsführerschaft betreiben will. Wenn Journalismus nicht mehr vorgefundene Realität in ihrer Widersprüchlichkeit abbildet und beschreibt, sondern Realitäten nach eigenem Gusto erschafft und Lesarten vorformuliert, ist das Rechthaberei und Konstruktivismus. Der konstruierten Realität als Abbild der realen folgt dann der Verlust der Glaubwürdigkeit der Presse, anschließend der Verlust des Vertrauens von Bürgerin und Bürger, schließlich auch der Verlust der Loyalität zur Demokratie, die so sehr auf ebendiese Loyalität, auf Vertrauen und Glaubwürdigkeit angewiesen ist (es sei denn, man begreift Demokratie als sozialtechnisches Verfahren reiner Bürokratie).

Um Glaubhaftigkeit der Nachricht in Zeiten kompletter Desinformation, Propaganda, Fake News zu generieren, muss der

Journalismus Handwerk bleiben und darin meisterlich werden: Recherche, Vermittlung, Darstellung. Hintergründe ausleuchten, Analysen denken, Zusammenhänge aufzeigen, und das langfristig, mit Geduld und Hartnäckigkeit. Nötig sind ausführliche, saubere Recherche, investigative Durchdringung, Faktenfinder, Faktenchecker und Quellen-Präzision. All das will gewollt, gefördert und einer neuen Generation beigebracht werden, trotz Prestigeverlust einer Branche, die von einem beispiellosen Strukturwandel betroffen ist. In der Kampfzone, im Slang der Korrektheit des richtigen Sprechens einerseits wie im Sound der raunenden Beschwörung der Widerwelt andererseits, ist nichts wichtiger als intellektuelle Redlichkeit und Sorgfalt in der Gedanken- und Wortführung. Beide Geistestugenden sind – in welchem Ausmaße auch immer – unter die Räder geraten. Erfundene Figuren, Szenen und Zitate bei Reportern oder Zeitungsessayisten, erfundene Interviews, Ungenauigkeiten, Verdichtungen und sinngemäße Behauptungen – verheerenderweise müssen die »Systemmedien« (AfD-Diktion) jetzt tatsächlich das Büßerkleid anlegen. Zur systematischen Lüge kommt die systemische Verlogenheit. Journalisten geben vor, die Wirklichkeit abzubilden und schneiden sie letztlich nur mundgerecht zurecht. Das ist gelegentlich mangelhafter Recherchezeit, kaum verfügbarem Platz und ab und an auch einer über das Normalmaß der Selbstinszenierung hinausgehenden Eitelkeit des Autoren-ICHs geschuldet. Es will glänzen. Der Stoff soll sich gut lesen. Die Eleganz der Erzählung ist wichtiger als die Dissonanz der Realität. Fälschungen werden nach dem Pipi-Langstrumpf-Prinzip des ICH-Kults in der Siegerkultur betrieben: Jede oder jeder macht sich die Welt, wie sie ihm oder ihr gefällt. Jede oder jeder erzählt IHRE oder SEINE Geschichte, jede oder jeder schneidet sich IHRE oder SEINE wunderbare Welt zurecht.

Ohnehin ist die Faktizität von Fakten nicht mehr allgemein anerkannt (und sollte sie es auch früher nicht gewesen sein, so herrschte doch lange Zeit die Fiktion vor, dem sei so). Als wäre die »Fälschung der Welt«, von der der Romancier William Gaddis 1956 schrieb, das Alltagsgeschäft der späten Moderne: gefälschte Bilanzen des Finanzmarkts, gefälschte Angaben der Autokonzerne, gefälschte Doktorarbeiten, gefälschte Kunstwerke, gefälschte Texte, falsch zitierte Politiker, Fake News hier, Alternative News dort, Social Bots und Propaganda-Algorithmen in einer Kultur der Surrogate: Der »Als ob«-Modus ist ein prägendes Muster der Gesellschaft des frühen 21. Jahrhunderts geworden, in der die Menschen mittels Simulation oder Imitation dem Ersatz eine ebenso hohe (oder ebenso niedrige) Priorität einräumen wie dem Original.

Was kann man noch wissen? Was soll man glauben? Was darf man hoffen? Wer darf heute als letztinstanzliche Quelle einer von Ideologismen, Dogmen, Wünschen, Perspektiven und Unterstellungen bereinigten Wahrheit auftreten – die Schwarmintelligenz von Wikipedia?

Oder ist alles ein wenig anders und jener der betrügerischen Fiktionalisierung überführte Spiegel-Reporter Anfang dreißig ist nur Kopf und Symbol einer Generation, die es nicht so ernst nimmt mit der Wahrheit, weil sie die mühsame Suche nach dem Wahren gar nicht mehr gelernt hat, weil sie Wahrheit als Fiktion entlarvt hat und vornehmlich auf den Effekt erpicht ist: auf Wirkung und Wirkmächtigkeit, auf Blendung und Verblendung durch den schönen Schein? Eine Generation im Übrigen, die womöglich keine Kriterien zur Unterscheidung von real und virtuell mehr hat (und ausbildet), der die aufwändige Suche nach dem Wesen der Dinge aberzogen beziehungsweise gar nicht erst anerzogen wurde und die deshalb eines nicht mehr besitzt: eine Ethik der Konsequenz? Vielleicht also drückt sich in jener tragischen Reporter-Figur des erst hinaufgejubelten und dann fallen gelassenen Hochstaplers das Gesamtversagen der bürgerlichen Bildungsintellektualität aus.

Die klassischen Medien kämpfen heute gegen jene Verflachung des Geistes an, die sie zum Teil selbst geschaffen und hervorgerufen haben. Sie sind von der Beschleunigung durch Technologie, von der Zeit- und Raumverdichtung und dem Vertrauensverlust der Jugend bedroht, ohne ein Mittel zur Hand zu haben, den rasanten Prozess der eigenen Entwertung wirksam aufhalten zu können. Gelingt dies aber nicht, siegt das totale Spektakel. Nichts könnte sich die Widerwelt mehr wünschen.

3
Lob der Ambivalenz

Aufklärung beginnt mit dem Verstehen der Gegensätze (was nicht Verständnis für gegnerische Sätze bedeutet). Aufklärung entlarvt Fiktionen und dekonstruiert Stereotype, egal auf welcher Seite. Dabei fallen Gewissheiten, werden Monopole in Frage gestellt, zerstäuben Glaubenssätze, wird das Falsche der Fehlerhaftigkeit überführt. In aufgeklärten Gesellschaften kommen Bürger nicht umhin, Kränkungen zu ertragen. »Wir alle müssen lernen, mit Zorn, Neid und Ressentiment zu leben, ohne unsere Urteilskraft auszuschalten. Das erfordert die Selbstdisziplin, vor dem seelischen Schmerz angesichts der Überlegenheit des anderen nicht zurückzuschrecken, sondern uns darin zu üben, diesen Schmerz auszuhalten.« (Carlo Strenger)

Im Idealfall akzeptiert eine aufgeklärte Gesellschaft das Dilemma als Realitätsbeschreibung und überführt eine liberale Demokratie widerstreitende Interessen in den politischen Prozess der Aushandlung. Die aufgeklärte Gesellschaft einer liberalen Demokratie feiert Pluralismen und leistet dem Prinzip des Paradoxons Folge, welches heißt: Unterschiede kenntlich machen und Widersprüche akzeptieren. Sie schätzt den Diskurs als diskursiv veranlagte Kontroverse, weil in der Anerkennung des Gegenteils die Güte der Wahrhaftigkeit liegt.

Weil ausgehandelte Diversität wahrhaft demokratisch ist, muss die Bewältigung der Ambivalenz pluralistischer Weltentwürfe zu einer Kulturtechnik werden, deren Beherrschung jeder Einzelne zu lernen hat. Mit Kultur sind dynamische kulturelle Prozesse der Verständigung gemeint. Kultur sensibilisiert für Vielfalt, befähigt zur Bewertung, ermöglicht ein Bild, dessen Ausschnitt das Ganze zwar nicht unmittelbar sicht-, aber im Geiste denkbar werden lässt. Kultur meidet geradezu inhaltliche Gleichheit, sie braucht zwingend Mehrdeutigkeit. Sie lässt sich weder quotieren noch festschreiben und stellt die Gesamtheit aller Antworten dar, die die Menschheit sich selbst gegeben hat. »Die Art, wie hunderte oder tausende Gesellschaften ihre eigene Lösung für ihre Probleme des menschlichen Lebens gefunden haben«, befand der Ethnologe Claude Lévi-Strauss 1959 in seinen Vorlesungen über Sozialanthropologie am Collège de France, »ob es sich um die Ehe handelt, um das Recht, um Technik, ob es sich um religiöse Riten oder magische Praktiken handelt – unsere einzige Chance, dies alles zu beherrschen, ist zu begreifen, dass jede von einer dieser Gesellschaften gefundene Lösung etwas ausdrückt, das uns allen gemein ist.«

Das Verschwinden der Vielfalt (wie die Ausrottung der Arten), lautet Lévi-Strauss' intellektuelles Vermächtnis, sei der große Fehler der Moderne gewesen. Die Zerstörung des Gleichklangs aus Ratio und Poesie und die Abspaltung der Rationalität habe zu einem Überhang der Logik geführt und den Mythos als Wissenssystem jenseits der Logik eliminiert.

In der Kampfzone ist der Mythos zurückgekehrt. Als Thymos und Antithymos. Als Angst-Affekt und Opfer-Moral. Was der BRD zum Siebzigsten zu wünschen wäre, ist eine allgemeinverbindliche Letztbegründung. Ein Epos, vielleicht eine Utopie. Welches Prinzip, welche Idee, welches Ideal hätte eine bindende Kraft für möglichst alle? Moralische Wahrheiten sind problematisch, es gibt bereits zu viel Offenbarungsgeschwätz, zu viele okkulte Verschwörungstheorien, zu viel spektakulären Nonsens. Was aber könnte den Pegida-Freund und den Flüchtlingshelfer, was den Humanitaristen und den Egoisten, was den Verteidiger der offenen und den Verfechter der geschlossenen Gesellschaft einen? Welches Prinzip könnte den Vertretern der alten Welt und jenen der Widerwelt zugrunde liegen? Und ist eine solche Übereinstimmung überhaupt nötig?

Wenn die Mittelschicht sich abwendet, wenn sich die Unterschicht verloren gibt, wenn die Oberschicht sich exkludiert, gibt es nur noch Parzellen und Reviere, gated communities und Cyberkosmen. Das Prinzip des Öffentlichen zerfällt, mit dem Öffentlichen das Allgemeine, mit dem Allgemeinen das Gemeinwohl.

Der Regress ins Primitive, der Rückfall in Biologismus und Überlegenheitsfantasien, meine ich, lässt sich auf Dauer nur durch die Stärkung der republikanischen Substanz verhindern. Statt Opferidentitäten zu konstruieren, sollte sich jeder Staatsbürger in selbstverpflichtender Verantwortung aus freien Stücken in die politischen Entscheidungs-Prozesse mit einbinden: Sachlagen studieren, Fakten erarbeiten, Lösungen durchdenken. Das mag anstrengend und zeitaufwändig sein, aber gute Demokratie-Arbeit *ist* anstrengend und langsam. Es liegen seit einiger Zeit durchaus respektable Vorschläge für eine Revitalisierung des Demokratischen auf dem Tisch, unter vielen die diskussionswürdige Idee institutionalisierter Zukunftsräte, wie von den Politikwissenschaftlern Patrizia Nanz und Claus Leggewie vorgeschlagen. Sie sieht vor, durch regelmäßige kommunale, lokale und regionale Konferenzen Wissen, Weisheit, Sachverstand, Sorgen und Anliegen möglichst aller Bürger in die parlamentarische Entscheidungsfindung auf Landes- und Bundesebene hinein zu holen.

Eine Gesellschaft, die an der Res publica, an einem für *möglichst alle zustimmungsfähigen* Gemeinwohl interessiert ist, braucht künftig jeden Mitbürger als aktiven Republikaner – und nicht als kränkbaren Narziss, dessen Selbstwert sich über ein diffuses Freund-Feind-Schema generiert und stabilisiert.

Die aufgeklärte Gesellschaft einer liberalen Demokratie klärt sich immer weiter selbst auf. Sie respektiert und fördert gleichermaßen die Unterschiedlichkeit der Menschen: die vielfältigen Fähigkeiten, Begabungen, Niveaus, den Pluralismus der Lebensentwürfe und die Vielfalt der Weltanschauungen. Möglichst viele müssen dem Ideal einer selbstverantwortlichen Lebensführung entsprechen können. Teilhabe ruft selbstverpflichtende Verantwortung hervor, Eigenverantwortung stärkt soziale Gesinnung und motiviert Engagement. Je größer das Mitspracherecht, desto eher identifizieren sich Menschen mit einer Gegebenheit.

Wer Selbstverantwortung als soziale Kompetenz weder erfahren noch gelernt hat, neigt womöglich weniger dazu, gesellschaftliche (und schließlich staatliche) soziale Verantwortung zu übernehmen. Ohne die individuelle Bereitschaft des Einzelnen hat die Gemeinschaft als »Verantwortungsgesellschaft« (Amitai Etzioni) eine schlechte Zukunft. Politik wird dann entweder konsumiert oder ignoriert, jedenfalls nicht mitgestaltet. Technologische Entwicklungen, technische Innovationen, kulturelle Formatierungen und sozioökonomische Parameter wirken seit Langem auf das Individuum in der Egokapsel ein; jetzt, so scheint es, sind die Resultate einer Entwicklung seit mindestens fünf, womöglich seit zwanzig Jahren zu bewältigen.

Jetzt fordert die Reduktion des Menschen auf ein funktionales Teilchen einer gigantischen Maschine ihren Preis. Jetzt rächt sich, dass die Wissenschaften des schönen Geistes unter die Obhut der Controller gestellt wurden und das MINT-Denken (Mathematik, Informatik, Naturwissenschaft und Technik) zum Maß der Dinge verklärt wurde. Jetzt schlägt zu Buche, dass über Jahre kulturelle Verwahrlosung billigend in Kauf genommen und unter Bildung weitgehend die universitär vorbereitete Versorgung der Massen mit beruflichen Perspektiven verstanden wurde, nicht aber die Investition in Qualität (in das, was sich nicht sofort rentiert, was zur Entfaltung Zeit braucht und weit später Früchte trägt, als es die Geduld ständig getriebener Individuen erlaubt). Von Kind auf wird der Mensch auf Prozess-Optimierung geeicht, zum Leistungssubjekt zugerichtet und als Funktionsobjekt in eine vorgefertigte Struktur eingepasst. Strukturen und Vorgaben regeln das Leben und ersticken Kreativität, Entfaltung und Eigenständigkeit, die als wichtige Ressource des lebendigen Geistes jedes Individuum zu einer verantwortungsfähigen Persönlichkeit formen. Und darum geht es letztlich, um Persönlichkeiten, nicht um dressierbare Objekte – oder nicht? Wer zum Objekt gemacht wird, macht Andere zum Objekt. Wer ständig bewertet wird, bewertet stets auch Andere. Wer dauernd berechnet wird, berechnet selbst permanent.

Die Aufgabenstellung für die Zeit nach der Kampfzone lautet: Wie sind dauerhafte soziale Beziehungen aufrechtzuerhalten?

Meines Erachtens ist es höchste Zeit für die gemeinsame Arbeit an einem neuen Gesellschaftsvertrag. Für einen solch ungeschriebenen Vertrag, der soziale Anerkennung und individuelle Teilnahme zu seinen Maximen erklärt, gilt ja nach wie vor das mittelalterliche »Einstimmigkeitsprinzip«: Quod omnes tangit, ab omnibus approbari debetur (»Was alle angeht, muss auch von allen gebilligt werden«). Das ist die Grundlage der Res publica, der Sache, die uns alle angeht. Eine auf Dauer garantierte Ordnung der Freiheit findet aber nur dann möglichst allseitige Zustimmung, wenn sie nicht der Durchsetzung besonderer moralischer, ethischer oder religiöser Vorstellungen und Interessen dient, sondern ausschließlich eine »Ordnung der Handlungsfreiheit« ist (der Philosoph Wolfgang Kersting). Die größtmögliche Freiheit für jeden heißt notwendig, dass Regeln für alle gleichermaßen überzeugend sein müssen. Ich plädiere also erst einmal für die Besinnung auf das Wesentliche der Existenz: die soziale Kooperation, das zwischenmenschliche Gespräch und eine gelernte Ethik der Verantwortung.

Kampfzonen-Apokalyptiker raunen neuerdings unablässig vom Ende der Demokratie, reden und schreiben die Demokratie in den Tod. Nervöse Wachsamkeit ist immer gut, aber ich halte die Abgesänge für gepflegten Unsinn. Demokratie ist immer so vorläufig und unvollendet wie Wissen und Bereitschaft des Menschen es sind, dieses Wissen zum Maßstab des eigenen Handelns zu machen. Nicht die Demokratie als solche ist durch Widerwelt und Erregokratie bedroht, es ist die *liberale* Demokratie. Ein feinnerviger Unterschied! Das System Demokratie kann genauso gut autoritär sein. Es kann seine Legitimität durch Gleichschaltung und Manipulation der Masse gewinnen, und trotzdem Demokratie sein. Die *liberale* Demokratie hingegen setzt auf das freie und zu Freiheit und Gestaltung befähigte Individuum, das sich und seine Interessen im Widerstreit wie im Respekt mit allen anderen verwirklicht. Jeder Mensch soll nicht nur das Recht, sondern auch die Chancen dazu haben, Selbstwert und Selbstwirksamkeit auch selbst auszubilden. Demokratie ermöglicht ja gerade Paradoxien und benötigt die Moderation unversöhnlicher Positionen. Nie zuvor war Pluralismus heterogener, nie zuvor Diversifizierung größer als heute, nie zuvor gab es so viele koexistierende Lebensentwürfe mit jeweils eigener Berechtigung – mehr noch: mit dem Recht auf entfaltete Exzentrität. Das Bekenntnis zur Diversität ist immer die fulminante Absage an Egalitarismus und Homogenität. Pluralismus produziert permanent Ambivalenzen. Das eine gilt so wenig oder viel wie das andere, das Eigene ist so wenig oder viel wert wie das Andere. Ambivalenz ist der Grundzug der Epoche der individualistischen Selbstermächtigung in der Masse: jedes ICH als Massenmensch in der Massenproduktion, mit Warenmassen und massivem Konsum. Die Unfähigkeit, Ambivalenz zu erkennen, anzuerkennen und zu bewältigen ist die große Schwäche auf Stärke setzender Gruppen. Mit der Fähigkeit zur Ambivalenz steht und fällt eine Gesellschaft, die im Liberalismus der

Furcht und im Liberalismus der Sorge ein belastbares ethisches Fundament hat.

Die liberaldemokratische ist die anspruchsvollste, aber auch verletzlichste aller bekannten Gesellschaftsordnungen. Ihr Wertesystem basiert auf der Voraussetzung, sich permanenter Selbstüberprüfung zu unterziehen und unablässig Selbstübersetzung zu leisten. Das im Idealfall unentwegte Gespräch der demokratischen Individuen mit- und nicht übereinander ist mühsam, kompliziert, langwierig; vor dem Hintergrund der Impulsflut eines permanenten Reiz-Reaktions-Dramas des Spektakels ist der Willensbildungs- und Repräsentationsprozess liberaler Ordnungen sogar denkbar langweilig. Demokratie ist, braucht und fördert Differenz, und Differenz erfordert Kompromisse. Empörungsökonomisch betrachtet sind Kompromisse freilich fad, und die verletzliche Gesellschaft einer liberalen Demokratie ist erstaunlich wehrlos gegen jede Form von Fanatismus, Fundamentalismus und Radikalismus im Namen des Heiligen, Wahren, Echten oder Reinen.

Ein Liberalismus der Sorge erkennt ausdrücklich Pluralität und Differenz als wünschenswert und maßgeblich an. Ihm liegt genau jene Ambivalenz zugrunde, die er nicht nur zulässt, sondern fördert. Er plädiert dafür, Widersprüche auszuhalten und Paradoxien einzuordnen. Er besteht auf einer Sensibilität für Unterschiede, ermöglicht aber allen die gleiche Chance. Oder lassen sich Stigmatisierung, Diskriminierung, Abwertung und Unterdrückung strukturell etwa anders verhindern? Im Falle jedes einzelnen Menschen geht es ja immer um die *doppelte Freiheit*: einerseits die negative Freiheit *von* Fremdbestimmung und Erniedrigung sowie andererseits die positive Freiheit *zu* Selbstbestimmung und Selbststeuerung. Der Anspruch der aufgeklärten Gesellschaft einer liberalen Demokratie in Respekt vor Ambivalenz und Pluralität kann nur darin bestehen, jeden ihrer

Bürger zu beiden Freiheiten zu befähigen. Jede auf ihre, jeden auf seine Weise. Alle nach ihrer je individuellen Fasson.

In die Freiheit

Einiges deutet darauf hin, dass ›dem Westen‹ und seinen Gesellschaften eine anti-aufklärerische Epoche ins Haus steht. Bedroht ist nicht die Demokratie als solche – noch stehen Gewaltenteilung, Verfassungsgerichtsbarkeit, freie Wahlen oder Versammlungsrecht in der Kampfzone nicht zur Disposition. Bedroht ist auch nicht der Kapitalismus, jedenfalls nicht stärker als sonst auch. Bedroht ist die Freiheit.

Freiheit heißt nicht, das zu tun, was man will, sondern das, was in Bezug auf andere möglich ist. Insofern setzt Freiheit die Erkenntnis voraus, dass jedes ICH angewiesen ist: auf den anderen, auf das Andere. »Unsere größte Chance auf emotionale Reife besteht darin, dass wir die anderen nicht als Projektionen unserer Wünsche, sondern als unabhängige Wesen mit eigenständigen Wünschen wahrnehmen«, notierte der Historiker und Psychiater Christopher Lasch und schrieb völlig zu Recht weiter: »Die Welt existiert nicht nur, um unsere Wünsche zu befrieden; es ist eine Welt, an der wir Freude haben und in der wir einen Sinn sehen können, wenn wir verstehen, dass auch die anderen ein Anrecht darauf haben.«

Allen Phänomenen der Kampfzone, die bis hierhin als Narrative in den Resonanzräumen der Republik erörtert wurden, liegt Liberalismusverhinderung zugrunde. Was die Integrität des Einzelnen wirklich bedroht, ist die offene oder subtile Demontage der Freiheit. Der erste Feind der Freiheit ist Saturiertheit, der zweite Verlustangst. Der dritte Apathie durch Erschöpfung, der vierte die merkantile Dressur des Menschen, die den Rahmen schafft, Egoismus zur selbstverständlichen Form des menschlichen Verhaltens zu erklären. Der fünfte die Indifferenz unbeteiligter ICHs, der sechste das Links-rechts-Schema und die Konstruktion homogenisierter Identitäten. Der siebte schließlich die Moral, denn der Gerichtshof der Moral ist willkürlich und flüchtig. Sie unterliegt Stimmungen und sehr wandelbaren Wertvorstellungen.

Am Ende meiner hoffentlich unbestechlichen, manchmal unangenehmen, aus der eigenen Verstörung entsprungenen Inspektion der Kampfzone schlage ich vor, im umfassenden Sinne Sorge für die eigene Freiheit zu tragen und durch das Prinzip der Sorge zu einer neuen Freiheit zu kommen. Freiheit ist weit mehr als nur das Recht jedes Menschen auf einen 65-Zoll-Smart-TV und sprachgesteuerte Autonomie. Freiheit ist mehr als ein Leben in maximaler Risikominimierung und mehr als das Recht auf Passivität. Freiheit verleiht jedem Menschen das Recht, er selbst zu sein oder auch nicht. Ohne Verantwortung für welche Fasson auch immer aber ist Freiheit nicht zu haben. Freiheit in Verantwortung heißt immer, die Konsequenzen des eigenen Handelns oder Nichthandelns, die ökologischen und sozialen Folgekosten der Selbstverwirklichung miteinzubeziehen. Höchster Wert dieser Idee ist und bleibt die Unverfügbarkeit des Subjekts; der bedingungslose Schutz der unbedingten Würde der Person, welcher Hautfarbe, Augenform und sexuellen Orientierung auch immer. Freiheit setzt die Erkenntnis gegenseitiger Anerkennung voraus.

Es geht in diesem Moment noch gar nicht um die weltoffene Gesellschaft, sondern erst einmal um die Verteidigung der offenen. An dieser Wegscheide stehen WIR jetzt – wir, die als unverbundene, isolierte, erschöpfte oder als umtriebige, aktive, kraftstrotzende ICHs in jener Kampfzone leben müssen, die Grundlegendes zu verändern im Begriff ist: in der Freundschaften zerstört werden und Beziehungen zerbrechen; die Volks- zu Schrumpfparteien erniedrigt und Protest- zu Volksparteien erhebt; die den Gleichklang von Logos, Eros und Thymos zugunsten des Letzteren auflöst. In der totalvertwitterten Kampfzone, scheint es, haben Politik und Bürger das stilvolle Streiten verlernt. Guter Streit ist immer konstruktiv. Er legt es auf Lösungen an. Als hohe Kunst der Kommunikation setzt er Selbstbeherrschung und Souveränität voraus. Guter Streit heißt grundsätzlich, erst einmal zuhören, ausreden lassen, dem anderen auf Augenhöhe begegnen. Heißt: Differenzen bemerken und anerkennen, Argumente prüfen und die »andere« Sicht der Dinge würdigen. Guter Streit heißt, Interesse zu haben, Interesse zu zeigen und dadurch Beziehung herzustellen. Wer nicht streitet und nur schreit, bezieht sich nicht. Die Dauer-Emotionalisierung führt letztlich zur a-sozialen Kako- statt zur sozialen Symphonie (und im radikalsten Fall natürlich zu aktiver Gewaltanwendung). Dann wird verdrängt statt verständigt, geschlagen statt gestritten (und vermutlich wäre das Ende des bürgerlichen Selbstgesprächs auch das Ende der parlamentarischen und der Beginn einer autoritären Demokratie).

Zur Verfügung steht, außer dem Rekurs auf die Weimarer Republik, offenbar nicht allzu viel intellektueller Traditionsvorrat, der zur Lösung aktueller Probleme aufgerufen werden könnte. Moral im Sinne der mores, der Sitten und Manieren, ja, gewiss. Werte und Tugenden, sicher, immer gut. Aber wie lautet eine Moral, die nicht moralisierend und nicht religiös fundiert wäre? Eine Moral, die moralisch nicht anmaßend wäre? Eine Moral, die ethischem Verhalten nicht von vornherein einen Kodex auferlegte?

Was uns Zeitgenossen in der Kampfzone helfen könnte, ist eine alte Tugend. Angelsachsen nennen sie »Common decency«: Achtung und Anstand. Common decency setzt auf Respekt vor dem Geist der Gemeinsamkeit. Auf die Fähigkeit zur Gabe und der Empathie. Auf Neugier, die Bereitschaft zur Loyalität und Orientierung an Gemeinsinn und Gemeinwohl aus Selbstachtung und Selbstverpflichtung. Mit dem Idealisten Kant gesprochen: auf den guten Willen als Grundlage gesellschaftlicher Sittlichkeit.

Jahrelang wurde der bürgerliche Anstand als konservative, spießige, geradezu reaktionäre Norm diskreditiert, weil Anstand den Individualisten auf seinem Weg zu ICH-Kult, Ruhm und Reichtum in die Pflicht der Allgemeinheit genommen hätte und das Individualwohl in Konflikt mit dem Gemeinwohl geraten wäre. Das großartige ICH ist insofern zur Kleinheit gezwungen, als es im Spektakel der Zerstreuungen keinen Sinn für Konsequenzen mehr gibt. Folgekosten werden verlagert, Risiko und Haftung getrennt. Die alten Tugenden Respekt, Maß und Verantwortung haben in Zeiten des Überbietungswettbewerbs an geistiger und rhetorischer Krachledernheit schlechte Konjunktur. Deutsche Vorzeigekonzerne manipulieren und betrügen in desaströser Manier; abgewählte Wahlverlierer erklären sich zu Siegern, und alle, Präsidenten, Konzernchefs und Politiker, lügen und betrügen auf schamlose Weise einfach weiter.

Es gäbe Legionen weiterer Beispiele dessen, was der Volksmund »Verkommenheit« nennt. Anstand hingegen hieße: Anstehen. Sich einreihen. Sich dem Allgemeinen unterordnen, aus pragmatischer Einsicht heraus das Individual- dem Allgemeinwohl zumindest gleichzustellen. Schwierig zu fördern, nachdem jahrzehntelang im Sinne von Friedrich Nietzsches »Principium individuationis« direkt auf die Emanzipation des Menschen zum übermenschlichen Ego hingewirkt wurde: Wachse über dich hinaus! Werde, der du bist! (was lange Zeit als Schlachtruf: »Nimm, was du kriegen kannst!« missverstanden wurde und womöglich noch missverstanden wird). Die Wirklichkeit der Kampfzone hat den Bürger permanentes Misstrauen gegenüber seinesgleichen gelehrt und für den Verlust an Vertrautheit gesorgt. Die Hobbes'schen Wölfe heulen hörbar.

Nein, der Mensch ist kein Wolf. Er hat Geist und Bewusstsein. Er reflektiert und relativiert, das ist der Vorteil der Individualität. Die Masse hingegen, ließ der Psychiater Gustave Le Bon schon 1895 wissen, sei unfähig, das Persönliche vom Sachlichen zu unterscheiden. »In dem Augenblick, da sie zu einer Masse gehören, werden der Ungebildete und Gelehrte gleich unfähig zur Beobachtung … Der Einzelne kann Widerspruch und Auseinandersetzung anerkennen, die Masse duldet sie niemals.« Als animal rationale kann der Einzelne seine Determination erkennen und die eigene Rohheit kultivieren, wenn er im Bilde über sich und im Gespräch mit dem Nächsten ist. Da die deutsche Gesellschaft offenbar zu kommunizieren verlernt hat und mehr Mitbürger als je vermutet das Interesse an Interaktion verloren zu haben scheinen, und mehr noch: da der Anspruch an Präzision und Differenzierung preisgegeben wurde und sich keiner mehr um die Exaktheit der Begrifflichkeit schert, solange das Ungefähre die gewünschte Emotion ermöglicht, muss aufs Neue zu reden und hören gelernt werden. Auf allen Ebenen, in allen Arten. Gesprächskultur bildet sich durch Kulturgespräche – durch Salondebatten, philosophische Cafés, private und öffentliche Kamingespräche. Sie bildet sich durch Kultivierung sozialer Verständigung in Kinder- und Jugendparlamenten, in Begegnungsstätten, Jugendhäusern, Jugendfreizeitstätten. Jede Generation muss Einigkeit und Recht und Freiheit aufs Neue einüben. Um Subjekt zu werden, braucht man Räume für die leibhaftige Begegnung, um Freiheit von frühauf zu lernen. Insofern ist die liberale Demokratie das größtmögliche Geschenk der vergangenen Generation an die neue.

Freiheit ist zu keiner Sekunde selbstverständlich. Sinn und Anmaßung von Freiheit ist, dass sie unablässig errungen werden muss. Man kann Freiheit nicht gewinnen, man kann sie nur verlieren. Wenn Freiheit selbstverständlich wird, hat sie bereits begonnen, verloren zu gehen. Wer nicht mehr bereit ist, Freiheit zu erringen und an den Voraussetzungen für Freiheit zu arbeiten, wird in den Kampfzonen der Zukunft untergehen.

Bis heute bleibt unwiderlegt, was der große Menschenkenner Ibsen seinem *Volksfeind* Thomas Stockmann in den Mund gelegt hat: »Was uns zugrunde gehen lässt, sind Verdummung, Armut und Hässlichkeit.« Stockmann aber war nichts weniger als der Feind jenes widerwärtigen Volks, das sich im Recht wähnte und denjenigen ausschloss, der der Freund des Menschen gewesen ist.

Also, wohin treibt die Republik?

Am 28. Oktober 1969 sprach im Deutschen Bundestag zu Bonn der Bundeskanzler Willy Brandt die Parole einer neuen Epoche aus: »Wir wollen mehr Demokratie wagen.« Diese Idee durchzieht seit fünfzig Jahren alle Rückräume erst West-, dann Gesamtdeutschlands. Demokratische Ordnung, beschied der damals neue Kanzler, brauche Ermutigung zur Mitverantwortung, außerordentliche Geduld im Zuhören und außerordentliche Anstrengung, sich gegenseitig zu verstehen. Unverändert hell und klar tönt der Brandt'sche Satz vom Erbhof der Republik.

Ich stelle mir vor, wie die nächste Bundeskanzlerin oder der nächste Bundeskanzler eines möglichst nahen Tages im Deutschen Bundestag zu Berlin zu Mitverantwortung ermutigt, zu Geduld mahnt, zu außerordentlicher Anstrengung aufruft und die Parole einer neuen Epoche ausspricht. Geht es nach mir, lautet sie wie folgt: »Wir wollen, meine Damen und Herren, uns mehr um Liberalismus sorgen.«